普通高等学校"互联网+"立体化教材

高校体育信息化教程

主编 幸兴

北京体育大学出版社

策划编辑：刘付锡
责任编辑：姜艳艳
责任校对：房晓静
版式设计：李　莹

图书在版编目（CIP）数据

高校体育信息化教程 / 幸兴主编 . –– 北京 : 北京
体育大学出版社 , 2022.7
　　ISBN 978-7-5644-3687-2

　　Ⅰ . ①高… Ⅱ . ①幸… Ⅲ . ①体育教育 – 信息化 – 高
等学校 – 教材 Ⅳ . ① G807.4

中国版本图书馆 CIP 数据核字 (2022) 第 128293 号

高校体育信息化教程
GAOXIAO TIYU XINXIHUA JIAOCHENG

幸兴　主编

出版发行：北京体育大学出版社
地　　址：北京市海淀区农大南路 1 号院 2 号楼 2 层办公 B–212
邮　　编：100084
网　　址：http://cbs.bsu.edu.cn
发 行 部：010–62989320
邮 购 部：北京体育大学出版社读者服务部 010–62989432
印　　刷：艺堂印刷（天津）有限公司
开　　本：787mm×1092mm　1/16
成品尺寸：185mm×260mm
印　　张：18.75
字　　数：456 千字
版　　次：2022 年 7 月第 1 版
印　　次：2022 年 7 月第 1 次印刷
定　　价：42.00 元

前　言

　　大学生是国家的未来、民族的希望。大学生的身体素质影响甚至决定着一个国家未来国民的整体素质。大学生要树立"健康第一"的理念，坚定理想信念，强健体魄，锤炼品德意志，矢志奋斗拼搏。中医药院校学生还肩负着弘扬中国传统保健体育，传承民族传统文化的重任。《中共中央国务院关于深化教育改革　全面推进素质教育的决定》指出："实施素质教育，必须把德育、智育、体育、美育等有机地统一在教育活动的各个环节中。学校教育不仅要抓好智育，更要重视德育，还要加强体育、美育、劳动技术教育和社会实践，使诸方面教育相互渗透、协调发展，促进学生的全面发展和健康成长。"大学生的体质健康关系着国家未来的发展和民族的兴衰。《全国普通高等学校体育课程教学指导纲要》明确提出"健康第一"的指导思想，并且对体育的课程性质、课程目标、课程设置等内容提出了要求。

　　编者根据《中共中央国务院关于深化教育改革　全面推进素质教育的决定》和《全国普通高等学校体育课程教学指导纲要》的指示精神编写了本书，旨在提高大学生的体质健康水平，提高大学生的运动技能，为大学生的终身体育奠定基础。在编写本书的过程中，编者积极探索大学体育教学模式改革，力争使每个大学生在学习后都能熟练掌握两项运动技能，体现了"以人为本"的育人理念。

　　本书主要介绍了高等中医药院校体育与健康概述、运动与营养、科学健身理论指导、运动防护与急救、疫情防控期间的体育锻炼、体育课程思政、传统保健体育的理论基础、保健按摩、武术与搏击运动、导引养生功、田径运动、球类运动、形体健身运动、冰雪运动等内容。

　　本书将理论与实践有机地结合起来，充分展示了体育与健康的关系。在理论方面，本书内容科学、简洁、实用，能激发广大学生的学习兴趣；在实践方面，本书重点介绍了广泛开展的运动项目的技战术，实践性、可行性强。本书以二维码的形式加入了动作技术的相关视频，方便学生学习，有利于提高学生的学习兴趣。

　　由于编者水平有限，书中若有不足之处，恳请广大读者提出宝贵意见，以便编者对本书进行完善。

目 录

上篇 体育基础知识

中篇　传统养生保健

下篇　运动实践指导

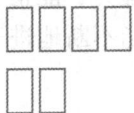

上篇　体育基础知识

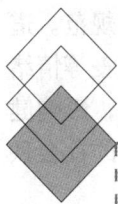

第一章

高等中医药院校
体育与健康概述

第一节　健康观与健康素养

一、科学健康观

（一）健康的概念

世界卫生组织在 1948 年就提出，健康不仅为疾病与羸弱之消除，而系体格、精神与社会之完全健康状态；同时还明确提出了生理、心理、社会适应能力三个方面都健康才称得上健康的三维健康观。此后，世界卫生组织不断完善健康的概念，1989 年又提出，人类健康还应包括道德健康。一个完全健康的人必须同时具备身体健康、心理健康、社会适应良好和道德健康。这一健康新概念从人的自然属性与社会属性相结合的层面上阐明了健康的科学内涵。

1.身体健康

身体健康是指人在生物学方面的健康，即人体结构完整和生理功能正常。身体健康不仅指身体无病，还指个体有充足的体能。体能是一种能够满足人们生活需要且使人们有足够能量完成各种活动的能力。这种能力使人体可以预防疾病、增进健康、提高生活质量。

2.心理健康

心理健康是指人的内心世界丰富充实，拥有积极的处世态度，与周围环境保持协调。心理健康包括两层含义：① 自我人格完整，心理平衡，有较好的自控能力，能正确地评价自己，能及时发现并克服自己的缺点；② 有正确的人生目标，能不断地进取，对未来充满信心。

3.社会适应良好

社会适应良好是指人的行为能适应复杂的社会环境，能为他人所理解、为社会所接受，符合其社会身份，并与他人保持正常的人际关系。

4.道德健康

道德健康属于社会要求。道德是社会意识形态之一，是人的行为准则和规范。道德不健康的人在面对所接触的事物或功利是非时，经常处于紧张、愤怒、沮丧等情绪之中。这种不良情绪使机体各系统功能失调，免疫力下降，容易患各种疾病，影响健康。道德健康的人遇事冷静，常以一颗宽容大度的心善待别人，以维护良好的社会秩序和公德为己任，努力营造和谐的社会环境，推动社会文明的进程。

（二）健康的标准

健康既有其科学的内涵，也有其科学的标准。世界卫生组织从健康的概念出发，提出了健康的十条标准。

（1）有充沛的精力，能够从容不迫地担负日常生活和工作的压力而不感到过度紧张。

（2）处世乐观，态度积极，勇于承担责任，事无巨细不挑剔。

（3）善于休息，睡眠良好。

（4）应变能力强，能适应外界环境的各种变化。

（5）能够抵抗一般性的感冒和传染病。

（6）体重适当，身体匀称，站立时头、肩、臂位置协调。

（7）眼睛明亮，反应敏捷，眼睑不发炎。

（8）牙齿清洁，无龋齿，无痛感；牙龈颜色正常，无出血现象。

（9）头发有光泽，无头屑。

（10）肌肉丰满，皮肤富有弹性。

从世界卫生组织提出的这十条标准的内容可以看出，前四条标准是关于心理和社会适应能力方面的内容，后六条标准则主要是关于生理（身体）方面的内容。因此，世界卫生组织提出的健康标准，实际上也是其提出的健康概念的具体体现，人们可以用此标准来检验自己是否健康。

（三）影响健康的主要因素

1.环境因素

（1）自然环境是人类赖以生存的物质基础，人类生存所需的食物、空气、阳光均来自大自然。然而，人类的生产活动和生活方式使自然环境的构成或状态发生了不利于人类生存与发展的变化。生态平衡遭到破坏会对人类健康产生直接、间接或潜在危害。环境污染对健康的危害具有机制复杂、效应慢、周期长、范围大、后果重的特点。我国把保护环境定为基本国策，并实行可持续发展战略。因此，环境教育就成为学校健康教育必不可少的重要内容。

（2）社会环境包括政治、经济、文化、教育等多方面的内容。良好的社会环境有利于人类的健康，不良的社会环境会直接或间接地危害人们的健康。

2.生物学因素

引起传染性疾病、感染性疾病的病原微生物，以及导致遗传性疾病和残障肢体的遗传、非遗传的内在缺陷，可归类为生物学致病因素。目前，虽然人类疾病谱和死因顺位的变化，把人们关注健康的目光引向了"生活方式病"和行为致病因素上，但生物学致病因素对健康的危害依然存在，并且不断地出现新问题。

3.卫生保健服务因素

卫生保健服务是指卫生机构和卫生专业人员针对个人、群体和社会的健康需要所提供的必要的、可能的服务。良好的卫生保健服务对健康起着促进作用；反之，则会危害健康。良好的卫生保健服务包括健全的医疗卫生机构、完善的服务网络、充足的卫生资源及其合理配置与科学分配。然而，卫生保健服务的投入与效益并非成正比，个人对卫生保健服务的利用能力是影响卫生保健服务投入与效益的重要因素。因此，对卫生保健服务的合理利用是健康教育的重要内容之一。

4.生活方式与行为因素

生活方式是指一切生活活动的典型方式和特征的总和，包括生活态度、生活水平、生活惯常行为等。行为与生活方式紧密联系、互相贯通。养成健康文明的生活方式是维护和促进健康最有效、最经济的策略。世界卫生组织总结全球的研究发现，在影响个人健康与寿命的四大因素中，环境因素占17%，生物学因素占15%，卫生保健服务因素占8%，生活方式与行为因素占60%。人们如果采取健康的生活方式，那么可以预防80%的心脑血管病、80%的2型糖尿病、55%的高血压和40%的恶性肿瘤。

二、健康素养

健康素养是指个人通过各种渠道获取健康信息及对这些信息的正确理解，并运用这些信息保持和促进自身健康的能力与基本素质。

居民健康素养评价指标已被纳入国家卫生事业发展规划之中，作为综合反映国家卫生事业发展的评价指标。公民健康素养包括三个方面内容：基础知识和理念、健康生活方式与行为、基本技能。

根据国家卫生健康委员会的报告，2021年我国居民健康素养水平达到25.40%，比2020年提高2.25个百分点，继续呈现稳步提升的态势。

《"健康中国2030"规划纲要》明确将"全民健康"作为"建设健康中国的根本目的"，强调"推进全民健康生活方式行动，强化家庭和高危个体健康生活方式指导及干预，开展健康体重、健康口腔、健康骨骼等专项行动，到2030年基本实现以县（市、区）为单位全覆盖。开发推广促进健康生活的适宜技术和用品。建立健康知识和技能核心信息发布制度，健全覆盖全国的健康素养和生活方式监测体系。建立健全健康促进与教育体系，提高健康教育服务能力，从小抓起，普及健康科学知识。加强精神文明建设，发展健康文化，移风易俗，培育良好的生活习惯。各级各类媒体加大健康科学知识宣传力度，积极建设和规范各类广播电视等健康栏目，利用新媒体拓展健康教育。"

第二节　体育锻炼对健康的影响

一、体育锻炼对生理健康的影响

体育锻炼对生理健康的影响见表 1-2-1。

表 1-2-1　体育锻炼对生理健康的影响

人体系统	影响
运动系统	（1）体育锻炼对骨骼的影响：体育锻炼时，骨骼的血液供给得到改善，骨骼的形态结构和性能都会发生良好的变化。 （2）体育锻炼对关节的影响：体育锻炼既可增强关节的稳固性，又可提高关节的灵活性。 （3）体育锻炼对肌肉组织的影响：体育锻炼能使肌纤维变粗，肌肉体积增大；能使肌肉组织的化学成分发生变化，如能使肌肉中的肌糖原、肌球蛋白、肌动蛋白、肌红蛋白等含量都有所增加；能使肌肉中线粒体数量增多、体积增大，毛细血管开放数量增多，有助于肌肉耐力的增强
心血管系统	（1）体育锻炼对心血管的形态结构和机能有着积极的影响。体育锻炼时，心脏的工作量增加，输送血液的功能加强。 （2）体育锻炼可影响血管的形态结构，并改变血管在器官内的分布状况，有利于改善器官的供血功能，增强机体物质与能量交换的能力。 （3）体育锻炼可以促使大量毛细血管开放，促进人体组织细胞的物质代谢过程。 （4）体育锻炼可显著降低血脂（胆固醇、脂蛋白、甘油三酯）的含量。 （5）体育锻炼还可以使安静时脉搏徐缓、血压降低
呼吸系统	体育锻炼能改善呼吸系统的机能，主要表现为体育锻炼可使呼吸肌发达，收缩力增强，最大通气量变大，肺活量增大，呼吸加强。长期坚持锻炼可使人的缺氧耐受力增强，对氧的吸收利用率增高，使机体调节呼吸节奏的能力增强
消化系统	体育锻炼对消化器官机能有良好的作用，它能使胃肠的蠕动加强，消化液的分泌增多，使机体消化和吸收的能力增强，从而增强食欲。然而，饭后立即进行比较剧烈的运动或在比较剧烈的运动后立即进食，都对消化系统有不良影响
神经系统	体育锻炼可以改善和提高神经系统的工作能力，使中枢神经及其主导的部分大脑皮质兴奋性增强，抑制加深，使得兴奋和抑制更加集中，从而改善神经系统的平衡性和灵活性，提高大脑分析综合能力，增强机体适应变化的能力和工作的能力

二、体育锻炼对心理健康的影响

体育锻炼对心理健康的影响见表 1-2-2。

表 1-2-2　体育锻炼对心理健康的影响

影响	内容
调节情绪	大学生常因学习、生活、情感、就业、家庭、人际关系等造成的压力而持续产生紧张、焦虑、压抑、不安等情绪。体育锻炼可以转移个体不愉快的意识、情绪和行为，使人从烦恼和痛苦中解脱
有助于形成和谐的人际关系	体育活动可以让不同职业、年龄、性别、文化素质的人相聚在运动场上，增加了互动的机会，有利于形成和谐的人际关系，促进情感和信息的交流
有助于确立良好的自我概念	自我概念是个体主观上对自己的身体、思想和感情的整体评价。它是由许多的自我认识组成的。体育锻炼与身体自尊、情绪稳定、外向性格、自信心呈正相关，经常参加体育锻炼会使个体的自我概念显著增强
有助于形成良好的意志品质	意志品质需要在克服困难的实践过程中培养。体育活动本身就要参与者不断地克服客观困难（气象条件变差、动作难度加大、外部障碍增多等）和主观困难（胆怯和畏惧心理、疲劳和运动损伤等），有利于形成良好的意志品质
预防和治疗各种心理疾病	适宜的体育锻炼能使个体获得心理满足，产生成就感，从而增强自信心，缓解压力，调节情绪，减轻心理障碍

三、体育锻炼对社会适应能力的影响

体育锻炼对社会适应能力的影响见表 1-2-3。

表 1-2-3　体育锻炼对社会适应能力的影响

影响	内容
增进友谊，促进交往	人是社会的人，要适应社会就应处理好各种人际关系。在体育锻炼和各种竞赛中，人与人、队与队之间频繁交往，不仅可以增进友谊，促进交往，还可以提高人的交际能力
适应环境，与时俱进	环境是人类赖以生存的场所。人们只有适应自己所处的各种环境，才能生存与发展。体育对提高人体适应自然环境和社会环境的能力有明显的效果
积极向上，奉献社会	体育比赛由于其鲜明的竞争性特征，决定了双方运动员都要全身心地投入，动员机体发挥最大的潜力，并充分发挥技战术水平，去奋力拼搏，争取胜利。经常参加各种体育比赛，会使人们逐渐形成一种不断进取、勇于拼搏、积极向上的精神，以积极的心态去面对生活，迎接挑战，奉献社会

四、体育锻炼对道德健康的影响

体育锻炼对道德健康的影响见表 1-2-4。

表 1-2-4　体育锻炼对道德健康的影响

影响	内容
激发爱国热情，振奋民族精神	在当今世界，体育竞赛具有群众性、国际性、礼仪性等特点，通过体育竞赛，各国运动员切磋了技艺、加深了友谊，各民族增进了团结；同时，体育竞赛能振奋民族精神。2008 年，我国成功举办了北京奥运会，振奋了民族精神，增强了民族自豪感
培养勇敢顽强、朝气蓬勃的意志品质	体育在很大程度上是与困难、艰辛、挑战、征服联系在一起的。在体育运动中，人要挑战自己，挑战别人。这种征服和挑战是一种自我能力的展现，需要有不怕困难、勇敢顽强的意志品质
培养遵守纪律、尊重规则的良好道德风范	体育比赛情况千变万化。个人之间、集体之间进行着频繁的互动，这对运动员和裁判员在思想品德方面提出了严峻的考验。运动员必须遵守赛场纪律，遵守比赛规则，尊重裁判员，尊重对手，公平竞赛。这些规范要求不仅适用于体育活动，还是人们应具备的基本的道德品质

第三节　高等中医药院校大学体育的目标

一、增强学生的体质，促进学生的身心健康

贯彻"立德树人"的根本任务，促进学生的身心全面发展，增强体质，增进健康是高等中医药院校体育教育的首要任务。

大学体育可以有效地增强体质，促进心理健康，预防疾病，提高学习效率，改善睡眠，提高自尊等。

全面增强中医药院校学生的体质有赖于有目的、有组织的"会学、常练、常赛"。学生在生长发育良好的前提下，实现体态美，增强机体的免疫力，提高健康水平。

二、使学生掌握体育的基础知识和基本技能

通过对基础知识和基本技能的学习，中医药院校学生可掌握锻炼身体的科学方法，培养终身参加体育锻炼的兴趣和习惯。在科学理论的指导下，中医药院校学生不仅可以掌握健康知识和运动技能，还能养成良好的锻炼习惯。

引导中医药院校学生正确地进行运动和练习，必须经过一个由感知到理解，再到巩固及应用的过程。高等中医药院校大学体育应充分体现智力与体力相结合、理论知识与实践能力相结合的特点。

三、使学生掌握运动康复的基础知识

通过体育课的教学，中医药院校学生能够初步地了解运动和缺乏运动给人体带来的生理、心理影响。高等中医药院校大学体育应从医学角度阐明体育活动和静态生活

方式对人体健康的影响，以及它们在各种慢性疾病病因中的作用，并让学生了解适当、适量的运动可以作为一些常见疾病的预防、治疗和康复研究的医学手段，达到增强体质、促进健康的目的。

四、使学生继承和发扬传统保健体育

传统保健体育是中华民族灿烂文化的一部分，与中国传统文化有着千丝万缕的联系，体现了中华民族独特的思维方式、行为方式、审美观、人生观等。传统保健体育是中华民族数千年来在生产、生活及与疾病做斗争中强身健体的经验总结，是我国优秀文化中的瑰宝。传统保健体育依靠人体自身的能力，通过调养精神、形体和呼吸，达到改善整个机体功能的目标。它对预防疾病、强身益智、涵养品德、延年益寿、推动民族发展起了重要作用。

通过传统保健体育课教学，中医药院校学生能够较系统地掌握传统保健体育的基础理论、基础知识，较熟练地掌握导引养生的基本方法、武术的基本功和基础套路。这对传承传统保健体育具有重要意义。

五、使学生欣赏并运用传统养生文化，培养其民族自豪感

在漫长的人类发展历史中，健康长寿一直是人们的美好愿望。相对于世界其他地区的养生文化而言，中华民族的养生理论与实践以古代哲学和中医理论为基础，博大精深。传统养生文化汇集了我国劳动人民防病健身的众多方法，融合了儒、道、佛及诸子百家的学术精华，堪称一棵充满勃勃生机和浓厚东方神秘色彩的智慧之树。

学习中国传统养生保健，可以使学生深入了解、欣赏中国传统养生文化，掌握运动养生的理论与方法，培养学生的民族自信心与自豪感。

六、使学生掌握运动处方，更好地进行健康指导

通过体育课的教学，学生可以掌握运动处方的相关知识，并将运动处方与传统保健体育、中医相结合，学会科学地制订运动处方，从而更好地为自己、为家人、为患者提供健康和健身指导。

七、培养学生的道德品质

在体育运动中，对中医药院校学生进行道德品质的教育，绝不是身体练习与口号的生硬结合，而是通过身体练习对学生进行知、情、意、行的教育，最终提高中医药院校学生的思想品德修养。在此过程中，要特别注意培养学生参与运动的毅力，培养学生高尚的道德情操和良好的意志品质。

八、培养学生审美和创造美的能力

体育是一种集力量、耐力、速度、灵敏性、柔韧性、智慧、意志、审美等诸因素于一体的身心和谐发展活动。大学生通过积极参与体育课、体育活动、运动训练、体育比赛等可以提升自身认识美、理解美、欣赏美、创造美的能力，培养高尚的情操，树立正确的人生观和世界观。

体育思政课堂

高校应将"立德树人"作为教学活动的根本任务，建立完善的教育教学体系及人才培养体系，并将其作为教育强国的重要方法。大学体育课程是一门可以将脑力锻炼与体力锻炼相结合的课程，是每一位大学生的必修课程，其在提高大学生的身体素质，增强大学生的社会适应能力，培养大学生的爱国主义精神、团队精神，健全大学生人格等方面具有特殊作用。

🔊 思考题

1. 简述健康的概念与标准。
2. 影响健康的主要因素有哪些？
3. 简述体育锻炼对健康的影响。

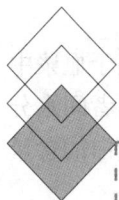

第二章

运动与营养

第一节　营养素

生命的存在、有机体的生长发育、各种生理活动及体力活动的进行都有赖于体内的物质代谢过程。体内进行物质代谢必须不断地从外界获得新的物质，而新的物质主要是从食物中摄取。营养是指人体吸收、利用食物或营养素的过程，也是人体通过摄取食物以满足机体生理需要的生物化学过程。营养素是指能在体内被消化吸收、供给热能、构成机体组织和调节生理机能，使身体进行正常物质代谢的物质。人体所必需的营养素有蛋白质、脂类、碳水化合物、维生素、无机盐、膳食纤维和水七大类。

一、蛋白质

（一）生理作用

1. 构成及修补人体组织，促进生长发育

蛋白质是构成组织和细胞的主要物质，人的骨骼、大脑、神经、皮肤、肌肉、内脏、血液，甚至指甲、头发都是以蛋白质为主要成分的。在身体的生长发育、衰老组织的更新及损伤后组织的新生修补过程中，蛋白质都起着重要的作用。人体内蛋白质的质量约占人体质量的18%，平均每天约有3%的蛋白质被更新，因此人每天需要摄取一定的蛋白质，处于生长发育期、疾病恢复期和手术后的人需要补充较多的蛋白质。

2. 构成机能物质

人体中许多具有重要生理作用的物质以蛋白质为主要组成成分或由蛋白质提供必需的原料，如对代谢过程具有催化作用和调节作用的酶和激素、承担氧运输和储存的血红蛋白和肌红蛋白、维持渗透压的血浆蛋白、发挥免疫作用的抗体蛋白、血液中具有缓冲作用的缓冲碱、进行肌肉收缩的肌纤凝蛋白、构成机体支架的胶原蛋白等。因此，蛋白质是生命存在的重要形式，也是生命活动的物质基础。

3. 增强机体抵抗力，构成抗体

机体抵抗力的强弱由抵抗疾病的抗体数量决定。抗体的生成与蛋白质有密切关系。近年来被誉为"抗病毒的法宝"和"抗癌生力军"的干扰素也是一种碳水化合物和蛋白质的复合物。

9

4. 调节渗透压

正常人体内的血浆与组织之间的水不停地交换,却保持着平衡,这有赖于血浆中的电解质总量和蛋白质胶体浓度。在组织液与血浆的电解质浓度相等时,两者间水分的分布就取决于血浆中白蛋白的浓度。若膳食中长期缺乏蛋白质,则血浆蛋白的含量就会降低,血液内的水分便会过多地渗入周围组织,造成营养不良性水肿。

5. 供给能量

虽然蛋白质的主要功能并非供给能量,但陈旧的或已破损的组织细胞的蛋白质,也会不断地分解、释放能量。另外,每天从食物中摄入的蛋白质中,那些不符合人体需要或者数量过多的蛋白质也将被氧化分解而释放能量。因此,蛋白质可以供给部分能量。每克蛋白质在体内氧化时,可产生约 17 千焦的能量,人体每日能量的 10% ~ 15% 来自蛋白质。

6. 增强神经系统功能

神经传导、信息加工及思维活动都与蛋白质有关。它可明显地影响大脑皮质的兴奋和抑制过程。在婴幼儿大脑发育时期,若蛋白质供给不足,则会使脑细胞数量减少,影响智力发育。

(二)供给量与来源

一个人一天需要补充多少蛋白质,应根据年龄、性别、体力活动强度和健康状况来定。一般成年人每天每千克体重需要 0.8 ~ 1.2 克蛋白质;正在生长发育的青少年每天每千克体重需要 1.4 ~ 1.8 克蛋白质;患病情况下可根据病情做相应增减。仅考虑蛋白质的量是远远不够的,还需注意蛋白质的营养价值。

人体所需蛋白质来源于动物性食物和植物性食物。动物性食物常指瘦肉、鱼类、奶类、蛋类等,属于优质蛋白质来源,其营养价值一般高于植物性食物,因此一般认为动物性食物营养好。植物性食物常指米、面、大豆、蔬菜等。在植物性食物中,大豆、芝麻、葵花籽等是优质蛋白质来源。大豆的蛋白质含量高达 40%,是植物性食物中蛋白质含量最高的食物,而且营养价值高,是优质蛋白质的重要来源。

二、脂类

脂类是脂肪和类脂的总称,由碳、氢、氧三种元素组成。人体对脂肪的需要量远远大于类脂,因此人们平时常说脂肪而不提类脂。

(一)生理作用

1. 供给能量并维持体温

脂肪是供给能量的主要营养素,1 克脂肪在体内氧化可产生约 38 千焦的能量,远高于碳水化合物和蛋白质所产生的能量。脂肪被吸收后,一部分被利用消耗,另一部分则储存于体内,在机体代谢需要时可释放能量。皮下脂肪还能使体内温度不易外散,有助于维持体温和御寒。

2. 构成组织细胞

脂肪是构成脑和神经组织的主要成分。组织细胞的各种膜(细胞膜、细胞器膜等)

都是由脂类物质与蛋白质结合而成的。

3. 促进脂溶性维生素的吸收

维生素 A、维生素 D、维生素 E、维生素 K 等不溶于水，它们只有溶于脂肪中才能被吸收利用。因此，只有摄取足够的脂肪，才能使食物中的脂溶性维生素溶解于脂肪中，使之随同脂肪一起被吸收。

4. 供给必需脂肪酸

人体所需的必需脂肪酸主要靠膳食中的脂肪提供。

5. 增加饱腹感

脂肪在胃中滞留时间较长，约 3.5 小时，能延迟胃的排空，有助于抑制饥饿感。脂肪进入十二指肠后，能刺激十二指肠产生肠抑胃素。

6. 防护作用

分布于腹腔、皮下、肌纤维间的脂肪有保护脏器、组织及关节的作用。

（二）供给量与来源

就成年人而言，脂肪的摄入量一般应占每天摄入总能量的 20%～30%，即 60～80 克。在寒冷条件下脂肪摄入量可适当增加，在炎热环境下脂肪摄入量应适当减少。为避免能量消耗过大，重体力劳动者可适当增加脂肪摄入量。考虑到脂肪酸对人体健康的影响，人们在摄入脂肪时，不仅要考虑量，还要考虑质，即不饱和脂肪酸的摄入量应多一些，饱和脂肪酸的摄入量应少些。膳食中的饱和脂肪酸、单不饱和脂肪酸与多不饱和脂肪酸供给量的比例以 1∶1∶1 最为合理。通常认为，居民膳食从植物油中获取的脂肪应占脂肪摄入总量的 2/3。随着人们的年龄增大，动物油的摄入量应逐步减少。

脂肪按其食物来源可分为动物性脂肪和植物性脂肪。

1. 动物性脂肪

动物性脂肪是指从动物组织分离出来的脂肪，主要含饱和脂肪酸。饱和脂肪酸的熔点较高，一般呈固态，容易凝固和沉积在血管壁上，可导致动脉硬化。动物脂肪中有较多的胆固醇，胆固醇在人体内有重要的生理作用，但中老年人血液中胆固醇过高时，容易患动脉硬化、高血压等疾病。因此，中老年人应少吃动物性脂肪。供给机体脂肪的动物性食物主要有猪油、牛油、鱼油、奶油、蛋黄油等。此外，蛋黄、瘦肉及动物的脑、肝、肾等内脏虽然含磷脂丰富，但也含有较多的胆固醇。

2. 植物性脂肪

植物性脂肪主要含有不饱和脂肪酸，熔点比较低，在室温下呈液态，不容易凝固和沉积在血管壁上，可长期食用。植物油不含有胆固醇，而含有豆固醇、谷固醇等植物固醇。植物固醇不但不能被人体吸收，而且能阻止人体吸收胆固醇。供给机体脂肪的植物性食物有花生、大豆、芝麻、菜籽等油料作物榨取的植物油。

三、碳水化合物

（一）生理作用

1. 供给能量

碳水化合物是人体能量最主要和最经济的来源，是各种不同类型的糖的总称。每1克碳水化合物在体内氧化可产生约17千焦的能量，每日膳食中能量供给总量的50%～65%来自碳水化合物。碳水化合物在供能上有许多优点，如比脂肪和蛋白质更容易被消化吸收，产热快，耗氧少，而且在无氧的情况下也可分解供能。

2. 保护肝脏

碳水化合物除了供给能量，还有保护肝脏及解毒的作用。肝糖原含量高时，生成的葡萄糖醛酸对四氯化碳、酒精、砷等有较强的分解作用；另外，它对各种细菌引起的毒血症也有较强的抵抗力。从这个意义上来讲，摄入足量的碳水化合物，使肝脏合成充足的糖原，可保护肝脏免受有害物的损害，并保持肝脏的正常解毒功能，对身体健康是有益的。

3. 构成组织

碳水化合物存在于一切组织的所有细胞中，含量占人体细胞总量的2%～10%，如构成结缔组织的黏蛋白。另外，核糖、磷酸和碱基组成的核糖核酸和脱氧核糖核酸是构成细胞质和细胞核的重要成分。碳水化合物与蛋白质结合生成的糖蛋白是软骨、骨骼、眼球的角膜和玻璃体的组成成分。

4. 具有抗生酮作用

当碳水化合物供给不足时，脂肪则会因氧化不全产生过量的酮体。酮体是酸性物质，在体内积存过多可引起酸中毒。只有在一定量碳水化合物存在时，脂肪才能被彻底氧化，不致产生过量的酮体。原因是脂肪在体内分解产生的乙酰基必须与草酰乙酸结合，才能进入三羧酸循环而最终被彻底氧化，而草酰乙酸的形成是葡萄糖在体内氧化的结果。因此，碳水化合物具有抗生酮作用。

5. 维持中枢神经的机能

大脑的能量代谢极强，虽然其质量仅为体重的2%，但是能量消耗却占全身基础代谢的25%。脑组织无能量储备，全靠血糖供给能量，每天需要100～120克葡萄糖。因此，碳水化合物是大脑的唯一能源物质。只有血糖水平正常，才能保证大脑的功能正常。当血糖含量下降到正常值以下时，脑组织的供能物质就会不足，可发生头晕、昏厥等低血糖症。

6. 节省蛋白质的作用

碳水化合物有利于机体的氮储留。蛋白质以氨基酸的形式被吸收，并在机体内合成组织蛋白质或其他代谢产物，这些过程均需能量。例如，摄入蛋白质并同时摄入碳水化合物，可增加三磷酸腺苷的形成，有利于氨基酸的活化及蛋白质的合成，使氮在体内的储留量增加。因此，供给充足的碳水化合物可以节省蛋白质。

（二）供给量与来源

碳水化合物的主要生理功能是供给能量，因此，一个人一天需要多少碳水化合物，应根据人体每天需要的能量而定。人体每天需要的能量与年龄、性别、体形、生活方式、健康状况、劳动强度等密切相关。在同样的生活条件、劳动条件下，个人在年龄、性别、体形等方面存在差异，个人所需要的能量也有所不同。

从年龄来说，按每千克体重计算，相对而言，正在生长发育的儿童和青少年需要的能量比成年人要多，人过中年后，所需能量相应减少一些。成年人的能量供给随年龄的增长而递减，以年龄为 18 ～ 40 岁，体重分别为 53 千克、63 千克的女子和男子为例，40 ～ 49 岁减少 5%，50 ～ 59 岁减少 10%，60 ～ 69 岁减少 20%，70 岁以上减少 30%。

碳水化合物的来源很广，各种粮食、根茎类食物等都含有大量的淀粉与少量的单糖和多糖，蔬菜和水果除含有少量的单糖外，还含纤维素和果胶。此外，蔗糖是最普遍的食用糖。近年来，研究成果表明，肥胖、糖尿病、心血管疾病等都与蔗糖摄入过多有关，因此每人每天蔗糖的摄入量不应超过总能量的 10%。

四、维生素

维生素是维持人体正常代谢和生理功能所必需的一种营养素，化学成分均为低分子有机化合物。人体不能合成维生素，必须从食物中获得。维生素不能为机体提供能量，也不是机体的构成物质。虽然机体对维生素的需要量很少，但因其各有重要的生理功能，故当机体中某种维生素缺乏或不足时，就会造成代谢紊乱并出现相应的病理症状，称为维生素缺乏症。

在维生素的分子结构未被测定之前，维生素的命名一般是按其被发现的先后顺序来定的，即在维生素之后加上 A、B、C、D 等字母，如维生素 A、维生素 B、维生素 C、维生素 D 等。此外，那些具有相同活性的维生素，因其分子结构稍有不同，就在字母右下方注上 1、2、3 等加以区别，如维生素 A_1、维生素 A_2 等，但这种命名方式正逐渐被基于它们的本质或生理功能的命名所取代，出现了如硫胺素（维生素 B_2）、烟酸（维生素 B_3）、生育酚（维生素 E）、抗坏血酸（维生素 C）等名称。

维生素的种类繁多，结构各异，生理功能也各不相同，通常按其溶解性质分为脂溶性维生素和水溶性维生素两大类。脂溶性维生素包括维生素 A、维生素 D、维生素 E、维生素 K 等，只溶于有机溶剂而不溶于水，在食物中常与脂类共存，在吸收过程中与脂类相伴进行，可储存于脂肪组织和肝脏中，排泄率不高，过量可引起中毒。水溶性维生素有 B 族维生素（维生素 B_1、维生素 B_2、维生素 B_3、维生素 B_5、维生素 B_6、维生素 B_9、维生素 B_{12}、维生素 H 等）、维生素 C 等，易溶于水，在食物清洗、加工、烹调过程中容易因处理不当而流失，在体内的储存量较小，易排出体外。脂溶性维生素、水溶性维生素的生理功能、成年人日需量及来源分别见表 2-1-1、表 2-1-2。

表 2-1-1　脂溶性维生素的生理功能、成年人日需量及来源

名称	生理功能	成年人日需量	来源
维生素 A（视黄醇）	维持正常视力；防癌；促进骨骼、牙齿正常发育	2500 国际单位	动物肝脏、菠菜、胡萝卜等
维生素 D_3（胆钙化醇）	促进肠道对钙、磷的吸收；促进生长和骨骼钙化	100 国际单位	鱼肝油、肝、脱脂牛奶、蛋黄等
维生素 E（生育酚）	促进性激素分泌；具有抗氧化作用；防止肌肉萎缩	10 毫克	植物油、蛋类、谷类、干果等
维生素 K（凝血维生素）	促进凝血酶原合成，防止出血	1 毫克	绿叶蔬菜、奶制品等

表 2-1-2　水溶性维生素的生理功能、成年人日需量及来源

名称	生理功能	成年人日需量	来源
维生素 B_1（硫胺素）	促进碳水化合物的氧化；增进食欲	男性：1.4 毫克；女性：1.2 毫克	谷物外皮及胚芽、酵母、豆类等
维生素 B_2（核黄素）	参与生物氧化	男性：1.4 毫克；女性：1.2 毫克	肝、蛋黄、黄豆、牛奶等
维生素 B_3（烟酸）	参与生物氧化，维持皮肤健康	男性：15 毫克；女性：12 毫克	谷类、蔬菜、肉类等
维生素 B_5（泛酸）	参与体内能量代谢，增强身体抵抗力	5.0 毫克	动物内脏、谷类、豆类
维生素 B_6（吡哆素）	与蛋白质、脂肪代谢的关系非常密切	1.4 毫克	蛋黄、谷类、豆类、肝等
维生素 B_9（叶酸）	与蛋白质和核酸合成红细胞及白细胞成熟有关	400 微克	肝、酵母、绿叶蔬菜
维生素 B_{12}（钴胺素）	促进蛋白质的合成及红细胞成熟	2 微克	动物内脏、鱼类、蛋类等
维生素 H（生物素）	参与体内二氧化碳的固定	0.1 毫克	动植物及微生物
维生素 C（抗坏血酸）	参与体内氧化还原反应，参与细胞间质形成	100 毫克	新鲜水果和蔬菜

五、无机盐

人体内含有的各种元素，除了碳、氢、氧、氮主要以有机化合物形式存在外，其余各种元素被统称为无机盐。无机盐是构成机体组织和调节生理机能的重要物质。其中，含量较多的有钙、镁、钾、钠、磷、硫、氯 7 种，被称为常量元素；其他如铁、碘、氟、硒、锌、铜、钼、锰、铬、镍、钒、锡、硅、钴 14 种含量很少，被称为微量元素。

人体内不能合成无机盐，只能通过食物来补充。在人体物质代谢中，每天有一定量的无机盐经各种途径被排出体外，因此人们必须从食物中得到补充。无机盐在食物中分布范围很广，一般都能满足机体需要。其中，身体较易缺乏的元素是钙、铁、碘、锌和硒。

无机盐是构成人体的基本物质之一，其主要功能可概括为以下方面。

（一）构成骨骼和牙齿的主要成分

钙、磷是骨骼和牙齿必不可少的成分，镁是组成骨骼的成分，氟在体内的含量虽然不多，但也是骨骼和牙齿中不可缺少的成分。

（二）构成软组织的重要成分

铁是血红蛋白、肌红蛋白、细胞色素和某些酶的主要成分，也是肌肉、肝、脾和骨髓的组成成分。铁缺乏时，人体血液的供氧能力会减弱。

（三）调节生理机能

钠、钾共同维持体内正常的渗透压、酸碱平衡及水平衡。碘是合成甲状腺激素的主要成分，可调节和控制机体的基础代谢，促进体内的氧化作用。钙是维持所有细胞正常功能的物质，如心脏的正常搏动、肌肉神经正常兴奋的传导和适宜性的维持，都必须有一定量的钙离子存在。如果血钙含量下降，那么神经肌肉的兴奋性会增强。

（四）参与免疫机能的形成

现代研究认为，锌、锡、铁、铜、锗等元素与机体免疫水平有密切关系。例如，锌有激活胸腺素、增强免疫反应和T淋巴细胞功能的作用。缺锌时，胸腺明显萎缩，T淋巴细胞数量减少、功能降低，细胞免疫力减退。硒有促进体内抗体形成的作用。

（五）维持组织的正常兴奋性

神经肌肉的兴奋性与某些离子的浓度和比例有关。钠离子、钾离子浓度升高可提高神经的兴奋性。钙离子、镁离子浓度升高则可降低神经肌肉的兴奋性。心肌细胞兴奋性的升高与钠离子、钙离子浓度升高有关；钾离子、镁离子浓度升高，心肌细胞的兴奋性降低。

（六）保护人体细胞不发生癌变

近年来的研究发现，癌症患者体内存在着微量元素平衡失调的现象，如肺癌与锌、硒含量低而铬、镍含量高有关；肝癌与锰、铁、钡含量低而铜含量高有关。硒具有调节癌细胞的增殖、分化的作用，可抑制体内癌细胞的浸润、转移，以延缓肿瘤的复发。铜元素可直接杀伤癌细胞，又可抑制癌细胞脱氧核糖核酸的合成，并能促进癌细胞的诱导分化。有研究表明，锗能促进抗癌因子产生，能诱导机体分泌白细胞介素-3和干扰素，增强机体对癌细胞的防御功能，抑制肿瘤的生长与扩散。

（七）延缓机体衰老过程

人体的过氧化是细胞被破坏、导致衰老的主要原因，而锌、硒、铜、锰等元素具有清除导致细胞老化的过氧化物质的作用，锰、铜、锌还是超氧化物歧化酶的重要成分，这种酶能破坏自由基，发挥抗衰老作用。硒的主要功能是增加谷胱甘肽过氧化物酶的活性，从而达到延缓衰老的目的。

人体必需无机盐的生理功能、日需求量及食物来源见表2-1-3。

表 2-1-3　人体必需无机盐的生理功能、日需求量及来源

名称	生理功能	日需求量	来源
钙	构成骨骼、牙齿的成分，维持神经肌肉的兴奋性，参与凝血	成年人 800 毫克，青少年 1000 毫克，儿童 600 毫克	乳品、虾皮、豆类、蔬菜等
磷	构成骨骼、牙齿、核酸的成分，是酶的组成成分，参与物质和能量代谢	成年人 400 毫克	动物性食品
钾	维持细胞渗透压，维持体内酸碱平衡，加强肌肉兴奋性，参与蛋白质、碳水化合物的代谢	成年人 4 克	谷类、豆类、蔬菜、水果等
钠	维持细胞渗透压，维持体内酸碱平衡，加强肌肉兴奋性	成年人 5 克	食盐
氯	胃酸的主要成分，维持细胞渗透压，维持体内酸碱平衡，激活唾液淀粉酶	成年人 5 克	食盐
镁	多种酶的活性剂，维持神经肌肉兴奋性，参与体内蛋白质的合成	成年人 200～300 毫克	谷类、豆类、蔬菜等
铁	血红蛋白的组成成分，运输氧、二氧化碳	成年男性 12 毫克，成年女性 18 毫克	肝脏、鸡胗、大豆、黑木耳、瘦肉等
碘	甲状腺素的组成成分，促进代谢和生长发育	成年人 100～140 毫克	海带、紫菜、海鱼等
锌	酶的组成成分或酶激活剂，促进生长发育与组织再生	成年人 10～15 毫克	肉类、谷类
铜	促进铁的吸收与利用、参与物质氧化	成年人 2 毫克	牡蛎、贝类、坚果等
硒	具有抗氧化、解毒作用	成年人 50 微克	动物内脏、海产品、谷物等
氟	构成牙齿、骨骼的成分，预防龋齿	成年人 1.5 毫克	茶叶、海鱼、海带等

六、膳食纤维

膳食纤维是一类多聚物的混合体，是不被人体消化道分泌物消化的植物成分，包括纤维素、半纤维素、木质素、果胶、黏液、树胶等。它们虽然不能被机体消化与吸收，却是人体必需的营养素之一，具有预防多种疾病的作用。

（一）生理作用

1. 产生饱腹感

膳食纤维进入消化道后，在胃内吸水膨胀，使人产生饱腹感，延缓胃的排空速度，从而降低小肠对营养素吸收的速度，可以抑制多食并抗饥饿，有助于糖尿病患者和肥胖者成功地控制饮食量。

2. 降低血脂

膳食纤维进入人体后，能与胆汁酸、胆固醇等结合成不被人体吸收的复合物，因此能阻断胆汁酸和胆固醇的肠肝循环，可减少肠道对胆固醇的吸收，促进胆汁酸和胆固醇随粪便排出，降低血胆固醇水平，有助于预防冠心病和胆石症。此外，膳食纤维

还具有结合锌的能力，能降低锌铜比值，对心血管系统有保护作用。

3. 具有降糖作用

纤维素进入胃肠道后，可如同海绵一样吸水膨胀，呈凝胶状，增加食物的黏滞性，延缓食物中葡萄糖被吸收。另外，膳食纤维还可增加胰岛素的敏感性，减轻胰岛素的抵抗性，增加胰岛素的降糖作用。

4. 清除肠道内"垃圾"和毒素

结肠癌和直肠癌发病率与膳食纤维摄入量呈负相关。膳食纤维在肠道内就像"清道夫"，不断地清除肠道内的"垃圾"和毒素，将有害物质排出体外，减少某些致病因子对大肠的刺激，同时减少大便滞留时间，减少有害物质的吸收和对肠黏膜的毒害。膳食纤维可调节肠道菌群，使有益的细菌增加，减少某些致癌物的产生与活化，因此能降低肠癌的发病率。

膳食纤维虽然有益于人体健康，但也不宜过多摄入。膳食纤维虽然能使肠胃减少对一些有害物质的吸收，但也会导致肠胃减少对一些营养素的吸收。另外，膳食纤维对消化道有刺激作用，会加重胃肠溃疡患者病症，因此，该类病人禁止摄入。

5. 降低龋齿和牙周病的发病率

高膳食纤维食物增加了口腔咀嚼时间，能刺激唾液的分泌，这提高了肠胃缓冲酸性物质的能力，也有利于口腔和牙齿的清洁。再者，口腔在咀嚼富含纤维素的食物时，纤维素对牙齿和牙龈组织反复地摩擦，能按摩牙龈组织，加强血液循环，维护牙龈组织的健康。纤维素还能清除牙面的糖、蛋白质，可减少龋齿的发生。

6. 防止便秘

膳食纤维不经消化就进入大肠，而纤维素、果胶对水有强吸附作用，能使粪便变软，体积增大，从而刺激肠蠕动，有助于排便。

（二）供给量与来源

中国营养学会推荐的正常成年人每日膳食纤维供给量为 25 ～ 35 克。膳食纤维的主要来源是植物性食物，包括谷类、豆类、蔬菜、水果、薯类、菌类、藻类等。

七、水

（一）生理作用

1. 机体的重要成分

水约占成年人体重的 70%，血液、淋巴、脑脊液含水量高达 90% 以上，肌肉、神经、内脏、细胞、结缔组织含水量为 60% ～ 80%，脂肪组织和骨骼含水量在 30% 以下。

2. 参与物质代谢过程

水是良好的溶剂，能使物质溶解，加速化学反应。从物质的消化、吸收、生物氧化到排泄，都需要水的参与。

3. 调节体温

水的比热容高，血液流经体表部位时，不会因环境温度的差异而发生大的温度改变，有利于保持体温稳定。此外，水的蒸发可以散热（排汗），人体在炎热季节或温度较高的环境时，能通过蒸发来维持体温的正常。

4. 运输体内物质

水的流动性大，在体内形成体液，循环运输物质。

5. 保持腺体的正常分泌，起到润滑的作用

各种腺体分泌物的主要成分是液体，若缺乏水，其分泌就要受影响。水作为关节、肌肉和脏器的润滑剂，能维护这些器官的正常功能，如泪液可防止眼球干燥，关节液可减小运动时关节之间的摩擦。

（二）供给量与来源

正常情况下，体内水分的出入量是平衡的。体内不储存多余的水分，也不能缺水。多余的水分即排出，缺少时若不及时补充，就会影响正常生理机能。

正常成年人一天通过排尿、体表蒸发等途径排出的水分为 2000～2500 毫升，因此也需摄入同样的水量，即 2000～2500 毫升（饮水约 1300 毫升，从食物中摄取的水约 900 毫升，代谢中产生的水约 300 毫升）。

每个人的需水量还受气候、工作性质等的影响。在天气炎热或进行体力工作时，人们排汗较多时，需水量较大。能量消耗与需水量成正比，每多消耗 4.18 千焦能量，需水约 1 毫升。

第二节　运动与膳食营养

一、运动前的营养

（一）运动前的食物选择

运动前应以高碳水、低脂肪的食物为主，如面包、米饭、面条、水果等，这些食物既容易消化，又能提供碳水化合物作为运动时的能量来源。如果运动时间为 60～90 分钟，则可以选择升糖指数较低的食物，如水果、脱脂牛奶、米饭、大豆等，这些食物会被缓慢地消化成碳水化合物，能够长时间地给运动中的肌肉供应碳水化合物。如果运动时间少于 60 分钟，则可以选择高升糖指数的食物，如面包、运动饮料等，这些食物很快就会被消化，能够迅速地提供碳水化合物。

高纤维的食物容易引起肠胃不适，原因是它们需要比较长的时间才能被消化。有些高纤维的食物也富含碳水化合物，如全麦面包、高纤饼干和某些高纤饮料。运动者如果因食用这些食物而在运动中感觉不舒服，就应该避免在运动前吃这些食物。

（二）运动前的最佳进食时间

进食的时间因运动时间的变化和食物的种类而有所不同，总体原则是吃进去的食物可以在运动过程中提供充足的营养和能量，而又不至于在运动过程中引起肠胃不适。

进行剧烈运动时，如打篮球、跑步等，人体对胃内的食物通常比较敏感，少量的食物可能就会令人感到不舒服。这就要求运动者在开始运动前更早的时候进食，或是减少食物的摄取，以减轻这些症状。一般而言，进行强度比较低的运动时，如骑自行车、游泳等，人体一般不会受到胃中食物的影响，在进食的时间和食物的选择上有较大的弹性。

1. 上午 8 点的运动

前一天的晚餐必须富含碳水化合物。运动者要喝充足的水。经过一夜后，肝脏中糖原的含量已经降低，而在运动前补充碳水化合物可以提高运动能力。锻炼者在运动前 90 ～ 120 分钟应吃少量的早餐，如面包；避免食用含高脂肪的食物，如包子、油饼等，它们不容易被消化，会在胃中停留比较长的时间，也无法提供足够的碳水化合物。运动者若是习惯吃丰盛的早餐，就需要在运动前 2 ～ 3 小时进食，这样机体才有足够的时间消化。运动者如果无法早起，则可以在运动前 10 ～ 30 分钟饮用运动饮料或是吃一两片面包，以补充前一天晚上体内消耗的肝糖原。

2. 上午 10 点的运动

前一天的晚餐必须富含碳水化合物。运动者要喝充足的水。运动者宜在当天 7 点左右吃丰盛且富含碳水化合物的早餐，这样身体可有 3 个小时的时间来消化这些食物，既补充了糖原，又不会造成肠胃不适，但是应该避免进食油腻的食物。

3. 午间 12 点的运动

前一天的晚餐必须富含碳水化合物。运动者要喝充足的水。运动者宜在当天吃丰盛且富含碳水化合物的早餐，若是 8 点吃早餐，则运动者可以在 11 点左右可以再吃少量的高糖类食物或饮品，如面包、果汁、水果等。若是 9 点吃早餐，则运动者可以在运动前 10 ～ 30 分钟再补充一些运动饮料。

4. 午后 4 点的运动

前一天的晚餐必须富含碳水化合物。运动者要喝充足的水。运动者可在当天早上 8 点吃丰盛的早餐，中午 12 点吃富含碳水化合物的午餐，下午 3 点吃少量点心。同时在一天中，运动者必须摄取充足的水分，也可以从早上开始每隔一两个小时喝一大杯果汁，补充并维持体内糖原的含量，运动前 20 ～ 30 分钟再以运动饮料做最后的补充。

5. 晚间 8 点的运动

运动者应在当天吃丰盛而富含碳水化合物的早餐和午餐，下午 5 点吃丰盛而富含碳水化合物的晚餐，或是下午 6 点吃少量富含碳水化合物的晚餐，避免吃高脂肪的食物，如油炸的食物、肥肉等。运动者运动前 20 ～ 30 分钟宜喝 200 ～ 300 毫升运动饮料或果汁，同时在一天中都要摄取充足的水。

二、运动后的营养

（一）碳水化合物的补充

糖原是运动时的主要能量来源之一，存在于肌肉和肝脏中。肌肉中的糖原只能供给肌肉细胞使用，而肝脏中的糖原能以葡萄糖的形式释放到血液中，供肌肉和身体其他器官使用。体内糖原存量不足以提供运动后所需，是造成疲劳、运动能力降低、无法持续运动的原因之一。运动后体内的糖原存量显著地降低，若是没有糖原的补充，下次运动时就会受到糖原不足的影响。

研究显示，在运动后的 2 小时内，身体合成糖原的效率最高，2 小时后则恢复到平常的水平。因此，人体在运动后迅速补充碳水化合物可以迅速补充体内被消耗的糖原。如果下次运动是在本次运动后的 10 ～ 12 小时进行，那么这一高效率时段则特别重要。如果错过这个时段，即使运动者在后续的时间补充了足够的碳水化合物，身体也可能没有足够的时间来完全补充消耗的糖原，体内的糖原存量会一次比一次低，运动后身体会越来越疲劳。若下一次运动在本次运动后的 24 ～ 48 小时进行，则运动者即使错过这段时间，接下来只要着重于摄取高碳水的食物，就有足够的时间补充消耗掉的糖原。

建议运动者在运动后 15 ～ 30 分钟摄入 50 ～ 100 克碳水化合物（大约每千克体重需要补充 1 克碳水化合物），然后每 2 小时再摄入 50 ～ 100 克碳水化合物。运动者的正餐应该以摄取富含碳水化合物的食物为主。

（二）肌肉和组织的营养恢复

即使是没有身体接触的运动也会造成肌肉纤维和结缔组织的伤害，而一些接触性的运动（如篮球运动、足球运动等）会造成更多的肌肉损伤。运动后，运动者迅速地补充蛋白质有助于修复受伤的肌肉和组织，也会提高受伤的肌肉合成与储存肌糖原的效率。因此，运动或比赛后，受伤的运动员需要补充更多的碳水化合物，更需要把握运动后 2 小时的高效率时段，以有效地补充体内消耗掉的糖原。

计算蛋白质含量时，人们还要考虑必需氨基酸含量与氨基酸总量的比值问题。成年人需要的必需氨基酸至少应占其所摄入的氨基酸总量的 20%。

三、运动与水

（一）运动中补充水分的重要性

剧烈的运动使身体大量流汗，体内液体流失，电解质也随汗液流失。例如，运动者在夏季进行 4 个小时的长跑训练平均出汗量可达 3000 毫升左右。我国马拉松运动员在比赛时总出汗量约为 4000 毫升，平均占体重的 4.9%。若在运动前和运动中不补充水分而运动中又大量出汗，则人体就很容易发生脱水现象。体内缺水的主要表现为尿液和体液减少。大约占体重 1% 的水分流失会使运动时的体温上升、心率加快。脱水量约占体重 2% 的为轻度脱水，主要表现为细胞外液减少，身体丧失调节的能力。若没有补充所失去的水分，体温就可能会持续上升，进而导致体力的丧失。脱水量占体重的 4% ～ 6% 时，肌肉力量及肌肉耐力降低，同时引起热痉挛，使机体长时间活动能力下降 20% ～ 30%，也会影响体内无氧代谢的供能过程。脱水对心血管方面的影响是可导致血浆容量下降，血液渗透压升高。低血浆容量则会导致心输出量下降、排尿量减少、体温升高、血液黏稠度增大及中暑危险增加。水分流失占体重的 6% 以上时，则有严重热痉挛、热衰竭、中暑、昏迷甚至死亡的可能。这些数据说明，排汗提高了散热能力，但水分及电解质的流失应立即得到补充。因此,运动者要想防止脱水或降低脱水程度,就应立即补充水分,从而改善运动能力。

(二)运动中补充水分的原则和途径

运动中水分的补充应以保持水分的平衡为原则,调整体内水和电解质平衡的最佳途径是喝水或喝饮料。由于体液是低渗透液,相比之下,运动期间补充水分比补充电解质更重要。在热环境下,正常人不自觉的脱水量为每小时275毫升。长时间进行耐力锻炼的人在热环境下脱水时间越久,对运动能力的影响就越严重,因此,运动者在脱水之前就应补充水分,千万不要等到口渴才喝水。当感觉口渴时,身体已处于脱水状态了。

纯水或低渗透压饮料的胃排空速率高于高渗透压的饮料。因此,在热环境下进行剧烈运动时,补充水分的重要性大于补充碳水化合物及电解质。在持续时间短的运动中,运动者不必特意补充电解质,原因是运动中补充电解质会提高由运动引起的高渗透程度。因此,在时长为30~60分钟的运动中,水是最经济、实用的补充液体。

(三)不同运动阶段的补水方法

1. 运动前的正确补水方法

运动饮料是指营养素及其含量能适应运动或体力活动人群的生理特点,能为机体补充水分、电解质和能量,可被迅速吸收的饮料。运动饮料适合高运动强度的锻炼者和专业运动员,而一般的运动人群补充白开水、矿泉水即可。锻炼者在运动超过1小时的时候,才有必要饮用运动饮料。

在较长时间的运动过程中,人体每小时流汗量可达750毫升。由于缺水会使身体散热功能降低,在耐力性运动前的2小时,运动者最好饮用600毫升左右的水(可分两次喝)。在普通运动前半小时,运动者宜喝约250毫升的水。运动前,不建议饮用碳酸饮料。运动前补水可增强机体的热调节功能,降低人体在运动中的心率。提前2小时补水可以让肾脏有充足的时间代谢,将人体渗透压调节到最佳状态,有助于人体排出多余的水分。

2. 运动中的正确补水方法

在运动及比赛期间,运动者每隔15~20分钟饮用200~300毫升的水或饮料为较适当的补水方法。在1小时的运动中,锻炼者可补水约500毫升。天气热时,运动者可以适量多喝水。

3. 运动后的正确补水方法

运动后补水与运动前补水同样重要。研究表明,运动者在运动后越早开始补水,恢复效果越好。运动者在运动后正确地补充水分有助于体力的及时恢复。运动者运动后体重每降低约0.5千克,须补充约700毫升的水。进行长时间、大运动量的运动后,运动者可以补充运动饮料、能量棒、姜茶、蜂蜜水、果汁、牛奶等。剧烈运动后,锻炼者不要大量饮用冷饮,否则会使肠胃受到冷刺激,引起肠胃血管突然收缩,导致胃部痉挛、胃痛等。运动后,锻炼者不宜喝浓茶、咖啡、酒水等。

第三节　平衡膳食

平衡膳食又称健康膳食，是指膳食中所含营养素种类齐全、数量充足、比例适当，且与人体的需要保持平衡，又不会导致热量过多摄入。平衡膳食的目的是促进人体正常生长发育，确保各组织器官和机能的正常活动，提高人体对疾病的抵抗力，进而提高工作效率，延长寿命。

现代医学研究证明，人类各种疾病的发生，或多或少、或轻或重都与人体内营养平衡失调有关，如心血管疾病与钾、镁、锌低而铜高有关，高血压与钠高、钾低、镁不足有关，脑血管疾病与钙、镁、锌、硒不足有关。因此，人体营养平衡是至关重要的。

一、居民平衡膳食指南

2022 年 4 月 26 日，《中国居民膳食指南（2022）》在北京发布。《中国居民膳食指南（2022）》由一般人群膳食指南、特定人群膳食指南、平衡膳食模式和膳食指南编写说明三个部分组成。中国营养学会还修订完成了中国居民膳食宝塔（2022）、中国居民平衡膳食餐盘（2022）等可视化图形，指导大众在日常生活中进行具体实践。

二、居民平衡膳食准则

《中国居民膳食指南（2022）》针对一般人群膳食指南提出了八条平衡膳食准则：① 食物多样，合理搭配；② 吃动平衡，健康体重；③ 多吃蔬果、奶类、全谷、大豆；④ 适量吃鱼、禽、蛋、瘦肉；⑤ 少盐少油，控糖限酒；⑥ 规律进餐，足量饮水；⑦ 会烹会选，会看标签；⑧ 公筷分餐，杜绝浪费。

（一）食物多样，合理搭配

（1）坚持谷类为主的平衡膳食模式。

（2）每天的膳食应包括谷薯类、蔬菜水果、畜禽鱼蛋奶和豆类食物。

（3）平均每天摄入 12 种以上食物，每周 25 种以上，合理搭配。

（4）每天摄入谷类食物 200～300 克，其中包含全谷物和杂豆类 50～150 克；薯类 50～100 克。

（二）吃动平衡，健康体重

（1）各年龄段人群都应天天进行身体活动，保持健康体重。

（2）食不过量，保持能量平衡。

（3）坚持日常身体活动，每周至少进行 5 天中等强度身体活动，累计 150 分钟以上；主动身体活动最好每天 6000 步。

（4）鼓励适当进行高强度有氧运动，加强抗阻运动，每周 2～3 天。

（5）减少久坐时间，每小时起来动一动。

（三）多吃蔬果、奶类、全谷、大豆

（1）蔬菜水果、全谷物和奶制品是平衡膳食的重要组成部分。

（2）餐餐有蔬菜，保证每天摄入不少于 300 克的新鲜蔬菜，深色蔬菜应占 1/2。

（3）天天吃水果，保证每天摄入 200 ～ 350 克的新鲜水果，果汁不能代替鲜果。

（4）吃各种各样的奶制品，摄入量相当于每天 300 毫升以上液态奶。

（5）经常吃全谷物、大豆制品，适量吃坚果。

（四）适量吃鱼、禽、蛋、瘦肉

（1）鱼、禽、蛋类和瘦肉摄入要适量，平均每天 120 ～ 200 克。

（2）每周最好吃鱼 2 次或 300 ～ 500 克，蛋类 300 ～ 350 克，畜禽肉 300 ～ 500 克。

（3）少吃深加工肉制品。

（4）鸡蛋营养丰富，吃鸡蛋不弃蛋黄。

（5）优先选择鱼，少吃肥肉、烟熏和腌制肉制品。

（五）少盐少油，控糖限酒

（1）培养清淡饮食习惯，少吃高盐和油炸食品。成年人每天摄入食盐不超过 5 克，烹调油 25 ～ 30 克。

（2）控制添加糖的摄入量，每天不超过 50 克，最好控制在 25 克以下。

（3）反式脂肪酸每天摄入量不超过 2 克。

（4）不喝或少喝含糖饮料。

（5）儿童青少年、孕妇、乳母以及慢性病患者不应饮酒。成年人如饮酒，一天饮用的酒精量不超过 15 克。

（六）规律进餐，足量饮水

（1）合理安排一日三餐，定时定量，不漏餐，每天吃早餐。

（2）规律进餐、饮食适度，不暴饮暴食、不偏食挑食、不过度节食。

（3）足量饮水，少量多次。在温和气候条件下，低身体活动水平成年男性每天喝水 1700 毫升，成年女性每天喝水 1500 毫升。

（4）推荐喝白水或茶水，少喝或不喝含糖饮料，不用饮料代替白水。

（七）会烹会选，会看标签

（1）在生命的各个阶段都应做好健康膳食规划。

（2）认识食物，选择新鲜的、营养素密度高的食物。

（3）学会阅读食品标签，合理选择预包装食品。

（4）学习烹饪、传承传统饮食，享受食物天然美味。

（5）在外就餐，不忘适量与平衡。

（八）公筷分餐，杜绝浪费

（1）选择新鲜卫生的食物，不食用野生动物。

（2）食物制备生熟分开，熟食二次加热要热透。

（3）讲究卫生，从分餐公筷做起。

（4）珍惜食物，按需备餐，提倡分餐不浪费。

（5）做可持续食物系统发展的践行者。

三、中国居民平衡膳食宝塔

中国居民平衡膳食宝塔（以下简称"膳食宝塔"）（图2-3-1）是根据《中国居民膳食指南（2022）》的核心内容，结合中国居民膳食的实际状况，把平衡膳食的原则转化成各类食物的重量，便于人们在日常生活中实行。

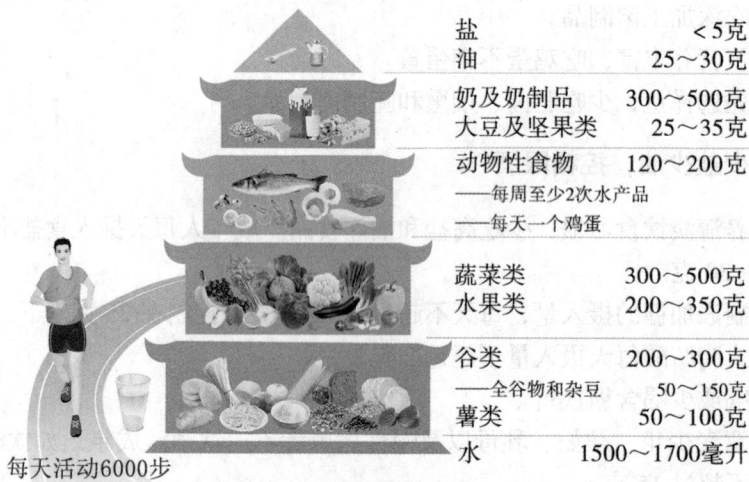

盐	＜5克
油	25～30克
奶及奶制品	300～500克
大豆及坚果类	25～35克
动物性食物	120～200克
——每周至少2次水产品	
——每天一个鸡蛋	
蔬菜类	300～500克
水果类	200～350克
谷类	200～300克
——全谷物和杂豆	50～150克
薯类	50～100克
水	1500～1700毫升

每天活动6000步

图 2-3-1

（资料来源：中国营养学会官网）

（一）中国居民平衡膳食宝塔说明

膳食宝塔共分五层，包含我们每天应吃的主要食物种类。膳食宝塔各层位置和面积不同，这在一定程度上反映出各类食物在膳食中的地位和应占的比重。膳食宝塔图中水和身体活动的形象，强调足量饮水和增加身体活动的重要性。

（二）中国居民平衡膳食宝塔的应用

1.膳食宝塔建议的食物量

膳食宝塔建议的各类食物摄入量都是指食物可食部分的生重。各类食物的质量不是指某一种具体食物的质量，而是一类食物的总量。

2.根据自己的能量水平确定食物需要

膳食宝塔中建议的每人每日各类食物适宜摄入量范围适用于一般健康成年人。在实际应用时，人们要根据年龄、性别、身高、体重、劳动强度、季节等情况适当调整。

人们可根据《中国居民膳食指南（2022）》确定自己的能量水平，应用膳食宝塔时要根据自身的能量需要进行选择。

3. 食物同类互换，调配丰富多彩的膳食

应用膳食宝塔可把营养与美味结合起来，按照同类互换、多种多样的原则调配一日三餐。

4. 要因地制宜充分利用当地资源

我国幅员辽阔，各地的饮食习惯及物产不尽相同。人们只有因地制宜，充分利用当地资源，才能有效地应用膳食宝塔。

5. 要养成习惯，长期坚持

膳食对健康的影响是长期的结果。人们应用平衡膳食宝塔要形成习惯，并坚持不懈，这样才能充分体现其对健康的促进作用。

体育思政课堂

通过了解运动与营养的相关知识，运用营养学知识为运动训练及比赛或体育锻炼服务，大学生不仅可以强化营养意识，还可以提高自身健康水平及运动训练效果和运动成绩。

思考题

1. 人体必需的营养素包括哪几类？
2. 简述蛋白质的主要功能。
3. 运动前的最佳进食时间是什么时候？
4. 运动中水分的补充原则是什么？
5. 如何做到平衡膳食？

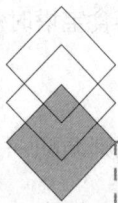

第三章

科学健身理论指导

第一节　科学健身的原则与方法

一、科学健身的原则

科学健身的原则是体育锻炼客观规律的反映，也是参与者安排锻炼计划、选择锻炼内容、运用锻炼方法时必须遵循的基本准则。以下六项原则是人们在体育锻炼实践中总结出来的经验，为锻炼者达到理想的健身效果提供了科学的指导。

（一）自觉积极性原则

自觉积极性原则是指体育锻炼者要有明确的健身目标，充分认识体育锻炼的价值，自觉积极地进行体育锻炼活动。体育锻炼的积极性是锻炼者进行自主锻炼的重要前提，是由被动锻炼转为主动锻炼的"催化剂"。

（二）实效性原则

实效性原则是指锻炼者在进行体育锻炼时应根据自身的年龄、性别、健康状况、运动基础、职业特点等实际情况，合理地选择锻炼内容、方法，安排运动负荷，科学地进行体育锻炼，以取得最佳的锻炼效果。

（三）经常性原则

经常性原则是指锻炼者应长期地、不间断地、持之以恒地进行体育锻炼。长期的体育锻炼能使人体的结构和机能产生适应性变化，增强体质，提高机体免疫力。虽然短时间的体育锻炼也能对身体产生一定的积极影响，但体育锻炼一旦停止，这种良性影响会很快消失。因此，体育锻炼贵在坚持，不能期望在短时间内取得显著效果。锻炼者要想保持旺盛的精力，就必须长期坚持体育锻炼。

（四）循序渐进原则

循序渐进原则是指体育锻炼必须遵循人体自然发展、逐步适应的基本规律，从实际出发，合理安排运动负荷，逐渐提高锻炼水平。在体育锻炼过程中，锻炼者学习运动技能应由易到难、由简到繁，安排的运动负荷应由小到大，逐渐提高。运动负荷的大小应因人、因时而异。运动负荷是否适宜，对锻炼效果的好坏起很大的作用。即便是同一个人，在不同的机能状态下、在不同的时间段内，对负荷的承受能力也不尽相同。因此，锻炼者在进行体育锻炼时应循序渐进，随时调整运动负荷，逐步提高自己的身体素质。

（五）全面性原则

全面性原则是指体育锻炼必须追求身心的全面和谐发展，使身体形态、身体机能、身体素质、心理素质等方面得到全面协调的发展。

（六）安全性原则

锻炼者进行任何形式的体育锻炼都要注意安全。如果体育锻炼安排得不合理，违背了科学规律，就可能造成运动损伤。安全性原则要求锻炼者在体育锻炼的过程中始终注意保护自己，做到安全第一。

二、科学健身的方法

科学健身的方法是锻炼者根据人体的发展规律，运用各种身体练习手段和自然因素来发展身体素质的途径和方法。科学健身的方法遵循了体育锻炼原则，是达到体育锻炼目的的桥梁。在运用过程中，锻炼者应从实际出发，灵活应用，并注意各方法间的互补性，交替结合，有主有从。

（一）重复训练法

重复训练法是指锻炼者按一定的负荷标准重复进行某项练习的方法。重复锻炼的次数和时间是决定健身效果的关键。确定和调节重复的次数及时间时，应考虑项目的特点和锻炼者的身体状况。

（二）间歇训练法

间歇训练法是指进行重复锻炼时两次练习之间的合理休整，是提高锻炼效果的一种常用的锻炼方法。间歇训练法的间歇时间的长短，主要以运动负荷价值阈为准。一般来说，负荷超过上限时，间歇时间应长些，以防止负荷继续上升，造成过多的体力消耗；负荷在下限时，间歇时间应短些，锻炼密度应大些。后次锻炼应在前次锻炼的效果未减退时进行，倘若间歇时间过长，在前次锻炼的效果消失后再进行下次锻炼，间歇就失去了意义。

（三）变换训练法

变换训练法是指在体育锻炼过程中，锻炼者采用变换条件、变换环境、变换要求等方法来提高锻炼效果的一种锻炼方法。采用变换训练法可以有效地调节生理负荷，提高锻炼情绪，强化锻炼意志，使锻炼者克服疲劳和厌倦情绪。高强度间歇式训练能在短时间内提高心率，燃烧更多的脂肪，提高代谢率，是目前比较流行的健身方式之一。

（四）循环训练法

循环训练法是指把各种类型的动作和具有不同练习效果的手段组成一组训练项目，并按照一定的顺序循环往复地进行锻炼的方法。

（五）综合训练法

综合训练法是指在进行体育锻炼的过程中，为促进身体的全面发展，把能对身体各个部位起到不同健身效果的几个或多个运动项目联系起来，形成一个可影响身体数个部位乃至全身所有部位的运动方法，如健步走—跳绳—立卧撑—引体向上—立定跳远等综合锻炼法。

第二节　科学健身的内容选择

科学健身内容的选择必须从锻炼者的年龄、性别、身体健康状况、职业特点、所处地域的特点等实际情况出发，注意锻炼者所处的地域特点，体现科学健身的实效性与安全性。

一、根据年龄选择

锻炼者所处年龄阶段不同，其身体机能也不同。中老年阶段，人体各组织、器官逐渐老化，运动器官机能减弱，关节韧带的灵活性差，不宜完成幅度过大、用力过猛的动作，可选择一些相对平稳的运动项目（如健步走、慢跑、太极拳等），以避免运动损伤的发生。青壮年阶段，人体各系统的功能均达到高峰期，运动适应性强，能承受较大的练习强度，可选择一些对抗性强、较剧烈的运动项目（如球类运动、登山比赛等），以增加锻炼者参加体育锻炼的兴趣。青少年阶段，人体正处于生长发育阶段，促进身体的全面发展是锻炼的首要目的。少儿的骨骼硬度小、韧性大，不宜进行负重练习；其心肺功能不够完善，也不要进行过于剧烈的运动，应少进行屏气性动作练习和静力性练习。

二、根据性别选择

男女身体结构有着明显的差异。男性肌肉发达，其总重量约占自身体重的42%，而女性肌肉重量只占自身体重的36%左右，故男性能承受的运动负荷要比女性大，适宜完成力量类、速度类等练习动作，女性则适宜完成平衡类、柔韧类等练习动作。因此，男性可选择举重、拳击等运动项目，女性可选择健美操、体育舞蹈、瑜伽等柔韧性运动项目。

三、根据身体健康状况选择

锻炼者身体的健康状况是锻炼者选取健身内容的主要依据之一。锻炼前锻炼者应通过体质监测、医学诊断、病史调查等方法来了解自身的健康状况。对进行康复体育锻炼的人来说，运动负荷不要过大，其参与锻炼的主要目的是恢复身体机能，或是为保持身体机能不致过分下降。一些有慢性疾病的人要有针对性地选择适合自己的体育锻炼项目。

四、根据锻炼者的职业特点选择

由于社会分工不同，不同职业者劳动的性质差别较大，因此，锻炼者要根据自身的职业特点选择相适应的科学健身内容。例如，脑力劳动者在工作时经常要维持弯腰伏案的姿势，颈部前倾，脑供血受阻，易出现颈部、背部、腰部等肌肉的酸痛，而且由于经常要低头含胸，造成肺部活动受压，呼吸机能降低；相对静态的工作易导致肌肉缺乏活动，体力下降。针对这些特点，脑力劳动者应以动作舒展的户外运动项目为主。不同特点的体力劳动者，锻炼的内容也应具有差异性：对劳动中负担较重的部位和肌群的锻炼应以舒展和放松练习为主；对劳动中负担较轻或基本无负担的部位和肌群，可适当加大活动强度。注重身体各部位和身心的协调发展。

五、根据锻炼者所处地域的特点选择

我国幅员辽阔，不同地区的地理气候条件、体育区域特色等均有不同。锻炼中锻炼者要因地制宜，从各地的实际情况出发，有针对性地安排练习内容。我国居民多在室外进行身体锻炼，受季节气候的制约较大，因此要依据自然环境的变化，调整和变更健身计划和健身内容。

第三节　运动处方的制订与实施

运动处方的制订和实施程序包括全面了解处方对象的体质健康状况、临床检查和功能检查、运动功能评定、制订运动处方、实施运动处方等步骤。

一、全面了解处方对象的体质健康状况

在制订运动处方前，运动处方制订者要通过问询、问卷调查、医学检查、体质测量等方法，全面了解处方对象的身体状况。了解的内容一般应包括处方对象的身体发育情况、疾病史、目前伤病情况和治疗情况、近期身体健康检查结果、身体素质和健康体适能测定结果、运动史、锻炼情况等。全面了解处方对象的身体情况的目的是排除运动禁忌证，确定运动目标，确定运动功能评定方案，为检查锻炼效果提供原始资料。

二、临床检查和功能检查

运动处方的临床检查和功能检查主要包括对运动系统、心血管系统、呼吸系统、神经系统等的检查。

检查的目的：对处方对象当前的健康状况进行评价；评判其能否进行运动和参与

运动负荷试验；明确处方对象是否有潜在性疾病或危险因素，以预防事故的发生。总之，医学检查的基本目的在于掌握个人的状况，为制订运动处方提供必要的信息。

三、运动功能评定

运动功能评定是指根据运动处方的目的，进行相应的器官、系统的功能状况检查评定。制订以康复治疗为目的的运动处方，要对相应功能障碍的部位进行关节活动幅度评定和肌肉力量评定；制订以增肌为目的的运动处方，要进行肌力和体围指标的测量评定；制订以提高心肺功能或减脂为目的的运动处方，要进行心肺功能检查评定。

四、制订运动处方

（一）确定运动目的

确定运动的目的就是要确定运动处方是为了恢复功能、消除或减轻功能障碍，还是为了提高心肺功能、增肌或是减脂等。

（二）确定运动种类

人们在选择运动种类时，应考虑到以下方面：运动目的，临床检查和功能检查的结果，运动者的运动经历、兴趣、爱好、特长等，运动的环境、条件等。运动处方的种类分为有氧运动、力量练习、柔韧性练习三类，人们可以根据需要选择这三类中的某一类，也可以是其中的某两类或者三类都有。

以减脂和改善心肺功能为目的的运动处方，运动种类应选择有氧运动（如慢跑）。若锻炼者的体重过大或腿部力量较弱，则可以先加强腿部力量训练，同时进行运动强度较低的走跑交替运动，待腿部力量加强后，再进行慢跑。

（三）确定运动量

有氧运动与力量练习的运动量是由不同的因素决定的。

1.有氧练习的运动量的确定

有氧运动的练习量是由运动强度和持续运动时间决定的。有氧运动的运动强度是用靶心率来表示的，最大心率的 65 % ～ 85 % 为靶心率，即

$$靶心率＝（220－年龄）×（65\% ～ 85\%）$$

这个公式中唯一的变量就是年龄，按照这一公式，同一年龄的锻炼者，靶心率都是一样的，这显然不是很科学。目前在实际操作中，引入了年龄和静态心率两个变量来表示运动强度。把有氧运动按照不同锻炼目的分为以提高心肺功能为目的的有氧运动和以减脂为目的的有氧运动，其靶心率计算公式如下。

（1）以提高心肺功能为目的的靶心率为

$$靶心率＝[（220－年龄）－静态心率]×（60 \% ～ 80 \%）$$

其中，220－年龄＝最大心率，最大心率－静态心率＝储备心率。

（2）以减脂为目的靶心率为

$$靶心率＝[（220－年龄）－静态心率]×（40 \% ～ 60 \%）$$

根据锻炼者的肥胖程度，重度肥胖者起始锻炼的靶心率一般采用"储备心率×40%"，中度和轻度肥胖者起始锻炼的靶心率一般采用"储备心率×50%"。

以提高心肺功能为目的的有氧运动的持续运动时间为 20～60 分钟。开始运动的时候，持续运动的时间不要过长，适应后逐渐延长运动时间。

以减脂为目的的有氧运动的持续运动时间不能少于 40 分钟，一般持续运动时间控制在 40～80 分钟。

2. 力量练习的运动量的确定

力量练习的运动量是由抗阻力大小、重复次数、组数及组间间隔时间决定的。力量练习的运动强度是以抗阻力大小而不是以心率指标为准。

抗阻力大小一般用极限次数来表达运动强度，即用竭尽全力所能完成的次数来表达运动强度。（表 3-3-1）

表 3-3-1　运动强度与对应的效果

强度	次数	效果
极限强度和大强度	1～5	快速增长力量
中等强度	6～8	增长肌肉体积，增长力量
中小强度	9～12	发展小肌肉群和增加肌肉弹性
小强度	≥13	减缩皮下脂肪，增加肌肉弹性

锻炼者一般根据力量练习所需要达到的效果选择不同的抗阻力大小。例如，要达到增肌的效果，就采用中等强度（极限次数 8 次）；要减缩皮下脂肪和增加肌肉弹性，就要选用小强度（极限次数 13 次以上）。

力量练习的组数包括每个部位肌肉练习的组数与一次训练课的总组数。锻炼者首先要了解每个动作应练习的组数，然后依照训练的水平确定每次练习的总组数。练习组数的多少还取决于锻炼者不同的体质、体力和训练水平。锻炼者必须根据实际情况，不能无限制地增加组数，否则就会导致训练过度。依据训练水平（原则上以系统训练时间为依据），训练阶段分为初级 I 段（开始至 3 个月）、初级 II 段（4～6 个月）、中级阶段（7 个月～1 年）、高级阶段（1 年以上）。同时，大肌肉群和小肌肉群练习的组数也略有区别（表 3-3-2）。人们通常将全身肌肉分为大肌肉群和小肌肉群，两者之间的训练组数是不同的。胸部肌群、背部肌群、臀部肌群和腿部肌群为大肌肉群，肩部、上臂肌群、前臂肌群为小肌肉群。腹部肌群为特殊肌群。原则上小肌肉群的训练组数是大肌肉群训练组数的 2/3。

表 3-3-2　各训练阶段练习组数

训练阶段	大肌肉群练习组数	小肌肉群练习组数
初级 I 段	2～4 组	2 或 3 组
初级 II 段	5～7 组	3 或 4 组
中级阶段	8～10 组	5 或 6 组
高级阶段	11～14 组	7～10 组

决定运动强度大小的另一个因素是组间间歇。在两组练习之间，应该有一个最合适的休息时间（表3-3-3）。训练间歇必须合理才能使肌肉保持最佳兴奋状态。间歇时间过短，肌肉不能消除疲劳；间歇时间过长，不但上一组的训练痕迹消失，达不到训练效果，而且会影响训练者的情绪，甚至易造成运动损伤。

表 3-3-3　各阶段间歇时长

阶段	间歇时长
初级Ⅰ段	90～120秒
初级Ⅱ段	70～90秒
中级阶段	60～70秒
高级阶段	45～60秒

间歇是为了保持练习的连续性和尽快消除疲劳，锻炼者不能采用仰卧、静坐等消极性休息方式，而应该采取积极的休息方式。首先，必须要做的就是调整呼吸，做几次深呼吸，增加吸氧量，使体内供氧充足，让肌肉得到放松；其次，应对肌肉进行放松按摩，如快速抖动肌肉，有节奏地按捏、叩击肌肉和做一些使肌肉充分拉长的伸展动作，以尽快消除肌肉紧张状态，达到消除疲劳的目的。另外，为了加强练习效果，锻炼者应在间歇时间内回忆动作过程和技术要领。

（四）确定运动频率

1.有氧运动的运动频率

在运动处方中，运动频率常常用每周的锻炼次数来表示。运动频率取决于运动强度和每次运动持续的时间。一般认为，每周锻炼3或4次，即隔一天锻炼一次，这种锻炼的效率最高。最低的运动频率为每周锻炼2次。运动频率更高时，锻炼的效率增加并不多，却有增加运动损伤的风险。中小运动量的有氧运动可每天进行。

2.力量练习的运动频率

力量练习的运动频率确定的依据是，每个部位的肌肉充分锻炼后，要休息48小时才能进行再次锻炼。如果每一次都是全身肌肉的锻炼，运动频率则为每周锻炼3或4次，即隔一天锻炼一次。如果把全身肌肉分成两个部分进行锻炼，一天练一个部分，运动频率就是每天锻炼。

3.柔韧性练习

柔韧性练习的运动频率一般为每日1次或每日2次。

（五）注意事项

为了确保安全，在运动处方中，运动处方制订者要根据锻炼者的具体情况，提出相应的注意事项。

1.有氧运动的注意事项

（1）起始运动强度不能过大，要从靶心率的下限开始。

（2）运动量要从小到大，循序渐进，每一个强度都要在锻炼者充分适应后再加量。

（3）运动量必须始终控制在靶心率的范围内，以保证运动处方的有效和安全。

（4）要做好充分的准备活动和拉伸放松活动。

（5）以减脂为目的的有氧运动要特别强调运动与科学饮食相结合。

2.力量性运动的注意事项

（1）力量练习前应做好充分的准备活动，每做完一组练习，都要及时拉伸放松目标肌肉，全部完成后，要做好全身拉伸放松活动。

（2）正确使用器械、设备，确保安全。

（3）练习时动作要正确，要注意引导目标肌肉用力。

（4）在进行大重量的力量训练时，要给予锻炼者一定的保护和帮助。

（5）要用正确的呼吸方法，注意肌肉用力时要屏气用力，不要憋气用力。

五、实施运动处方

（一）实施运动处方的步骤

实施运动处方一般分为以下步骤。

（1）运动处方制订者详细介绍运动处方的内容，使锻炼者充分理解运动处方的目的及意义。

（2）锻炼者逐项学习、体验运动处方的各项内容，掌握正确的动作方法。

（3）锻炼者在掌握正确的动作方法的基础上，把运动强度逐步增加到符合运动目的需要的最低强度进行练习，结合自感用力度，对初始运动强度进行调整和确认。

（4）锻炼者按照确认好的运动强度进行锻炼，并随着自身能力的提高，对锻炼项目的运动强度、运动时间或组数、次数和组间间隔时间进行微调。

（5）一个运动周期后，运动处方制订者对运动处方效果进行评价，根据评价调整运动处方内容。

（二）运动处方一次训练课的实施安排

在运动处方的实施过程中，每一次训练课都应包括三个部分，即准备活动部分、基本部分、拉伸和放松部分。

1.准备活动部分

准备活动部分的主要作用：使身体逐渐从安静状态进入工作（运动）状态，逐渐适应运动强度较大的基本部分的需要，避免因心血管系统、呼吸系统等突然承受较大运动负荷而引发意外，避免肌肉、韧带、关节等运动器官的损伤。

2.基本部分

运动处方的基本部分是运动处方的主要内容，是达到健身目的的主要途径。运动处方基本部分的运动内容、运动强度、运动时间等，应按照运动处方的具体规定实施。

3.拉伸和放松部分

锻炼者每一次按运动处方进行锻炼时，都应进行拉伸和放松活动。运动后，锻炼者常采用被动拉伸，以预防运动损伤，缓解疼痛，使肌肉的血流量增加，提高肌肉的灵活性和力量。

（三）运动中的医务监督

在运动处方的实施过程中，运动处方制订者应对锻炼者进行医务监督，以确保实施运动处方的安全性。预防健身性运动处方的锻炼者主要是进行自我监督，康复治疗性运动处方的实施应进行医务监督。

在运动处方的实施过程中，预防健身性运动处方的锻炼者的自我监督，应注意对运动强度的监控。一般常采用监控靶心率和自感用力程度相结合的方式。在运动过程中，预防健身性运动处方的锻炼者主要观察自己的健康状况和身体功能状态，内容有主观感觉（运动心情、不良感觉、睡眠、食欲、排汗量等）和简单的客观检查（心率、体重、运动效果等）。

六、运动处方的格式范例

（一）运动处方的基本内容

运动处方应包含如下内容：① 处方对象的基本信息；② 临床检查结果；③ 机能检查结果；④ 运动功能评定结果（运动试验及体力测验结果）；⑤ 运动目的；⑥ 运动内容；⑦ 运动强度；⑧ 运动时间；⑨ 运动频率；⑩ 注意事项；⑪ 开处方者签名；⑫ 运动处方的制订时间。

（二）以提高心肺功能为目的的健身运动处方示例

以提高心肺功能为目的的健身运动处方示例见表 3-3-4。

表 3-3-4　以提高心肺功能为目的的健身运动处方示例

姓名		性别		年龄		身高		体重	
临床检查结果									
机能检查结果									
运动试验结果									
体力测验结果									
运动目的	保持和发展心肺功能，提高健康水平								
运动内容	有氧运动								
运动强度	靶心率为储备心率的 60%～80%								
运动时间	20～60 分钟								
运动频率	每周 3 次或 4 次								
注意事项									
开处方者签名									
处方制订时间									

（三）以减脂为目的的健身运动处方示例

以减脂为目的的健身运动处方示例见表 3-3-5。

表 3-3-5　以减脂为目的的健身运动处方示例

姓名		性别		年龄		身高		体重
临床检查结果								
机能检查结果								
运动试验结果								
体力测验结果								
运动目的	控制体重，减少脂肪，降低体脂百分比，预防肥胖并发症							
运动内容	低强度的有氧运动							
运动强度	靶心率为储备心率的 40% ～ 60%							
运动时间	40 ～ 80 分钟							
运动频率	每周 3 ～ 5 次							
注意事项								
开处方者签名								
处方制订时间								

（四）以增肌为目的的健身运动处方示例

以增肌为目的的健身运动处方示例见表 3-3-6。

表 3-3-6　以增肌为目的的健身运动处方示例

姓名		性别		年龄		身高		体重
临床检查结果								
机能检查结果								
运动试验结果								
体格测试结果								
运动目的	发展全身肌肉和体力，塑造健美身材，提高健康水平							
运动内容	力量练习							
运动强度	8 次							
练习组数	3 组或 4 组							
组间间隔	60 ～ 90 秒							
运动频率	每周 3 次或 4 次							
注意事项								
开处方者签名								
处方制订时间								

第四节　健康体适能测评

一、心肺耐力的测量与评价

心肺耐力与大肌肉群参与动力性、中等至高强度的长时间运动的能力有关。这些运动依赖于呼吸系统、心血管系统和骨骼肌的功能状态。心肺适能的测试方法较多，有直接反映机体氧气摄取和利用能力的最大摄氧量（VO_2max）测试，也有间接推测心肺适能的20米往返跑试验、12分钟跑试验、台阶试验等各种运动负荷试验。两者间的差异：在直接测试法中，受试者做极限强度的运动，最大摄氧量的数值为直接测得的；在间接测试法中，受试者做一定时间的最大强度运动，通过心率及其他监测指标推算最大摄氧量。下面以12分钟跑为例说明。

12分钟跑作为一种场地测试法，要求受试者在田径跑道完成12分钟的匀速跑动。测试要求受试者尽自己的最大努力完成尽可能远的跑动距离。测试结束后，由测试人员记录受试者的跑动距离，然后代入公式，推算最大摄氧量。其公式为

$$最大摄氧量（毫升／千克·分）=22.35×距离（千米）－11.29$$

研究表明，12分钟跑的成绩与最大摄氧量的相关系数为0.897，呈显著相关。

人们可以采用12分钟跑的方式测得最大摄氧量，并用此来评价不同年龄和性别受试者的心肺耐力，见表3-4-1。

表3-4-1　不同年龄和性别受试者的心肺耐力标准　　（单位：毫升／千克·分）

性别	等级	年龄					
		13～19岁	20～29岁	30～39岁	40～49岁	50～59岁	60岁及以上
男性	很低	<35.0	<33.0	<31.5	<30.2	<26.1	<20.5
	低	35.0～38.3	33.0～36.4	31.5～35.4	30.2～33.5	26.1～30.9	20.5～26.0
	一般	38.4～45.1	36.5～42.4	35.5～40.9	33.6～38.9	31.0～35.7	26.1～32.2
	高	45.2～50.9	42.5～46.4	41.0～44.9	39.0～43.7	35.8～40.9	32.3～36.4
	很高	51.0～55.9	46.5～52.4	45.0～49.4	43.8～48.0	41.0～45.3	36.5～44.2
	优秀	≥56.0	≥52.5	≥49.5	≥48.1	≥45.4	≥44.3
女性	很低	<25.0	<23.6	<22.8	<21.0	<20.2	<17.5
	低	25.0～30.9	23.6～28.9	22.8～26.9	21.0～24.4	20.2～22.7	17.5～20.1
	一般	31.0～34.9	29.0～32.9	27.0～31.4	24.5～28.9	22.8～26.9	20.2～24.4
	高	35.0～38.9	33.0～36.9	31.5～35.6	29.0～32.8	27.0～31.4	24.5～30.2
	很高	39.0～41.9	37.0～40.9	35.7～40.0	32.9～36.9	31.5～35.7	30.3～31.4
	优秀	≥42.0	≥41.0	≥40.1	≥37.0	≥35.8	≥31.5

二、肌肉力量和肌肉耐力的测量与评价

（一）最大力量

最大力量测试包括握力、背力、臂力和腿力的测试，常用的方法是采用握力计进行握力测试。

测试臂力的方法为调整握力计到适宜位置，屈臂或者直臂，尽最大力量抓握，握力计不可触碰身体。左、右手轮流测试，可以测试 2 次或 3 次，取最好成绩。

（二）快速力量

根据测试目的，快速力量的测试方法分为一般性快速力量测试和爆发力测试两种，通常在日常实践中采用一些简单的方法来实现，如纵跳摸高等。20～39 岁成年男性纵跳评分表、20～39 岁成年女性纵跳评分表分别见表 3-4-2、表 3-4-3。

表 3-4-2　20～39 岁成年男性纵跳评分表　　　　　（单位：厘米）

年龄	1分	2分	3分	4分	5分
20～24 岁	19.9～24.8	24.9～32.3	32.4～38.4	38.5～45.8	>45.8
25～29 岁	19.6～23.9	24.0～31.3	31.4～36.8	36.9～43.6	>43.6
30～34 岁	18.4～22.3	22.4～29.3	29.4～34.7	34.8～41.1	>41.1
35～39 岁	17.8～21.4	21.5～27.9	28.0～33.0	33.1～39.5	>39.5

表 3-4-3　20～39 岁成年女性纵跳评分表　　　　　（单位：厘米）

年龄	1分	2分	3分	4分	5分
20～24 岁	12.7～15.8	15.9～20.5	20.6～24.7	24.8～30.0	>30.0
25～29 岁	12.4～15.0	15.1～19.7	19.8～23.4	23.5～28.5	>28.5
30～34 岁	12.0～14.5	14.6～18.7	18.8～22.6	22.7～27.7	>27.7
35～39 岁	11.5～13.7	13.8～17.8	17.9～21.3	21.4～26.1	>26.1

（三）肌肉耐力

肌肉耐力测试的方法包括引体向上、仰卧起坐、蹲起等，分别测试上肢、腰腹和下肢肌肉耐力。以完成练习的数量和持续的时间进行评价。引体向上等级评价表见表 3-4-4，成年男性 1 分钟仰卧起坐等级评价表、成年女性 1 分钟仰卧起坐等级评价表分别见表 3-4-5、表 3-4-6。

表 3-4-4　引体向上等级评价表　　　　　（单位：个）

等级	个数
优秀	≥20
良好	15～19
一般	10～14

等级	个数
较差	6～9
很差	≤5

表 3-4-5　成年男性 1 分钟仰卧起坐等级评价表　　　　（单位：个）

等级	18～25 岁	26～35 岁	36～45 岁	46～55 岁	56～65 岁	>65 岁
优秀	>49	>45	>41	>35	>31	>28
良好	44～49	40～45	35～41	29～35	25～31	22～28
较好	39～43	35～39	30～34	25～28	21～24	19～21
一般	35～38	31～34	27～29	22～24	17～20	15～18
较差	31～34	29～30	23～26	18～21	13～16	11～14
差	25～30	22～28	17～22	13～17	9～12	7～10
非常差	<25	<22	<17	<13	<9	<7

表 3-4-6　成年女性 1 分钟仰卧起坐等级评价表　　　　（单位：个）

等级	18～25 岁	26～35 岁	36～45 岁	46～55 岁	56～65 岁	>65 岁
优秀	>43	>39	>33	>27	>24	>23
良好	37～43	33～39	27～33	22～27	18～24	17～23
较好	33～36	29～32	23～26	18～21	13～17	14～16
一般	29～32	25～28	19～22	14～17	10～12	11～13
较差	25～28	21～24	15～18	10～13	7～9	5～10
差	18～24	13～20	7～14	5～9	3～6	2～4
非常差	<18	<13	<7	<5	<3	<2

三、柔韧性的测量与评价

《国家学生体质健康标准（2014 年修订）》中测试柔韧性素质的方法是坐位体前屈（表 3-4-7），使用坐位体前屈测试仪测定。受试者取坐位，两腿伸直，两脚平蹬测试纵板，上体前屈，两臂伸直向前，用两手中指指尖逐渐向前推动游标，直到不能前推为止。测两次，取最好成绩。测试时，两腿不能弯曲。

表 3-4-7　大学生坐位体前屈评分表　　　　（单位：厘米）

等级	男生		女生	
	大一、大二	大三、大四	大一、大二	大三、大四
	24.9	25.1	25.8	26.3
优秀	23.1	23.3	24.0	24.4
	21.3	21.5	22.2	22.4
	19.5	19.9	20.6	21.0
良好	17.7	18.2	19.0	19.5

等级	男生		女生	
	大一、大二	大三、大四	大一、大二	大三、大四
	16.3	16.8	17.7	18.2
	14.9	15.4	16.4	16.9
及格	13.5	14.0	15.1	15.6
	12.1	12.6	13.8	14.3
	10.7	11.2	12.5	13.0
	9.3	9.8	11.2	11.7
	7.9	8.4	9.9	10.4
及格	6.5	7.0	8.6	9.1
	5.1	5.6	7.3	7.8
	3.7	4.2	6.0	6.5
	2.7	3.2	5.2	5.7
	1.7	2.2	4.4	4.9
不及格	0.7	1.2	3.6	4.1
	−0.3	0.2	2.8	3.3
	−1.3	−0.8	2.0	2.5

四、身体成分的测量与评价

身体成分测量包括脂肪成分测量和非脂肪成分测量两种。身体成分的测量方法较为丰富，可从原子、分子、细胞、组织系统和整体五个不同水平进行测试。测量技术分为直接、间接和双间接三种测量法。具体的方法有人体测量、身体密度测量、X射线测量、同位素技术、超声波扫描等方法，通过直接或间接方法测量人体密度、皮下脂肪厚度、身体总水量、无机盐含量等。

下面简要介绍方便快捷、广泛适用的三种测量技术。

（一）腰围与臀围比例测评

腰围与臀围比值（简称"腰臀比"）可以反映脂肪的区域性分布，判断是上半身肥胖还是下半身肥胖。腰臀比的测量步骤比较简单，更适于自我评价。

（1）测量工具为无弹性的卷尺。受试者站立位，穿着单薄的衣服以减少误差。测量时，卷尺紧紧贴在身上，测量数值应精确到毫米。

（2）测量腰围时，将卷尺放在肚脐水平处，并在呼气结束时测量。

（3）测量臀围时，将卷尺放在臀部的最大周长处。

（4）完成测量后，用腰围除以臀围，得出腰围与臀围比值。

锻炼者可根据表3-4-8评定腰臀比等级，进行自我评定。

表 3-4-8　腰臀比的等级评定

等级（疾病危险程度）	男性	女性
高危险	>1.00	>0.85
较高危险	0.90～1.00	0.80～0.85
较低危险	<0.90	<0.80

（二）体脂率

体脂率是指人体内脂肪重量在人体总体重中所占的比例，又称体脂百分数，它可反映人体内脂肪的含量。正常成年人的体脂率分别是男性15%～18%和女性25%～28%。体脂率应保持在正常范围，若体脂率过高，体重超过正常值20%以上就可视为肥胖；若体脂率男性低于5%、女性低于13%，则表明体脂率过低，可能会引起功能性失调。

一般采用简便易行的皮褶厚度测量法，即利用皮下脂肪厚度间接推算体脂。这种方法容易导致测量误差，在大规模测试中不常使用。

（三）体重指数

《国家学生体质健康标准（2014年修订）》采用体重指数（BMI，用体重千克数除以身高米数平方得出的数字）单项评分表对学生的身体成分进行评定，不同的测试数值对应正常、低体重、超重和肥胖四个等级。学生如果测得的体重指数小于或大于同年龄范围，就说明身体的匀称度欠佳，需要通过调整饮食结构和积极参加体育运动来增加肌肉组织，减少体内多余的脂肪。

身高测量方法：受试者赤足，以立正姿势站在身高计的底板上（上肢自然下垂，两脚脚跟并拢，脚尖分开约60°）。脚跟、骶骨部及两肩胛区与立柱相接触，躯干自然挺直，头部正直，耳屏上缘与眼眶下缘成水平位。测试人员站在受试者右侧，使水平压板轻轻沿立柱下滑，轻压于受试者头顶。测试人员读数时，两眼应与压板水平面等高；记录员复诵后进行记录。以厘米为单位记录测试成绩，保留1位小数。测试误差不得超过0.5厘米。

测试时，体重秤应放在平坦地面上。受试者赤足，男性受试者身着短裤；女性受试者身着短裤、短袖衫，站在秤台中央。读数以千克为单位，保留1位小数。记录员复诵后进行记录。测试误差不超过0.1千克。

体育思政课堂

科学锻炼是人们在强调体育作为增进人体健康手段的同时，还注重体育可以丰富人的生活，促进人的全面发展，使人在现代社会的发展过程中不断完善自我，展现个性。科学的体育锻炼可以帮助人们适应高强度、快节奏的社会生活和现代文明对人体的挑战，缓解现代社会对人们身心造成的压力，有益于人们健康文明生活方式的形成。科学锻炼要求人从生命开始至结束的一生中，学习与参加身体锻炼活动，使体育真正成为人的一生中不可缺少的重要内容。

🔊 **思考题**

1. 科学健身的原则有哪些？
2. 科学健身的方法有哪些？
3. 如何选择锻炼内容？
4. 制订与实施运动处方的步骤有哪些？
5. 运动安全风险控制包括哪些方面的内容？

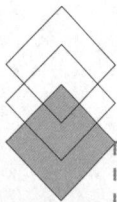

第四章

运动防护与急救

第一节　运动注意事项

一、选择适宜的体育锻炼时间

（一）清晨锻炼

对于清晨时间较宽松的体育锻炼者来说，清晨不失为理想的锻炼时间。首先，由于清晨的空气新鲜，早晨锻炼有助于体内的二氧化碳排出，吸入较多的氧气，有利于体内的新陈代谢加强，提高锻炼的效果；其次，清晨起床后大脑皮质处于抑制状态，通过一定时间的体育锻炼，可适度提高大脑皮质的兴奋性，从而有利于一天的学习与工作；最后，早晨锻炼时，凉爽的空气刺激呼吸道黏膜，可增强机体的抵抗力，以适应外界环境的变化，不易发生感冒等病症。

（二）下午锻炼

下午锻炼主要适合下午有一定空余时间的人。人们在下午进行一定强度的体育锻炼，不仅可以增强体质，还可以使身心得到调整。下午进行体育锻炼时，运动强度可大一些，青年学生可打球、做游戏，老年人可打门球、跑步。对心血管病人来说，下午运动较为安全。医学研究表明，心血管的发病率和心肌劳损的发生率均在上午6～12点最高，因此，为了避免这一"危险"时辰，运动医学工作者认为，心血管病人的适宜锻炼时间应在下午。

（三）傍晚锻炼

傍晚也较为适宜进行体育锻炼，特别是对那些清晨和白天工作、学习十分忙碌的人来说尤为如此。傍晚进行适当的体育锻炼，既可以健身强体，又可以帮助机体消化。傍晚运动的主要形式为散步，北方一些地区的人们在傍晚集体扭大秧歌，也符合中老年人的活动特点。傍晚进行体育锻炼的时间可长可短，但一般不要超过1小时，运动强度也不可过大。强度过大的运动会影响胃肠道的消化吸收。同时，傍晚锻炼结束与睡觉的间隔时间要在1小时以上，否则，会影响夜间的休息。

二、准备活动与整理活动

（一）准备活动

准备活动是指在运动或比赛前所进行的各种身体练习，其目的主要是使人体为即将进行的运动或比赛做好机能上的动员和准备，使体内各器官系统机能迅速地进入工作状态。准备活动分一般性准备部分和专项性准备部分。一般性准备部分是为了牵拉肌肉，提高神经系统和内脏系统的兴奋性；专项性准备部分是在专项运动前做的一些准备活动。

【注意事项】

（1）准备活动的内容：一般人体育锻炼时只需进行一般性准备活动，无须进行专门性准备活动。一般性准备活动主要是指全身性热身身体练习，如跑步、踢腿、弯腰、活动脚踝及手腕等。

（2）准备活动的时间和运动量：主要由体育锻炼的内容而定，同时应根据年龄、运动强度及季节气候的不同而有所差异，一般微微出汗即可，使身体各大肌肉群和韧带、关节都得到适量的活动。半小时的体育锻炼，其准备活动的时间一般为 10 分钟左右。气温较低时，准备活动的时间可适当长一些，运动量可稍大一些；气温较高时，准备活动的时间可稍短一些，运动量可小一些。心率逐渐增加到 110 ~ 140 次/分，感到身体灵活、舒适即可。

（3）准备活动与正式锻炼阶段的时间间隔：一般人参加体育锻炼，准备活动后接着进行体育锻炼即可，中间不必休息，否则会降低准备活动的效果。

（二）整理活动

整理活动是指在正式练习后所做的旨在加速机体功能恢复的较轻松的身体练习，其目的是使人体由紧张激烈的运动状态平稳过渡到安静状态。

整理活动的作用：促进局部肌肉血液循环，促进乳酸在骨骼肌和心肌内氧化；加速全身血液循环，运送代谢产物到肝脏，经糖异化作用合成糖原。这些都有利于加速偿还运动后的过量氧耗。另外，整理活动还可以预防骤然停止活动可能引起的机体功能失调。

【注意事项】

（1）运动后应做一些放松跑、放松走、静态拉伸等整理活动，旨在消除机体疲劳，减少肌肉酸痛，使身体各器官、系统逐渐从运动状态恢复到平静状态。肢静脉血的回流，防止体育锻炼后心输出量的过度下降。

（2）通过"转移性活动"，加速疲劳的消除。转移性活动是指在下肢活动后，进行上肢整理活动，右臂活动后做左臂的整理活动，通过这种积极性休息使身体机能尽快恢复。大量研究已经证实，转移性活动确实可起到加速消除疲劳的作用。

（3）整理活动运动量不要过大，否则，又会引起新的疲劳。在进行整理活动时，锻炼者应当有一种心情舒畅、精神愉快的感觉。如果体育锻炼本身的运动量不大，如散步等，那么锻炼者没有必要进行整理活动。

（4）大强度体育锻炼后，如长距离跑、球类比赛后，锻炼者应当进行全身性整理活动。

三、体育锻炼与环境

（一）空气环境对体育锻炼的影响

进行体育活动时，呼吸加深、加快，肺通气量增加，以保证摄取较多氧气来满足身体的需要。如果空气中灰尘、烟雾等颗粒物太多，那么必然影响氧的含量。若空气中的细菌较多，则它们进入体内容易引起呼吸道疾病。因此，锻炼应在空气新鲜的环境中进行。新鲜空气中阴离子含量较多，而阴离子对人体的主要作用在于使人精神振奋，精力旺盛，情绪良好，可预防疾病。从阴离子的分布情况看，城市街道上的阴离子数量是房内的 2 ～ 5 倍；田野、树下是室内的 15 ～ 20 倍；山林、公园、河边是房间内的 400 倍左右。因此，锻炼者应选择富含阴离子的地方进行体育锻炼。

（二）冷、热环境中体育锻炼的注意事项

人体在运动时，体内产热量会大量增加，特别是剧烈运动时体内热量会比平时增加 100 倍以上。因此，在热环境中进行体育锻炼时，锻炼者必须采取防暑措施，否则体内因热产生的毒素不能及时排出体外，就会造成人体中暑现象。阳光对人类的生存与健康尤为重要，但是阳光中的射线也随时威胁着身体健康，尤其是在大气臭氧层遭到破坏的情况下，紫外线强烈作用于皮肤时，可引发光照性皮炎，使皮肤上出现红斑、水疱、水肿等，严重的还可引起皮肤癌。因此，进行户外运动时，锻炼者需要对皮肤采取适当的保护措施，以预防紫外线晒伤。

在冷环境下进行体育锻炼，肌肉的黏滞性增加，伸展性和弹性降低，更容易引起运动损伤，因此锻炼者在运动时必须做好充分的准备活动。在运动中，锻炼者不要穿过厚、过多的衣服，以免在运动中出汗较多引起感冒，运动后则要及时增加衣服以保持体温。在极寒冷的环境下进行体育锻炼，锻炼者要做好预防冻伤的准备，如搽防冻护肤品，戴帽子、口罩、手套及准备其他防寒物品。

四、体育锻炼时的着装要求

体育锻炼多是全身性运动，活动量大，有些还要运用很多体育器械，如跳箱、单双杠、铅球等。为了安全，衣着要有一定的讲究。

（1）衣服上不要别胸针、校徽等。

（2）上衣、裤子口袋里不要装钥匙、小刀等坚硬、锋利的物品。

（3）不要佩戴各种金属的或玻璃的装饰物。

（4）头上不要戴各种发卡。

（5）患有近视的，如果不戴眼镜可以进行体育活动，就尽量不要戴眼镜。如果必须戴眼镜，那么做动作时一定要小心谨慎。做垫上运动时，必须摘下眼镜。

（6）不要穿高跟鞋、皮鞋等不利于运动的鞋，应当穿适合锻炼项目的运动鞋。

（7）衣服要宽松合体，尽量穿着运动服。

五、体育器材安全管理

随着体育教学水平的不断提高，为了更好地满足学生对体育器材使用的需求，让学生可以更好地进行体育锻炼，加强体育器材的安全管理十分重要。为了加强学校体育设

施器材安全管理，切实保障学校体育活动的安全开展与学生人身安全，防止因雷电、大风、体育设备老化、使用不当等引发的安全事故，消除学校体育健身器材可能存在的安全隐患，为广大师生提供安全的健身环境，我们应该做好以下几个方面的工作。

（一）建立完善的体育器材安全管理制度

1.安排固定的人员进行体育器材的发放和回收

在上课之前，教师可安排固定的几个学生去体育器材室领取器材，下课的时候再由这些人收回并归还体育器材。这种方法不仅可以有效地减少体育器材丢失的情况，还能培养学生的责任感，有利于学生素质的提高，可以更好地保证体育教学的质量。

2.对体育器材分门别类，科学有序地管理

体育器材有很多不同的种类，为了避免各种体育器材之间的混乱，相关人员应该对体育器材进行系统的分类，并安排在相应的位置，这样才能较为有效地做到体育器材的安全管理。

3.保养及维护体育器材

有很多的体育器材价格比较贵，为了更好地做到体育器材的正常使用及增长体育器材的使用寿命，相关人员应该对体育器材进行科学的保养及维护。对于大型的体育器材，教师应该先教会学生如何进行正常的使用，这样才不会造成因使用不当造成的损坏。体育设备的磨损是不可避免的，但是如果由于使用不当造成意外事故，如用于进行身体机能训练的比较大型的设备可能会对学生的安全构成威胁。为了避免这种情况发生，教师应该做到特殊器材的特殊管理。

（二）规范体育器材使用流程、方法

在使用体育器材前，学生应检查器材是否清洁、是否松动、是否存在裂痕等隐患，重点检查有锁扣和转动部位的特殊器材是否安全可靠。

每次课前，教师都必须仔细做好场地、器材的安全检查，并且要做到器材摆放有序，活动场地安排合理。课中，教学内容要科学合理，动作难易程度要得当，教师要始终加强课堂组织纪律，教育学生做好准备活动。在练习中，教师除讲明动作要领和体育器材的使用方法外，还要采取科学有效的保护措施，对学生不合理的或者错误的动作要及时纠正，避免学生意外受伤。例如，在进行双杠教学时，教师要提醒学生不要站在双杠的前后端，而应站在双杠的一侧或两侧；学生在做双杠练习时，应有教师和学生保护。课后，学生要认真做好整理放松活动并及时归还活动器材。

六、上体育课应注意安全防范

体育课是锻炼身体、增强体质的重要课程。体育课上的训练内容是多种多样的，因此要注意的安全事项也因训练的内容、使用的器械不同而有所区别。

（1）在进行短跑等项目时，学生要按照规定的跑道进行，不能串跑道。这不仅仅是竞赛的要求，也是安全的保障，特别是快到终点冲刺时，更要遵守规则，因为这时人身体的冲力很大，精力又集中在竞技之中，思想上毫无戒备，一旦相互绊倒，就可能严重受伤。

（2）跳远时，学生必须严格按老师的指导助跑、起跳。起跳前，前脚要踏中木制的起跳板，起跳后要落入沙坑之中。这不仅是跳远训练的技术要领，也是保护身体安

全的必要措施。

（3）在进行投掷训练时，如投铅球等，学生一定要按老师的口令进行，令行禁止，不能有丝毫的马虎。这些体育器材有的坚硬沉重，有的前端装有尖利的金属头，如果学生擅自行事，就有可能击中他人或者自己，从而造成损伤，甚至发生生命危险。

（4）在进行单杠、双杠和跳高训练时，器械下面必须准备好厚度符合要求的垫子。学生如果直接跳到坚硬的地面上，就会伤及腿部关节或后脑。做单杠、双杠动作时，学生要采取各种有效的方法，使双手握杠时不打滑，避免从杠上摔下来，使身体受伤，同时要有老师和同学在器械旁站立保护。

（5）进行前后滚翻、俯卧撑、仰卧起坐等垫上运动的项目时，学生要严肃认真，不能打闹，以免发生扭伤。

（6）参加篮球、足球等项目的训练时，学生要学会保护自己，不要在争抢中蛮干而伤及自己和他人。在这些争抢激烈的运动中，自觉遵守竞赛规则对于安全是很重要的。

七、高危项目安全

科学的运动给我们带来健康的效益，而不恰当的运动有时候也会使学生发生运动损伤。因此，生命不但在于运动，更在于科学的运动。参与高危运动项目的人身安全问题应当引起全社会的关注。高危项目经常会酿成难以预料的后果，这会给学生及其家人造成极大的伤害。针对高危运动项目，教师应当制订可行的安全保障措施和安全救护应急预案，防止危及学生人身安全的意外事故发生。当事故发生时，应及时予以救助。

高危项目一般指专业技术强、危险性大的运动。管理者在运动场所的醒目位置，应张贴警示公告，提醒学生增强自我保护意识，了解高危险性体育项目的特点，服从教师的指导。国家体育总局、人力资源和社会保障部、国家工商行政管理总局联合发布了第一批高危险性体育项目名单，其中包括游泳、滑雪、潜水、攀岩四个大项目。游泳溺水是青少年运动意外死亡的一大因素。滑雪、潜水、攀岩等项目，参与人数少，大家对它们的危险性比较重视，发生事故的数量反而不多。滑雪容易令参与者在寒冷条件下造成骨折、扭伤、挫伤。这些都是滑雪运动中常见的伤病。潜水曾被美国《福布斯》杂志评为世界上第二危险的运动。潜水容易使潜水者产生缺氧症和低温症，还会对耳朵、鼻窦造成伤害。

第二节　运动风险筛查与运动猝死的预防

一、运动风险筛查

（一）运动前健康状况自测

锻炼者如果对自己的健康状况有疑问，则应在参与体育锻炼之前去医院接受体检。如果锻炼者对表4-2-1中的任何一个问题做出了肯定的回答，那么其在开始一项锻炼计划之前应进行全面的体检。

表 4-2-1 健康状况自评量表

问题	是	否
（1）在运动时或运动后，你是否有胸部疼痛或受压的感觉？	☐	☐
（2）在爬楼梯、迎冷风行走或参加任何体育活动时，你是否有胸部不适感？	☐	☐
（3）你的心脏是否曾经不规则地跳动或悸动或期前收缩？	☐	☐
（4）在无明显原因的情况下，你是否曾经有过心率突然加快或减慢的经历？	☐	☐
（5）你是否有规律地服用过药物？	☐	☐
（6）医生是否曾经告诉过你，你的心脏有问题？	☐	☐
（7）你是否有诸如哮喘这样的呼吸系统疾病，或在进行轻微的体力活动时是否呼吸短促？	☐	☐
（8）你是否有关节或背部的疾病，从而使你在运动时感到疼痛？	☐	☐
（9）你是否存在下列心脏病的隐患：①高血压；②血液中胆固醇含量过高；③体重超过标准体重的30%或以上；④长期吸烟；⑤近亲（父母亲、兄弟姐妹等）在55岁以前曾经有心脏病史？	☐	☐

锻炼者如果打算在以后的体育锻炼中增加运动量，那么请首先回答表 4-2-2 中的问题。如果锻炼者的年龄在 15 ～ 69 岁，那么自评的最后结果能帮助锻炼者确定自己是否应在增大运动量前咨询医生。

表 4-2-2 适合增大运动量的自评量表

问题	是	否
（1）医生曾说过，你的心脏有问题，但你仍参加医生并不推荐的体育活动方式吗？	☐	☐
（2）当你进行体育锻炼时，你感到胸痛吗？	☐	☐
（3）在上一个月中，你不进行体育活动时胸痛吗？	☐	☐
（4）你因眩晕而昏倒过吗？	☐	☐
（5）在体育锻炼时，你的骨头或关节有问题吗？	☐	☐
（6）医生为你的血压或心脏问题开过药方吗？	☐	☐
（7）你知道不应该进行体育锻炼的其他原因吗？	☐	☐

针对表 4-2-2 中的问题，如果锻炼者有一个或几个问题回答"是"，请询问医生是否可以增大运动量。应注意的是，锻炼者如果暂时身体不适或生病（如感冒或发烧），则应停止体育锻炼，直到身体完全恢复后再开始运动。

针对表 4-2-2 中的问题，如果锻炼者的回答都是"否"，请在开始进行大强度的运动（特别是竞技性运动项目）前，进一步回答表 4-2-3 中的五个问题，如果有一个问题回答"是"，请询问医生，以确定是否能进行大强度的运动。

表 4-2-3　适合大强度运动的自评量表

问题	是	否
（1）你计划参加一个有组织的运动队吗？	☐	☐
（2）你曾经在有身体接触的运动中由于被冲撞而昏倒过吗？	☐	☐
（3）由于以前肌肉受伤，你现在活动时还痛吗？	☐	☐
（4）由于以前背部受伤，你现在活动时还痛吗？	☐	☐
（5）在体育活动时，你有其他不健康的症状吗？	☐	☐

（二）运动所导致的心血管风险筛查

运动所导致的心血管风险的大小主要取决于以下因素。

（1）是否患有心血管、肺脏和代谢性疾病。心血管疾病是指心脏病及外周血管疾病；肺脏疾病主要是指慢性阻塞性肺疾病、哮喘、间质性肺疾病或肺囊性纤维化。糖尿病是最常见的代谢性疾病。

（2）是否有疑似心血管疾病、肺脏疾病和代谢性疾病的症状或体征。心血管疾病、肺脏疾病和代谢性疾病的常见症状或体征：胸部疼痛；颈部、下颌或上肢的不适；休息或轻度活动时气短、眩晕或晕厥，端坐呼吸或阵发性呼吸困难；脚踝部水肿；心脏杂音；间歇性跛行。

根据是否患有心血管疾病、肺脏疾病和代谢性疾病及有无疑似症状或体征，以及心血管危险因素的多少，参加体育锻炼的人可以分成低度危险、中度危险和高度危险三个层次。（表 4-2-4）

表 4-2-4　运动中心血管风险分层及医务监督

危险分层	风险评估因素	医学检查	医务监督
低度危险	没有症状，仅有 1 个心血管疾病危险因素	不需要；男性 45 岁及以上、女性 55 岁及以上在进行大强度运动前应做医学检查	男性 45 岁及以上、女性 55 岁及以上进行大强度运动测试应该在医务监督下进行
中度危险	没有症状，有至少 2 个心血管疾病危险因素	进行大强度运动前要进行医学检查和运动测试	男性 45 岁及以上、女性 55 岁及以上进行大强度运动测试应该在医务监督下进行
高度危险	已知患有心血管疾病、肺脏疾病或代谢性疾病者，或有一个或多个心血管疾病的症状或体征	进行全面医学检查	运动健身的开始阶段应有医务监督，并在前 6～12 次运动中进行心电图和血压监测

二、运动猝死的预防

运动猝死因发作突然、病程急、病情严重，很难被救治，尤其是心源性运动猝死，因此，预防和避免运动猝死的发生是关键。针对这一问题，人们应该从以下方面入手，大力开展医务监督工作。

（1）加强运动猝死高危人群的运动医务监督。

35岁以上患有高脂血症、高血压的运动者，应当每年进行定期体格检查，特别是应对心血管系统进行监测，包括心电图、超声心动图、运动负荷心电图等检查，以便尽早发现并预防冠状动脉疾病。运动前，运动者应该评估心脑血管疾病的风险性，运动时应主动加强医务监督，严格控制运动强度和运动量。

（2）运动员参加运动训练或比赛前严格进行体格检查。

运动引起的猝死很少发生在身体健康的人身上。对运动猝死者进行尸检发现，他们大多患有器质性心脏疾病，但在病发前他们都被认为是身体健康的人，有些人甚至未进行身体检查就参加高水平竞技运动。因此，参加运动训练或比赛前进行体检是非常必要的。

（3）运动员选材时，应严格进行体格检查。

运动猝死者多为有猝死家族史的成员。随着运动竞赛对抗性和对身体要求的提高，认真鉴别高危人群，对有疾病迹象的运动员（如家族中患有马方综合征、先天性心脏病和脑血管病变的运动员），应有针对性地进行医学检查和追踪观察。尽管马方综合征发病率很低，但是在运动员群体中却是一个不容忽视的疾病。患者一般身材高大，腿长臂长，易被视作运动员选材的对象，故运动员选材时，除重视外部条件外，还应进行详细的体检，特别是篮球、排球、跳高等需要身材高大的运动员的项目。

（4）积极防治青少年的心肌炎、心肌病。

患有流感、急性扁桃体炎、麻疹等疾病的人在患病期间参加剧烈运动均易发生心血管意外，因此此类疾病患者不应带病进行运动、训练和比赛。流感严重患者如果在短期内出现心慌、胸痛、气急、疲乏、头晕等不适症状，应警惕发生心肌炎的可能。运动员心脏代偿功能强，即使得了病毒性心肌炎，也可能不会出现任何不适症状。对于运动员或体力活动量很大的人来说，为了避免其可能出现意外，除了做心电图外，可以再做超声心动图，检查心脏结构有无变化，以帮助判断其是否发生心肌病变。由于在心肌炎的急性期和康复期皆可发生猝死，因此患心肌炎的运动员需至少康复6个月，方可重返运动场。

（5）严格鉴别运动员长期训练引起的心脏生理性变化与病理性变化。

一些专家认为，某些运动员发生运动猝死可能与心脏有关。运动员安静时，可见迷走神经紧张性增强引起心电图上一度或二度房室传导阻滞，运动后可暂时消失，一般对健康和运动无不良影响，但是要注意与心肌炎等病症相区别。若运动员的心电图出现T波变化、束支传导阻滞、心律失常等，则运动员应进行全面系统的检查。

（6）密切观察运动时出现的各种症状。

对运动中出现晕厥的病例要做全面系统的检查。对于运动中或运动后出现的胸闷、胸痛、胸部压迫感、头痛、极度疲乏等症状，人们要引起足够的重视，患者要进行详细的检查；还应注意猝死前的胸痛、失神等先兆。此外，还须普及心肺复苏方法，以便在突发情况时可及时进行抢救。

（7）遵守科学训练原则。

运动者训练时应遵守循序渐进、系统性、个体性和量力而行的科学原则，保持良好的精神状态，避免情绪激动和过度紧张。为适应大负荷运动，运动者在训练前和比赛前应充分做好准备活动，结束时做好整理活动。运动者应选择适宜自己身体机能的运动，未经训练者应慎重参加剧烈运动。若运动者不遵守训练的科学原则，就容易造成过度训练或过度紧张，对心血管系统危害很大。

（8）做好运动中的防暑工作。

运动者应注意做好运动中的防暑工作。在炎热的夏季，运动者不应该在中午进行锻炼。运动时，运动者宜身穿宽松、吸汗、速干的衣物。运动中增加休息次数，最好在阴凉的地方休息，运动时间不宜过长。运动后，运动者应注意补充运动饮料，防止脱水。

第三节　运动损伤的预防与处理

一、运动损伤的预防

（一）了解相关知识，强化预防意识

锻炼前，锻炼者应学习运动防护和运动医学相关的知识，了解一些运动损伤发生的基本原因和基本预防知识，尽量避免运动损伤的发生；树立预防运动损伤的意识，主观上积极避免运动损伤的发生。

（二）合理安排运动负荷

运动损伤大多是长期局部负荷过大所致。为了减少这些损伤，锻炼者应严格遵守运动训练原则，根据年龄、性别、健康状况、各运动项目的特点，区别对待，循序渐进，合理安排运动负荷。

（三）认真做好准备活动

不做准备活动或准备活动做得不充分都会使运动损伤发生的可能性大大增加，因此，锻炼者应该重视准备活动，尽可能根据选择的锻炼内容充分做好准备活动。

（四）合理选择锻炼内容

锻炼者要根据自身周边的客观环境、身体运动能力等实际情况，选择适合自身条件的运动内容。

（五）加强易伤部位的练习

预防腰部损伤，应加强腰背肌和腹肌的锻炼；预防关节扭伤，应加强关节周围肌肉和韧带的力量、弹性、柔韧性等的锻炼，以加强关节的稳定性；预防肌肉拉伤，应在发展肌肉力量的同时，注意发展肌肉的伸展性。

（六）加强医务监督工作

锻炼者应定期进行体格检查，参加比赛前后，也要进行身体检查，以观察体育锻

炼和比赛前后的身体机能变化；伤病初愈的锻炼者参加体育活动，应取得医生的同意并做好自我监督；掌握必要的自我医务监督知识和方法，及时了解自己的身体和心理状态，及时调整自己的锻炼计划。

二、运动损伤的处理

（一）擦伤

擦伤多发生在摔倒时。对于伤口较脏的擦伤，伤者可先用生理盐水洗净伤口，再用酒精棉球或碘伏消毒；伤口较浅、面积较小的擦伤无须包扎。

（二）切伤和刺伤

切伤和刺伤的伤口往往较深、较小。如果伤口较脏，则除了进行伤口的止血、消炎、包扎外，还要注射破伤风抗毒素。

（三）撕裂伤

撕裂伤中，头、面部皮肤伤较多见，如在拳击运动中，眉弓被对方肘部碰撞造成眉际皮肤撕裂。若撕裂的伤口较小，经消毒处理后，贴上创可贴即可；若撕裂伤口较大，则须先止血，再缝合伤口；若伤情和污染较重，则应注射破伤风抗毒素。

（四）挫伤

发生挫伤后，伤者应根据情况及时处理。如果皮肤出血，伤者应立即停止运动，先用酒精或碘伏将伤口消毒，然后用净布包扎。如果受伤部位红肿疼痛，伤者可先用冷水或冰进行局部冷敷，抬高受伤部位，必要时加压包扎，防止继续出血，24 小时后改用热敷、按摩来活血、消肿和止痛。经过治疗，待伤势减轻以后，伤者可做功能性体能训练，使关节、肌肉的功能得以恢复（如做下蹲、弯腰、举腿等），避免伤后关节不灵活或发生肌肉萎缩。

（五）关节、韧带损伤

发生关节、韧带损伤，伤者应当在 24 小时内采用冷敷，必要时加压包扎；24 小时后采用热敷、按摩、针灸治疗。待疼痛减轻后，伤者可增加功能性体能练习。对于急性腰部损伤，出现剧烈疼痛时，切不可轻易处理，救助者可让患者仰卧，并用担架将其送至医院就诊。

（六）骨折

一旦发生骨折，救助者暂勿随意移动伤肢，应先用夹板或其他代用品固定伤肢，动作要轻巧、缓慢，不要乱拉乱拽，以免造成错位，影响整复。上肢骨折时，救助者可用木板托住伤肢，用绷带扎紧骨折处的上下两端；下肢骨折时，救助者先将伤腿轻轻放好，然后用宽布条或褥单将两条腿缠在一起，再将伤者慢慢抬到硬板担架上，送往医院救治；如果是头部、颈部或脊椎骨发生骨折，运送时就更要小心，以免损伤神经和脊椎造成肢体瘫痪。搬运伤者时，应将其头部用枕头或衣服垫住，防止移动，固定好以后，告知伤者不要扭动伤肢。将伤者送往医院时要注意做到迅速、平稳。

（七）关节脱位

发生关节脱位时，救助者可用长度和宽度相称的夹板固定伤肢。如果没有夹板，则救助者可将伤肢固定在伤者自己的躯干或健肢上，防止震动，随后及时将伤者送医院治疗。必须指出的是，救助者如果没有把握，则切不可随意做整复处理，以免增加伤害。

（八）脑震荡

发生脑震荡时，救助者立即让伤者仰卧。若呼吸发生障碍，则救助者应按正确的方法立即对伤者进行人工呼吸。同时，救助者应立即将伤者送至医院救治。在运送途中，要让伤者仰卧，固定头部，避免颠簸。

第四节　运动急救

一、运动急救的意义与原则

（一）运动急救的意义

运动急救是指施救者对患者在运动中突然发生的严重损伤进行紧急、初步和临时性的处理，以减轻患者的痛苦，预防并发症，为患者转院做进一步治疗创造条件。运动急救对保护患者生命具有十分重要的意义。

运动急救是一项十分重要的工作。如果处理不当，则轻者加重损伤，导致感染，增加患者痛苦；重者致残，甚至危及患者生命。因此，施救者必须及时、准确、合理、有效地实施急救。

（二）运动急救的原则

（1）抓住主要矛盾。现场急救情况比较复杂，如果患者同时出现多种损伤，则施救者必须抓住主要矛盾进行急救。例如，患者发生休克，施救者应先查明引起患者休克的原因，必要时对患者进行人工呼吸；若患者伴有出血现象，则施救者应先对患者进行止血，再对患者的其他损伤进行处理。

（2）分工明确，判断正确。施救者必须分工明确，并具有高度的责任感和救死扶伤的崇高品德；要临危不惧、判断正确，有条不紊地抢救；要有熟练、正确的抢救技术和丰富的临场经验。

（3）快抢，快救，快转运。施救者对患者施救时必须分秒必争、当机立断，切勿犹豫，以免错过最佳急救时机。待急救有效后，施救者应尽快将患者转运至医院，做进一步治疗。在运送途中，施救者应保证患者平稳、安静，消除其紧张情绪，必要时继续对其进行人工呼吸。

二、心肺复苏

心肺复苏是施救者在患者发生呼吸停止、心脏骤停的情况下对患者所实施的抢救措施。现场徒手实施心肺复苏的步骤和方法如下。

（一）判断有无意识

施救者轻拍患者肩部，大声呼喊患者（如认识患者，则应直呼其名）。这个步骤须在 5 秒内完成，用于判断患者有无意识。

（二）放置体位

患者仰卧，体下有硬物依托，两手放于体侧。

（三）求援 、呼救

若有他人在场，则请其拨打急救电话求援。求援人员一定要讲明地点、现场联络电话、报案人姓名、发生意外原因、伤情人数、伤员情况、所需支援事宜等。

（四）检查呼吸

施救者可通过看、听、感觉的方法来检查患者的呼吸状况，用时为 3 ~ 5 秒。

看：眼看患者胸部有无起伏。

听：耳听患者胸、肺有无呼吸声音。

感觉：脸部贴近患者口鼻处，感觉患者口鼻有无气体呼出。

患者有呼吸时，施救者应确保其呼吸道畅通，并将其翻转至复苏体位；患者无呼吸时，施救者应继续对患者实施急救，对其进行人工呼吸。

（五）检查脉搏

三指触摸颈动脉法：食指、中指和无名指在甲状软骨水平胸锁乳突肌前缘的气管软组织上滑动寻找脉搏，找准后看手表，测计 15 秒的脉搏跳动数，将其乘以 4 换算为心率。当检查婴儿的脉搏时，施救者应在婴儿的上臂中点内侧部位触摸检查肱动脉搏动，用时为 5 ~ 10 秒。

（1）有脉搏无呼吸时，进行人工呼吸，直至患者苏醒。

（2）无脉搏时，建立人工循环。

（六）闭胸心脏按压

闭胸心脏按压是利用人工的力量，间接压迫心脏，使心脏被动地收缩和舒张，维持血液循环的急救方法。以下以施救者在患者右侧为例，介绍闭胸心脏按压的方法。

按压位置：剑突上两横指，两乳头连线的中间位置。施救者可先沿着患者的肋弓找到剑突，再确定按压部位。施救者将右手的中指沿患者一侧的肋弓向上滑，移至双侧肋弓的汇合点，中指定位于此处，食指紧贴中指，左手的掌根紧贴右手食指平放，使左手掌根的横轴与胸骨的长轴重合，左手掌根部即按压区，固定后不要移动。

按压方式：施救者采取跪姿，两手重叠（右手叠放在左手的手背上），十指相扣，左手的手指抬起，两臂伸直，借助上体力量垂直向下按压患者的胸部。施救者按压要平稳、有规律，掌根不能抬起离开患者的胸骨，以免按压位置发生改变。下压、放松时间各半。

注意：按压次数与吹气次数之比为 30：2，即每按压胸部 30 次，吹气 2 次。

（七）开放气道

施救者可采用仰头举颌法、仰头抬颈法、双手拉颌法等方法打开患者的气道，使患者下颌经耳垂连线与地面成 90°，并清除患者口腔中的异物、假牙等。

（八）人工呼吸

检查呼吸后，若患者无呼吸，则施救者将其放置成仰卧位，对其进行人工呼吸。

常用的人工呼吸方法为口对口人工呼吸。吹气量不能太大，吹气不能太急促。施救者在平静状态下给患者吹气，每次吹气 1 秒，间隔 1 秒再进行第二次吹气。

在进行口对口人工呼吸时，施救者一只手将患者的鼻孔捏紧（防止吹气时气体从患者鼻孔排出而不能由其口腔进入肺内），深吸一口气，屏气，用口唇严密地包住患者的口唇，在保持患者气道畅通的前提下，将气体从患者的口腔吹入其肺部（注意不要漏气）；吹气后，口唇离开，并松开捏患者鼻的手指，使气体呼出；观察患者的胸部有无起伏，如果吹气时，患者胸部鼓起，则说明气道畅通，口对口吹气的操作是正确的。

当吹不进气时，施救者应重新使患者的呼吸道畅通，排除异物，再次吹气；当能吹进气时，施救者应检查患者的脉搏。

（九）评估

施救者操作 5 个循环（30 次闭胸心脏按压及 2 次人工呼吸为 1 个循环），约 2 分钟开始评估。

（1）检查患者脉搏 3～5 秒：若患者无脉搏，则继续对其进行闭胸心脏按压与人工呼吸；若患者有脉搏，则检查其呼吸状况。

（2）检查患者呼吸状况 3～5 秒：若患者无呼吸，则继续对其进行人工呼吸；若患者有呼吸，则使其呼吸道保持畅通，使其成复苏体位，尽快将其送往医院。以后每隔几分钟评估一次。

三、搬运方法

经过现场急救处理后，施救者应迅速、安全地将患者送到医院治疗。搬运患者的方法有很多种，归纳起来主要有以下几种。

（1）扶持法：施救者让患者的一条手臂搭扶在施救者的颈肩上，并拉握患者的手部，另一只手扶住患者的腰部。此方法适用于神志清醒、伤势较轻的患者。

（2）抱托法：施救者一手抱托住患者的背部，另一手托住其腘窝处将患者抱起，并将患者受伤的手臂搭在肩上。此方法适用于神志清醒但身体虚弱的患者。

（3）椅托法：两名施救者相对站立，用同侧的手握住对方的臂，另一手搭在对方的肩上，组成"一把椅子"，让患者坐上去，并使患者的两臂分别搭在施救者的肩上。

（4）三人托抱法：三人面向同一方向将患者托抱起来，并协调地行走。此方法适用于严重虚弱和神志不清的患者。

（5）担架法：施救者采用特制担架或门板、宽凳等运送患者。

（6）车辆运送法：在运送患者的途中，注意防止震动和颠簸。

四、止血方法

止血方法有以下几种。

（1）冷敷法：可使血管收缩，减少局部充血，降低组织温度，抑制神经兴奋，有止血、止痛和减轻局部肿胀的作用。冷敷法常用于急性闭合性软组织损伤。最简便的止血方法是用冷水冲洗患者伤处或将冷毛巾敷于伤处，有条件的可使用氯氟甲烷喷雾剂。

（2）抬高伤肢法：可使伤处血压降低，血流量减少，以达到减少出血的目的。如果采用加压包扎，则包扎后仍应注意抬高伤肢。

（3）压迫法：可分为指压法、止血带法、包扎法等。

① 指压法：分为直接指压法和间接指压法两种。

直接指压法是用指腹直接压迫出血部位。手指直接触及伤口，容易引起感染，因此最好在伤口处敷上消毒纱布后再对其进行指压。间接指压法是用指腹压在出血动脉的近心端搏动的血管处，以阻断血流，达到止血的目的。

② 止血带法：常用的止血带有皮管、皮带、布条、毛巾等。进行止血时，先将伤肢抬高，再在伤处的上方绑扎止血带。绑扎时，最好加垫，以防绑扎太紧，造成肢体组织坏死。

③ 包扎法：主要有绷带卷包扎法（如环形包扎法、螺旋形包扎法、反折螺旋包扎法、8字形包扎法等）、三角巾包扎法等。

体育思政课堂

在进行体育锻炼时，我们要树立健康第一的理念。在现代社会中，运动健身已成为人们的一种生活方式。在享受运动带来的健康、快乐的同时，我们尤其要重视运动防护与急救。大学生了解运动风险筛查与运动猝死的预防、运动损伤的预防与处理、运动急救等知识，有利于增强健康意识，提高健康水平。

思考题

1. 运动前的健康状况自测项目有哪些？

2. 如何预防运动损伤？

3. 运动损伤的处理技术有哪些？

4. 简述心肺复苏的步骤。

第五章

疫情防控期间的体育锻炼

第一节 疫情防控期间学生体育锻炼的指导建议

在常态化疫情防控下，学生需要形成良好的体育锻炼理念，掌握适宜的运动强度，更好地进行体育锻炼。同时，高校需要制订一系列措施，充分保证学生的安全及锻炼效果。

一、引导学生建立常态化疫情防控下的体育锻炼观念

疫情期间，学校复课后，教师要继续发挥线上教学优势，同时开展线下体育教学活动，加强对相关病毒防护等健康知识的普及。教师要遵循大学生的身心健康发展规律，制订相应的体能、技能恢复计划，通过精讲多练、科学有效的手段增强学生体质，提高学生免疫力，使其为日后体育测试和体育竞赛储备体能。同时，高校要通过体育课或课外体育活动等多种形式，营造良好的运动与健康氛围，促进学生身心健康，有效排解学生不良情绪。

二、创设适宜的运动场景，合理安排运动强度

合理安排运动强度是重要的量化评价标准。高校在开展体育课程教学时，要时刻以大学生身体发展为中心，以促进大学生身体发展为根本宗旨。因此，体育教师要转变理念，选取合理的教学内容和方法手段来满足大学生体育健身的需求。复课初期，教师应在充分考虑大学生身体机能下降的基础上，调整教学方式，选择趣味性强、运动负荷适中、活动充分的教学内容。同时，教师应采用科学的教学手段来调控课程的节奏，合理减少学生的自由活动时间，尽可能避免学生发生意外。在课程设置方面，教师应确保在防控疫情的基础上，使大学生在每堂体育课中都有所收获。

在常态化疫情防控的背景下，校园体育赛事活动需要在当地疫情防控要求的指引下进行。比赛一旦进行，赛事组织方、承办方要在确保安全的前提下，合理安排赛制，维护比赛秩序，确保竞赛公平。赛事参与者要积极配合，保证自身安全。为防止任何潜在的交叉传播风险，大型体育赛事活动要一切从简，取消开闭幕式团体操表演，简化仪式，不设现场观众，采取网络直播的方式展现赛况。同时，高校应因地制宜，简化赛制和比赛程序，在不影响公平竞争的前提下，尽量减少比赛时间和场次，减少辅

助裁判、志愿者、工作人员、团部人员的数量，坚持健康第一、安全第一的原则，审慎评估，综合研判。

三、善用新媒体技术，尝试新型运动方式

在常态化疫情防控的环境下，高校教师可以采用线上与线下课程并行的混合式教学模式，从而确保体育课程更顺利、更高效地开展。线上体育课程可以采用播放录制视频和直播授课并行的模式进行讲授，学生可以观看线上教学视频，结合线下教学，反复练习，从而达到快速恢复身体机能的目的，更好地完成教师的教学目标。同时，在线下教学中，教师要注意观察大学生的身体变化，根据大学生个体差异进行更为细化的教学安排，确保大学生能够科学地进行体育活动。

另外，高校可借助健身类手机软件，补足疫情防控背景下的校园体育赛事活动匮乏的情况，通过新媒体校园体育健身赛，鼓励学生主动参与，调动学生的积极性，创新校园体育赛事活动的新形势。学校可通过"云上竞赛"的方式开展课外竞赛活动，保证课外竞赛的延续性，保证学生的体育锻炼时长。

第二节　疫情防控期间学生体育锻炼的原则、方法及注意事项

一、常态化疫情防控下学生体育锻炼的原则

（一）安全性原则

学生要尽量错开高峰时段进行锻炼，选择户外或通风较好的体育场馆进行体育活动，合理安排使用运动器材，避免交叉使用；体育活动前需充分热身，体育活动中，尽量不戴口罩；与其他学生保持 1.5 米以上的间距，防止聚集锻炼。

（二）适宜性原则

强度适中的体育锻炼是学生在常态化疫情防控时期应遵循的原则。超负荷和低负荷的运动都不利于学生的身体健康。运动强度过高，容易造成运动损伤和运动疲劳，影响学生的日常学习和生活；运动强度过低，会使身体得不到有效的运动刺激，相关机能难以得到进一步开发，也就不能实现体育锻炼的目的。

（三）循序渐进原则

学生要以自身的体能和技术基础为依据，合理制订体育锻炼计划。在锻炼初期，可以选择中等强度或中等以上强度的项目进行持续 16 ～ 30 分钟的锻炼。如在跳绳时，

可跳两分钟停一分钟，此为一组，最初可进行 7 ～ 8 组，一周 3 ～ 4 次；进阶阶段，可以将组数调整至 10 组左右，每周练习 3 ～ 4 次；后期可以调整至 12 组左右，总锻炼时长在 35 ～ 40 分钟。

二、常态化疫情防控下学生体育锻炼的具体方法

（一）灵敏协调、心肺耐力类练习

（1）两点左右跑：在地上放两个矿泉水瓶，两瓶之间的距离可根据情况自行掌握。学生使用侧滑步在两个水瓶之间进行快速移动，进行 10 ～ 20 次。

（2）原地蹬地跑：两手、两脚支撑地面，两腿快速做前后蹬地练习。动作频率可根据自身情况而定，频率越快，强度越大，持续进行 30 秒。

（3）原地小步跑：原地快速小步跑，摆臂的频率、脚步的频率尽可能加快，持续进行 30 秒。

（4）高抬腿转体：原地进行高抬腿练习，同伴发出指令（拍手或者口令），学生听到指令后，转体 90°。每个方向进行 15 秒，总计进行 60 秒。

（5）坐位摆臂：坐于瑜伽垫上或地上，两腿伸直，快速摆臂，尽可能加快摆动频率，持续 60 秒。

（二）平衡性练习

（1）单脚接球：单脚站立于地面，在保持身体平衡的同时，用手接住同伴抛出的球（可用网球等）。

（2）跳跃单腿站：双腿起跳，单腿落地站稳。落地后，膝关节微曲。两侧腿交替进行，每侧腿进行 5 次。

（3）单腿转身跳：单腿站立，起跳并在空中转体 90°，然后单腿落地站稳。两侧腿交替进行，每侧腿进行 5 次。

（三）力量性练习

（1）马步前后走：屈髋屈膝，腰背部保持挺直，在保持髋关节、膝关节屈曲角度不变的情况下，前后行走，持续进行 60 秒。

（2）双腿背桥：仰卧于地面，膝关节屈曲 90°，下肢发力，将下背部抬离地面，进行 10 ～ 15 次。

（3）靠墙静蹲：后背靠在墙上，屈髋屈膝，膝关节保持 90° 屈曲，注意膝关节不能超过脚尖。学生可根据自身情况调节膝关节屈曲角度，从而降低难度。持续 30 ～ 60 秒。

（4）标准蹲起：两手分开，与肩同宽，屈髋、屈膝下蹲至膝关节成 90°，身体重心放在两腿之间，膝关节不能超过脚尖，挺胸直腰。进行 10 ～ 15 次。

（5）弓步下蹲：双腿前后站立成弓步状态，前侧腿屈至大小腿成 90°，后侧腿顺势屈曲，但膝关节不要触碰地面。两侧腿交替进行，每侧腿进行 5 ～ 10 次。

（四）柔韧性练习

（1）手足行走：站姿，俯身向前，两手撑住地面，向前移动，直至达到最大幅度，身体保持平直。然后，两脚前脚掌着地，小步向前快速行走，在膝关节伸直的情况下达到最大行走幅度。进行 6～8 次。

（2）腘绳肌牵伸：坐位，一侧腿伸直，另一侧腿屈曲，在保持背部挺直和膝关节伸直的状态下，腹部向前触碰膝关节。持续 30～60 秒，交替进行 2～3 次。

（3）肩部柔韧性：站位，一臂斜上举，另一臂斜下举，两臂平行。上举的手臂屈臂，伸至头后，下举的手臂屈臂于体后上抬，两手尽力互握，注意在互握的过程中，不要过分用力，防止身体扭曲变形。两侧交替进行 6～8 次。

三、常态化疫情防控背景下学生体育锻炼的注意事项

常态化疫情防控背景下学生体育锻炼的注意事项如下。

（1）适度进行体育锻炼，改善自身体质，提高免疫力。

在校园里锻炼时，学生应尽量选择以跑步健身为主的运动形式，同时，要在空旷、通风的室外进行错峰锻炼，不要聚集锻炼。

（2）合理安排运动量，做好自我防护措施。

在室外进行体育锻炼时，学生要与他人保持一定距离，科学佩戴口罩。锻炼时，不要佩戴 N95 型口罩及医用外科口罩，以免发生危险。同时，学生要选择与自身身体素质相匹配的运动量，若在运动过程中出现身体不适等情况，应停止锻炼，避免过度疲劳。锻炼后，不宜洗冷水澡，以防着凉或感冒。

（3）增强疫情防控意识，配合疫情群防群控工作。

大学生在锻炼时，若发现自己或其他学生产生发热、咳嗽、身体严重不适等症状，应立即联系辅导员，报告具体情况，遇到紧急情况时，可直接拨打 120，请专业医护人员进行救治。

第三节　疫情防控期间学生在校体育锻炼的要求

在常态化疫情防控下，各高校积极有序开展学校体育工作，对帮助学生树立"健康第一"的理念、增强学生体质、缓解学生心理焦虑、培养学生良好的体育卫生习惯、保障学生生命安全、实现体育与健康教育的深度融合、维护教育系统的安全稳定具有重要意义。

一、常态化疫情防控下学校体育工作开展的政策要求

根据教育部应对新冠肺炎疫情工作领导小组办公室在 2020 年 5 月 12 日发布的《关于在常态化疫情防控下做好学校体育工作的指导意见》，各高校应明确现阶段学校体育工作开展所面临的困境、教学活动和计划安排推进的要求、体育锻炼创新的方式方法等内容。

在疫情期间，经过较长时间的居家学习，学生的体力、体质有所下降，对运动技能的掌握也有所欠缺。教师在课程内容设置、教学计划安排、课堂组织形式等方面要进行相应的调整。

教师应将体育活动应安排在户外或通风较好的体育场馆中，对学生的间隔距离进行最大化安排，尽量减少学生的接触。复课初期，教师可以适当降低课程标准所规定的运动强度及密度要求，以中等及以上的运动强度为宜。教师应让学生进行非身体接触性的体能练习和以发展心肺功能为主的单人项目练习，如跳绳、踢毽子、慢跑、武术、健身操等，并根据学生体能的恢复情况，循序渐进地提高学生的练习强度和难度。体育课程要错时分段进行，教师要做好健康教育科普工作，引导学生掌握健康教育知识、树立"健康第一"的理念、养成健康的生活方式。

二、常态化疫情防控下学生在校体育锻炼的必要性

在疫情防控这一特殊时期，学生的活动空间受到了一定程度的限制，其日常需求难以得到充分满足。因此，校园生活文化的多元层次构建便显得尤为重要。体育是校园文体活动的重要组成部分，更进一步而言，体育锻炼作为全民健身与终身体育的重要实现途径和表现形式，具有促进健康、增强体质的作用，其对抵御新冠肺炎病毒的作用同样不容小觑。

在疫情防控背景下，各高校采取了一系列政策，高校大学生的日常活动范围缩小。在此情况下，一些学生容易产生无聊、烦躁等情绪，需要进行适量的活动来调节情绪、宣泄情感。与此同时，学生通过积极参与校园体育赛事等文体活动，可以在体育赛事活动中享受乐趣，从而养成良好的运动习惯。大学生在校可以充分利用线上教学平台资源，合理安排适宜自己的锻炼时间及运动量，同时了解与运动相关的生理指标，从而加强理论学习，提高身体机能。

此外，疫情背景下的体育锻炼能够更好地塑造学生的生命意义感。相关研究表明，

体育锻炼行为与生命意义感呈正相关。体育锻炼频次、时长、强度均会对生命意义感有正向预测作用。体育锻炼频次、时长、强度三者之间的交互作用对生命意义感具有显著影响，尤其是持续 61 ～ 120 分钟的高频次、高强度或低频次、中低强度的体育锻炼，对生命意义感影响显著。体育锻炼行为的各维度与生命意义感内部各维度之间存在不同的联系程度，彼此间存在相互作用与影响。体育锻炼行为这一大众化活动可以有效地提高大学生的生命意义感，同时还能为群众体育发展、体育现代化和体育防疫抗疫提供良好的支撑。

第四节　疫情防控期间学生体育锻炼的形式

常态化疫情防控下学生体育锻炼的形式可以分为参与学校体育课程、参与校园体育竞赛活动、自主体育锻炼三种形式。

一、常态化疫情防控下高校体育课程的开展

目前，疫情进入了常态化防控时期，高校也陆续恢复了学校教学秩序，高校体育课程线上和线下的"双线"混合教学将成为高校体育教学的一种基本形态。在有序推进高等学校复学、复课方面，教育部在 2020 年 8 月 13 日制定了《高等学校秋冬季新冠肺炎疫情防控技术方案（更新版）》，学生须以此为据，在进行体育健身活动时遵照复学、复课后的组织保障、制度和人员管控，以及校园体育资源使用等方面的规定。在"停课不停教、停课不停学"的总体要求下，学生要在心中树立起以疫情防控为前提的红线，不能存在侥幸心理。除了室内课程外，学生要积极参与户外活动，克服因身体机能下降而产生的抗拒体育活动的心理，全身心投入体育课程中。

疫情期间，体育课程以崭新的形式进入网课的行列当中，这对于大学生和体育教师来说是一种全新的挑战。线上教学期间，教师对学生的学习情况不能完全了解和掌握，学生可能会产生懒惰和应付的心理，这是技术与教学的结合尚不完善的结果。复课后，由于线上与线下体育教学衔接不紧密，学生参与户外活动的需求和体育教师的教学设置出现了分歧，教师应在保证安全的情况下，尽量满足学生在课程开展方面的诉求。

二、常态化疫情防控下高校体育竞赛活动的开展

高校开展体育竞赛活动是调动学生参与体育锻炼的重要方式。在常态化疫情防控的背景下，校园体育竞赛活动的开展受到了一定程度的制约，但是校园体育文化氛围的构建却不能因此中断。运动会是锻炼学生身体素质、展示学生精神风貌、创造优异成绩的平台。学生在校园体育竞赛活动中充分激发自身潜能，更加深刻地认识体育与健康之间的关系；传递体育精神，树立疫情常态化背景下的正确抗疫观和健康身体观；培养自身良好的运动习惯，为终身体育打下坚实的基础。各高校在组织体育竞赛活动时，可以通过具体细则，在管控合理的情况下开展相应的活动，学生在参与体育竞赛

活动时应遵循以下几点要求。

（1）保持高度的防护意识，做好个人防护。

（2）若承担竞赛组织工作，应配合进行体温测量，有情况及时报备。

（3）当发现有人员身体状况异常时，应立即上报学校疫情防控工作领导小组，根据疫情防控要求进行处理。

三、常态化疫情防控下高校学生课余自主体育锻炼的形式

常态化疫情防控要求校方对学生的活动范围和活动轨迹进行有效记录、限制和干预，学生在校园进行自主体育锻炼也是大背景下学生参与体育运动、丰富课余文化生活的真实形式。学生的态度是影响其锻炼效果的重要因素，决定着学生自身的体育锻炼时长、运动强度等。学生应明确，体育锻炼时，应保持良好的态度，在选择锻炼方式和项目时，要注意与自身的体育需要、体育价值观、体育生活中的直接体验相结合。学生需要端正体育参与的态度、激发主观能动性，学会挖掘自身的体育特长，提高体育锻炼的积极性。如果学生能够养成主动进行体育锻炼的习惯，对体育与身体健康产生正确的认识，那么将对增强自身的体育锻炼热情、普及"全民健身"理念产生重要影响。

体育思政课堂

突如其来的新型冠状病毒使人们对健康的重视程度明显提高，漫长的居家隔离期使我国居民的日常生活方式发生了颠覆性变化，人们的健身方式也由健身房训练和户外锻炼变成了家庭场景中的居家健身。2020年1月，国家体育总局办公厅发布了《关于大力推广居家科学健身方法的通知》，积极倡导人们居家科学健身，这使居家健身的必要性和价值愈发凸显。在常态化疫情防控下，各高校须积极有序开展学校体育工作，这对增强学生体质、缓解学生心理焦虑、培养学生良好的体育卫生习惯、保障学生的生命安全、实现体育与健康教育的深度融合、维护教育系统的安全稳定具有重要意义。

🔊 思考题

1. 在常态化疫情防控下，学生体育锻炼的原则是什么？

2. 在常态化疫情防控下，学生进行体育锻炼的具体方法是什么？

第六章

体育课程思政

第一节　体育与爱国主义精神、团队精神

一、体育与爱国主义精神

中华民族是有着悠久的爱国主义传统的伟大民族。早在古代，我国就一直弘扬爱国主义精神，赞颂先人的家国情怀，倡导"修身、齐家、治国、平天下"的家国抱负。在战争年代，爱国主义精神集中体现在浴血奋战、保家卫国的抗争上，是一种崇高的民族精神和爱国情怀。在和平年代，爱国主义精神有着团结人民、凝聚共识的作用。对于大学生而言，加强爱国主义教育，不仅能展现他们对祖国的深厚感情，还能促使他们发愤图强，为祖国的繁荣和富强贡献自己的力量。因此，加强大学生的爱国主义教育，培养大学生对祖国的自豪感和信心很有必要。

作为一种广泛的社会行为，体育不仅是一种强身健体的手段，还具有一定的社会性功能，即增强国民的体质，激发国民的爱国热情，促进民族兴旺和国家昌盛。体育可以唤起人们的民族归属感、认同感，增强民族凝聚力，激发民族自豪感和爱国主义精神。

在体育课程中，团队意识的培养和强化是极为重要的一部分。体育团队营造"赢"的文化，讲求合作意识和团队精神，关注如何争取一切可能去实现目标。在足球、篮球、排球、接力跑等各项竞技体育运动中，团队精神是影响一支队伍生命力的重要因素之一。

二、体育与团队精神

团队精神是指一个团队为完成某个既定目标而需要实现的思想和行为。它是一种团队为达到既定目标所表现出来的自愿合作和协同努力的作风。

在体育课程中，团队意识的培养和强化是极为重要的一部分。体育团队营造"赢"的文化，讲求合作意识和团队精神，关注如何争取一切可能去实现目标。在足球、篮球、排球、接力跑等各项竞技体育运动中，团队精神是影响一支队伍生命力的重要因素之一。

（一）在集体活动中培养大学生的团队精神

体育教学有着严格的组织形式和活动规则，它要求参加者自觉遵守活动规则，尤其是在集体运动项目中，每位参加者都在整体活动中扮演着不可或缺的角色。参加者要充分认识到自己的特点、长处，服从集体的部署安排，随时观察、注意环境的变化，并清楚了解同伴的情况、状态和战术设计。参加者之间密切联系、合作，围绕共同的目标最大限度地发挥个人水平，这对培养大学生的团队精神具有重要作用。

（二）在体育游戏中培养大学生的团队精神

教师在运用游戏法、比赛法进行体育教学时，大学生需要相互交流、合作练习，从而实现共同提高、战胜对手的目的。因此，体育游戏对大学生团队精神的培养具有独特的作用。

（三）在体育竞赛中培养大学生的团队精神

体育竞赛是培养大学生团队精神的良好手段。在紧张激烈的集体比赛中，虽然个人技术重要，但战术配合更为重要。这里的战术配合实际上指的就是团队协作。在体育竞赛中，大学生可以感受到团队精神的重要性，品尝到成功的喜悦与失败的滋味，领略到竞争与拼搏的艰辛。

第二节　体育与公平竞争、规则意识

一、体育与公平竞争

（一）培养大学生公平竞争精神的意义

具备公平竞争精神和竞争能力是社会发展对现代人提出的基本要求。公平竞争精神是大学生必备的基本素质，这是由社会的发展所决定的。现代社会是一个充满竞争的经济社会，而未来社会是一个竞争更加激烈的多元社会。现代化经济体系的建立，要求现代人必须形成适应社会经济发展的生存意识和竞争意识。竞争有助于个人潜能的发挥和自身价值的实现，有助于个人适应社会、成就事业，有助于提升全民族的竞争精神，推动社会进步。

（二）体育课程如何培养大学生的公平竞争精神

体育课程是公平竞争精神表现尤为突出的学科，也是培养大学生公平竞争精神的良好途径。竞争是体育的灵魂。没有竞争就没有超越，没有竞争就没有创新和发展。竞争是体育固有的属性，是体育的强大生命力。体育竞争激励着人们利用体能、勇气、技术、智慧去奋勇拼搏、积极进取、大胆创新，为集体争取荣誉。公平竞争精神是竞技体育的内在要求。体育比赛的最大魅力在于竞争，更在于有规则的、公正的、平等的竞争。体育比赛的另一个魅力在于其不停地追求与超越。人们在体育比赛中追求健康、聪慧、愉悦；追求友谊、和平、公正、进步；挑战生理极限，在更快、更高、更强——更团结的理念下不断实现自我超越。体育比赛的突出特点之一是其现场性和公开性。运动员的现场表现没有丝毫的掩饰和遮挡。无论是连胜而卫冕，还是知耻而发奋，参与者须自立自强，来不得半点虚伪和骄傲。因此，体育比赛的现场性和公开性会产生明显的激励性。

在体育教学中，教师要依靠体育自身所特有的竞争性，培养大学生的竞争精神。体育教学中的竞争无处不在，其形式多种多样。利用比赛，形成竞争；变化形式，突出竞争；抓住差异，引起竞争；遵守规则，公平竞争；注重安全，大胆竞争；布置作业，延续竞争。此外，在体育课成绩考核与达标测试中，教师也可建立不同层次的竞争机制，使大学生有较为明确的奋斗目标，从而努力学习，缩小差距。

二、体育与规则意识

（一）培养大学生规则意识的意义

规则意识是个人素质的重要方面，也是素质教育的重要组成部分。随着时代的发展，社会对人才的要求在不断提高且日趋多元化，但无论人才的标准怎么变化，规则意识都是基本要求。未来社会将是极其讲究规则的社会。从长远来看，在遵守规则的基础上，大学生可以更好地适应社会发展。因此，大学生的规则意识及执行规则的能力是其适应社会发展极其重要的内容，也是大学生学习、生活的基础与保证，有利于大学生顺利地成长为社会人。

崇高的信念和高尚的道德情操必须建立在大学生基本的社会规则意识的基础之上。因此，在实施素质教育的过程中，学校的德育改革应将规则意识作为基本价值理念，以学生规则意识的养成作为底线目标。这是社会发展对人才的迫切要求，是循序渐进地提高大学生道德品质的客观基础，也是促进学校乃至整个社会良性运行、和谐发展的现实要求。

（二）体育课程如何培养大学生的规则意识

规则意识是不可能自然形成的，要依靠后天的教育与培养，而学校教育是诸多教育途径中极为重要的一环。体育的特性决定了与体育有关的活动均与规则相关联，加上体育课程在教学内容和教学目标上接近规则意识教育的要求，体育课程便成了规则意识教育的重要渠道之一。在体育教学中，大学生通过严格遵守各项运动规则，将建立起的规则意识逐渐迁移到日常生活和学习之中，从而养成遵守规章制度和法律法规的良好习惯。个人在大学时代具备了遵守规则的强烈意识，将会对其形成终身遵守规则的意识和行为起到促进作用。

根据体育课堂教学中需要规则意识的项目性质，体育课程中的规则意识主要体现在以下两个方面。

1. 体育课堂常规

体育课堂常规是培养大学生良好的思想作风，向大学生进行文明礼仪教育、组织纪律教育和安全教育的基本途径。通过体育课堂常规的贯彻落实，如严格执行考勤、考核制度，加强组织纪律，大学生可以逐步形成遵守规章制度、热爱集体等良好的思想道德品质。体育课堂蕴含着规则教育的因素，体育课堂常规对提升体育教学效果和加强大学生思想品德教育的作用不可忽视。

2. 体育比赛规则和体育游戏规则

任何一个运动项目都有其详细的规则，从一个简单的体育游戏、非正规比赛、半正规比赛到正规比赛、职业化比赛，都有不同的规则，并且体育运动对规则的遵守要求很严格。体育比赛规则是保证体育比赛顺利进行的前提。大学生只有掌握规则并遵守规则，才能进行正常的体育竞赛活动，才能感受体育的魅力，享受体育带来的乐趣。任何一项体育运动都离不开规则。

体育活动是在一定的规则约束下和裁判人员的监督下进行的。这个过程具有严肃性、制约性、公正性、权威性，要求所有参加者必须严格遵守与服从规则。在体育比赛或体育游戏中加强规则意识教育，不仅能培养大学生诚实守纪、热爱集体、关心他人等优秀品质，还能潜移默化地使大学生树立良好的团队意识。

第三节　体育在健全学生人格方面的作用

学校体育教育作为学校教育的重要组成部分，承担着培养社会优秀人才的责任。大学生作为学校的主体，其正确的人生观、价值观一直是人们所关心和关注的。越来越多的事实表明，对大学生进行人格教育既有深刻的现实意义，又有深远的社会影响。大学生拥有健康、健全的人格，不但体现在对社会开放姿态的友好接纳、人际交往的和谐融洽，以及正面对待人生目标的积极态度，而且体现在面对困难、挫折和挑战时，能拥有积极进取、乐观向上的良好心态。学校教育要回归"人格本位"，体育教育义不容辞。体育教育以身体锻炼为手段，通过积极健康的方式将知识与技能传授给学生，使学生在学习过程中领悟人格的魅力及人本价值的意义，达到完善和健全学生人格的效果。

一、体育对健全大学生人格的促进作用

健全人格因个体差异不同，所表现出的要素各不相同。健全人格是一个多层次、各要素相互辅助的结构。个体在满足社会需求的过程中，通过自身的努力，激发内在潜能，促使自我人格不断完善，以适应社会发展。作为人类社会实践的产物，体育对人的健康人格的塑造有着独特的促进作用。体育锻炼不仅能提高个体身体机能的发展，满足个体精神层面的需求，还能促进个体"心理人格"的平衡、协调，"法律人格"的平等、公正，"道德人格"的友爱、高尚，从而使个体实现全面发展、全面健康的目标。

二、学校体育对塑造大学生健全人格的作用

蔡元培是中国近代著名的教育家。他提倡自由主义教育,尊重个体自由发展,并提出了"五育"并重、和谐发展的教育方针,对中国教育产生了重大影响。他说:"完全人格,首在体育。"蔡元培认为,健全人格者,应身心协调,追求个性,注重德育、智育、体育、美育与世界观教育全面和谐发展。体育作为全面教育的基石,可将各项教育相互联系起来,使其形成和谐统一的整体。

(一)促进道德规范的形成,增强法规意识

体育比赛讲究公开、公平、公正。任何人参加体育比赛都必须遵守比赛的规则,从而形成有组织、有纪律的公平竞争环境。大学生通过参与各项体育运动,能接触和了解体育比赛的规则和程序,并在体育运动中逐渐接受和认同这种行为准则,在日常的学习和生活中约束自己,形成固有的法规意识,进而养成遵守社会规范的习惯。大学生在参加体育赛事的过程中,一举一动都代表着学校的形象,道德准则在此过程中逐渐被强化。遵守规则、尊重裁判员、尊重对手,贯穿比赛的全过程,使道德规范逐渐成为行为准则,进而有助于大学生提高道德品质与思想素养,形成健全人格。

(二)促进智力发展,提升抗压能力

古罗马人有一句格言,即"健全的精神寓于健全的身体"。这句格言从生理和心理两个方面阐述了身体与精神的关系。首先,人们经常参加体育锻炼可提高身体机能,提升工作效率;其次,人们参加体育锻炼可使大脑得到休息和放松。当大脑疲乏劳累时,人们适当进行身体活动,可使过于紧张兴奋的细胞放松,从而调动另一部分大脑皮质细胞处于适度的兴奋状态。此时,想象力、创作力、灵感思维会一涌而出,智力也能提升到一个新的高度。另外,体育运动还可以提高大脑神经系统的稳定性,提高人的应变能力和身体的灵活性。赛场上,运动员的战术分析、策略选择、临场应变等都需要智力支撑。可以说,没有一项体育运动不需要智力,而智力的发展又离不开体育运动。因而,脑力与体力相互结合、劳逸结合符合健全机体活动的规律。

体育比赛以追求比赛的胜利为目的。在比赛过程中,运动员必然要学会面对失败、战胜失败,并不断挑战自我。大学生在参与体育比赛的过程中品尝胜利的果实、体验失败的遗憾,这种经历未尝不是一笔促进自我成才的财富。

(三)培养个性美、心灵美和审美能力

从古至今,"美"是人们追求的崇高理想,是健康人格必不可少的特性之一。"我运动,我健康",体育运动带给人们健康之美。经常参加体育锻炼的人,男性体格健壮,女性身段优美,展现出生命的活力;赛场上,运动员精湛的运动技能、灵活多变的战术配合、优雅美妙的身姿舞步,也给观众展现了健康向上的美。在追寻体育之美的过程中,大学生不仅可以发现美、欣赏美,陶冶情操,展示自身精神风貌,还可以充分享受自然风光,感叹广阔大海的壮观之美,领略高山悬崖的险峻之美,感受辽阔大地的壮丽之美,在运动拼搏之余,提升自身的审美能力。

（四）树立正确的人生观、价值观、世界观

体育运动所特有的实践性、直观性、竞技性和参与性，都为个体树立正确的人生观、价值观、世界观提供了适宜的发展环境。通过参加体育锻炼，大学生可领悟"公平、公正、公开"的竞赛原则，了解"更快、更高、更强——更团结"的奥林匹克格言。体育在构建大学生民主、自由、公平、正义、竞争、协作、诚信的完整价值观体系中发挥着重要作用。

体育思政课堂

中国高等院校建设发展既要符合当代大学建设的基本规律，更要符合中国国情。坚持用马克思主义理论指引高等院校的办学方向，把"课程思政"理念贯穿高等院校教育教学全过程，既符合我国国情，更是中国特色社会主义高校应有之义。

🔊 思考题

1. 体育课程是如何培养团队精神的？
2. 请简述培养大学生公平竞争精神和规则意识的意义。
3. 学校体育对塑造大学生健全人格的作用是什么？
4. 请简述培养大学生意志品质的重要性。

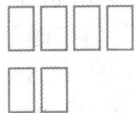

中篇　传统养生保健

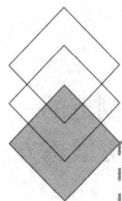

第七章

传统保健体育的理论基础

第一节　传统保健体育概述

一、传统保健体育的内涵

传统保健体育是中国传统养生学的一个分支，是古代的养生学说与体育锻炼相结合的民族文化遗产。传统保健体育通过调整姿势、锻炼呼吸、控制意念，使身心融为一体，达到增强人体机能、引导和启发人体内在潜力的目的，起到防病、益智、延年的作用。

传统保健体育具有保健和体育的双重属性，但与一般的保健方法和体育又有区别。一般的保健方法主要依靠药物和医生的技巧对病人进行康复，病人自身是被动的。传统保健体育则发挥人的主观能动性，通过自身的锻炼，有意识地自我控制心理、生理活动，取得防病健体的效果。体育运动除了能增强体质，还具有竞争性和对抗性；而传统保健体育则重视加强人体内部运动，调整人体内部的机能，也就是精、气、神的锻炼，能有效地预防和避免剧烈运动给身体造成的损伤，是一项适合各年龄段人群的健身体育项目，尤其适合体质虚弱者和慢性病患者。

传统保健体育的内容分为武术和导引两大类。

（一）武术

武术是以技击为主要内容，以套路和搏斗为运动形式，注重内外兼修的中国传统体育运动项目，主要用于锻炼身体、防御自卫，具有丰富的技术内容和广泛的群众基础，是我国宝贵的民族文化遗产的重要组成部分。武术在我国古代既是一种训练格斗技能的手段，也是一种增强体质的锻炼方法。许多武术套路都体现了"武"与"健"的密切结合。把武术用于保健养生，在我国有着悠久的历史。

武术内容丰富多彩、种类繁多，按其运动形式可分为套路运动和对抗运动两大类。套路运动和对抗运动中的散打已先后被列为全国的、亚洲的，乃至世界性体育的正式竞赛项目。按照武术形式和技法特征进行区分，武术主要有套路运动、功法运动和格斗运动三大类，其中用于保健方面的主要有套路运动和功法运动。

（二）导引

导引是我国古代劳动人民在与疾病和衰老做斗争的过程中，逐渐认识和创造的一种自我身心锻炼的方法。它通过调整姿势、锻炼呼吸、放松身心、集中意念等锻炼方法调节和增强人体机能，以达到保健强身、预防疾病、延年益寿的目的。

导引功法流派繁多，按照导引功法的调身、调息、调心三要素，基本可分成三大类：以调心、调息为主，身体姿势处于相对安静状态，归为静功；以调身、调息为主，以增强身体姿势变化对气机运行的影响，通过姿势和呼吸的调整来养生的，归为动功；运用自身按摩、拍击等锻炼方法，以疏通经络、调和气血、增进健康的，归为保健功。

二、学习传统保健体育的意义

（一）有利于继承和弘扬民族传统文化

传统保健体育是中华民族灿烂文化的一部分，它与中国传统文化有着千丝万缕的联系。

中华民族独特的思维方式、行为方式、审美观、心理模式、人生观、宇宙观等在传统保健体育中都有集中的反映。中国传统保健体育的思想理论和方法在数千年的流传中，经受了历史的选择，一些优秀的思想理论和健身养生实践流传下来。中医药院校的学生应该继承和弘扬传统保健体育中的精华，为人类的健康服务。

（二）有利于增进身心健康

传统保健体育在增进人的身心健康方面有着明显的优势。传统保健体育注重筋骨的锻炼，有助于增强机体对疾病的抵抗力和对环境变化的适应能力，使机体各器官的功能得以提高。传统保健体育通过调身、调息、调心等多种形式来调节人的心理，这不仅能使人的肌肉放松，还能调节大脑皮质，消除心理疲劳和消极情绪。

（三）有利于涵养道德

我国自古以来就把"涵养道德"作为传统保健体育锻炼的重要组成部分。"练武先习德""未曾习武先学礼""崇尚武德"等至理名言，体现了传统保健体育对品德培养和锻炼的重视，有利于育人。

（四）有利于树立终身体育意识

传统保健体育内容丰富、形式多样，对场地、器材条件要求不高，针对不同年龄的人群、不同的气候条件、不同的生活环境都能提供身体锻炼的方法。另外，传统保健体育开展简单、经济实用、实效显著，学生一经学会并坚持锻炼，就可终身受益，有利于学生树立终身体育意识。学生依靠亲身体验，领悟传统保健体育内在的意蕴之深、技巧之妙、意境之美。

第二节　传统保健体育的中医基础理论

一、整体观

（一）人体的整体观

整体观是人们对事物统一性和完整性的看法。在中国传统保健体育领域，人们在研究人的身心健康时，既重视人体内环境的统一性和完整性，又重视人与外界客观事物的和谐统一性。

整体观是中医学的主导思想，也是中医学的特点之一。它强调事物本身的统一性、完整性和与其他事物的联系性；认为人体各个组成部分之间，在结构上是不可分割的，在功能上是相互协调、相互制约的；同时人体与自然界有密切关系，且能能动地适应自然，从而维持机体的正常生理活动。这种人体自身内外及其与自然界的统一性，被称为中医学的整体观。它贯穿于中医理论诊断、治疗、康复等各个方面，也是传统保健体育运动的理论依据。

传统保健体育十分强调"静心"，要求维持"心静体松"的状态。心是一身之主宰。若心神安定，则五脏六腑皆定；若心神不安，则五脏六腑皆不安，易引发各种疾病。传统保健体育反对过分安逸，强调以动为主、内外兼修。脾主四肢，四肢活动能加快脾的运化，使水谷精微得以很好地吸收，进而化生气血，滋养全身；四肢活动减少，则会导致气血不足、全身虚弱。传统保健体育非常重视对五脏进行有针对性的养练。例如，五禽戏、形意五行拳等是针对五脏进行练习的，舒心平血功是针对心脏进行练习的。另外，传统保健体育的整体练习强调"以意导功""内外兼修""外三合"等，这些都是整体观的具体体现。

（二）天人相应观

人体内环境的平衡协调和外界自然环境的整体统一，是人体得以生存的基础。当自然环境发生变化时，人体也会发生与之相应的变化。《黄帝内经》从"天人相应"的整体观出发，提出了"顺时养生"的思想，强调要"服天气而通神明""顺四时而适寒暑"等养生防病原则。

宇宙是一个整体，人与自然具有相通、相应的关系，遵循着同样的运动变化规律。人的生理变化与大自然的整个运动联系在一起。自然界的运动变化直接影响着人体，而人体受自然界的影响也必然会相应地产生生理或病理上的反应。因此，人们必须善于掌握自然界的变化，以顺从"天地之和"。传统保健体育强调"顺应四时""天人相应"的养生方法，同时在个体锻炼时，强调个体的完整性、统一性。这种在整体观指导下的综合调理方式，构成了中国传统保健体育最基本的理念和指导思想。

二、精气神学说

人体生命力的盛衰和生命的长短与精、气、神的旺盛或衰竭是紧密联系的。精气流通、练气以养、养心调神是传统体育养生法实施的基本目的与要求，研究精气神学说对传统体育养生理论的建立和指导养生法的实践至关重要。

传统保健体育的锻炼方法分为内功和外功两类，即内练精、气、神，外练筋、骨、皮。古人认为：天有三宝——日、月、星；地有三宝——水、火、风；人有三宝——精、气、神。古人把精、气、神看作人体中宝贵的三种东西，视其为人体生命活动不可或缺的物质和功能的总体。

精是构成人体的基本物质，也是维持人体生命活动的基本物质，主持人体的生长、发育、生殖及各种生理功能的活动。精有广义、狭义之分：广义的精，是指构成人体和维持人体一切生命活动的精微物质，包括精、气、血、津液等；狭义的精，是指肾中化生和储藏的精，是具有促进人的生长、发育和生殖功能的基本物质。精，又因其在人体渊源的不同，有先天和后天之分。先天之精是禀受于父母的生殖之精，是生命之源，如《黄帝内经·灵枢·本神》所云："故生之来谓之精。"后天之精则是指水谷等营养物化生而成的精。二者具有相互依存、相互为用、相辅相成的关系。先天之精依赖于后天之精的不断培育和充养，才能发挥其生理效应，而后天之精依赖于先天之精的活力资助，才得以生化不息。

中医学和传统体育养生学认为，人体的气是一种充养人体并维持人体生命活动的精微物质。人体的气有先天气和后天气两种。先天气又称元气，是禀受父母的先天之气，藏于肾中，又依赖水谷精气的充养，使肾中精气的气化功能沿三焦通道升降敷布全身，发挥其生理效应，促进人体生长和发育，温煦和激发各脏腑、经络等组织器官的生理功能，主持人体复杂的生命活动。元气对人体的生、长、壮、衰、死至关重要。历代养生家都很重视培补元气，并以各种导引、行气、意念的方法调动丹田之气，循任脉、督脉及全身经络周身运行。后天之气主要有宗气、营气、卫气等，来源于水谷精气和空气中的清气。水谷精气是靠脾胃从后天饮食中运化而来的，空气中的清气则靠肺司呼吸从空气中吸入。

传统体育养生法非常重视养生练气，通过练气以增强人体气化（气的运动和变化），使全身之气充沛。人体的气具有很强的活力，流行于全身，无处不有。气的升降出入运动，被称为气机。气机畅通，气才能在脏腑、经络、四肢、七窍中川流不息，从而有助于肾蒸腾气化、吸清排浊；有助于肺主气司呼吸，宣发肃降；使脾升清、胃降浊，使脾、胃、肠的消化、吸收、输布、排泄正常；使肝疏泄条畅；使心肺气血调和畅通。这些都说明人体气机具有维系、推动、激发、协调、平衡人体各种生理功能的作用。气机畅通无阻，则机体健旺；气机受阻（气机失调），机体就会出现"气滞""气逆""气陷""气结""气郁""气闭"等病理状态。气机一旦停止，生命活动就会终止。可见，气是维持人体生命活动最基本的物质。气聚则精盈、神旺，气衰则精走、神病，气绝则精涸、神亡。正如《难经·论脉·八难》中所云："气者，人之根本也，根绝则茎叶枯矣。"这说明养生练气是传统保健体育的指导思想和理论基础。

传统保健体育十分重视人体气的练养。古代养生，一是通过导引、行气、按摩等体育养生法激发和培补元、真二气；二是结合各种调神、调息、调身的体育养生法来增强人体气化功能和促使真气运行。

人的神有广义和狭义之分。广义的神，指人体生命活动机能的总称，包括人体生命活动中不同层次的内在"神志"及外在"形征"两个方面的含义。狭义的神，指人的精神、意识、思维，是"识神"的主要体现，实质是指人的大脑功能，是大脑对外界事物的反映，主宰着人的一切心理活动与行为活动，影响着人体各方面生理功能的协调、平衡。譬如，中医所说的"七情"——喜、怒、忧、思、悲、恐、惊，是人体对客观事物反映出的不同的心理状态。它受外界环境、信息的影响，更重要的是它受人的意识和思维的调控。外界环境与信息在意识思维的正确调控下，不会致病，而一旦受到突然、强烈或持久的情志刺激，意识思维又不能正确调控，则人体会出现"大怒伤肝""大喜伤心""大悲伤肺""思虑过度伤脾胃""久恐不节伤肾"等致病现象，使五脏的功能气机紊乱，从而导致各脏腑间生理功能失调和气血失调，严重时可导致久病不愈或身亡。

传统体育养生家主张形神共养，强调性命双修。形神共养是指人们在养生实践中，同时注重形体养护和心神调摄，既要使形体健康，又要使心神健旺，还要使形体与心神协调、均衡地发展。性命双修中的性，一般指心性，即精神、意识、思维；命，指形体和生命。古代养生家曾指出：命无性不灵，性无命不立；修身以立命；存心以养性。性命双修实际上是指在养生实践中既要重视修性，又要重视修命，性与命要同步练养，相互促进，共同发展。《淮南子·泰族训》强调："太上养神，其次养形。"由此可见古人把调心养神视为养生的首要任务。传统体育养生宝库中有许多养心调神的法则、手段和方法，主要可归纳为调心养神与修身养性两类。

综上所述，精、气、神是人之"三宝"。精、气是构成人体生命活动的基本物质，精气流通是生命活动的基本特征，气化、气机是生命活动的动力，神是生命活动的主宰。保精养气、练气以养、调心养神、形神共养是传统保健体育的指导思想和理论基础，使人精盈、气充、神合是传统保健体育追求的目标。

三、脏腑学说

脏腑是人体内脏的总称。按照脏腑的生理功能与特点，脏腑可分为脏、腑、奇恒之腑三类。脏，即心、肺、脾、肝、肾，合称为五脏；腑，即胆、胃、小肠、大肠、膀胱、三焦，合称为六腑；奇恒之腑，即脑、髓、骨、脉、胆、女子胞（子宫）。脏腑学说强调以五脏为中心的整体观。五脏生理功能之间的平衡协调是维持机体内在环境相对恒定的重要环节。

传统保健体育的养生保健作用就是通过一系列自身的调节，不断维系五脏生理功能之间的平衡协调。因此，了解五脏主要生理功能的相互关系，有助于了解传统保健体育的健身机制，并对各种健身功法的学与练有重要的指导作用。

中医脏腑学说中的五脏虽与西医理论中脏器的名称相同，但两者在生理上和病理上的含义不同。现将中医脏腑学说中五脏的重要生理功能分述如下。

（一）心

心位于胸中，主要生理功能是主血脉、主神志。

心主血脉，包括主血和主脉两个方面。全身的血都在脉中运行，依赖于心气的推动而运送到全身，发挥其濡养作用。心气充沛，人体才能维持正常的心力、心率和心律，血液才能在脉内正常地运行，周流不息，滋养全身。面色红润有光泽、脉象和缓有力等是人体心气充沛的外在表现。血液的正常运行还有赖于血液本身的充盈和脉道的通利。传统保健体育锻炼增强了心气统辖血液运行的功能，改善了自主神经的功能，使外周阻力降低，回心血量增加，从而达到脉道通利、血液充盈的良好状态。

心主神志，传统保健体育通过调心来改善心主神志的功能。练习健身功法时，人体放松入静，能调养心神，使心神在不受外界事物的干扰下发挥其"君主之官"的作用，使机体达到"主明则下安，以此养生则寿"的协调、平衡状态。

（二）肺

肺位于上焦，其主要生理功能是主气。肺的主气功能包括主一身之气和主呼吸之气。

肺主一身之气，首先体现在气的生成方面，特别是宗气的生成，主要依靠肺吸入的清气与脾胃运化的水谷精气相结合；其次还体现在肺对全身的气机具有调节作用。

肺主呼吸之气是指肺的呼吸运动，即气的升降出入运动。肺有节律地一呼一吸，对全身气机起着重要的调节作用。肺作为体内外气体交换的场所，通过不断地呼浊吸清、吐故纳新，促进气的生成。肺的呼吸均匀、调和，是气的生成和气机调畅的根本条件。传统保健体育对呼吸有特殊的要求，人体锻炼时有意识地调息，可达到"积气以成精，积精以全神"的效果。

（三）脾

脾位于中焦，其主要生理功能是主运化，把水谷之精微吸收并传输到全身。脾还具有升清、统摄血液的作用。

脾的运化功能可分为运化水谷和运化水液两个方面。运化水谷指对饮食的消化与吸收；运化水液指对水液的吸收、传输及布散。脾的运化功能以升清为主。升清指吸收水谷精微等营养物质并将其上输于心、肺、头、目，通过心肺的作用化生气血，以滋养全身。

中医学对脾胃功能非常重视，认为脾胃为后天之本，还强调"百病皆由脾胃衰而生也"。传统保健体育中许多要领都直接作用于脾胃。例如，舌抵上腭能使人体的唾液等分泌增多；腹式呼吸能增大膈肌的活动幅度，改变腹内压，对脾、胃起按摩作用；虚领顶劲有助于脾的升清。一些传统保健体育功法，如八段锦中的单举、五禽戏中的熊戏，都有调理脾胃的作用。经常练习这些传统保健体育功法，可使三焦气机通畅，脾胃升降和利，运化水谷机能健旺，从而增加营、卫、气、血、津液的化生，促进机体保持协调、平衡的健康状态。

（四）肝

肝在腹腔内右上部，主要生理功能是疏泄、藏血。肝主筋，并开窍于目，与胆相表里。

肝的疏泄功能主要表现在调畅气机、促进脾胃的运化功能和调畅情志三个方面。五行中，肝属木，肝木喜畅达而不宜抑郁。肝主升、主动的特点对气机的疏通、畅达、升发起重要作用。肝的藏血功能主要体现在肝内必须储存一定的血量，以制约肝的阳气升腾，勿使之过亢，以维护肝的疏泄功能，使之冲和条达。传统保健体育讲究动静结合，要求练习者放松入静，用适宜的意念进行导引，这有利于肝的疏泄和藏血功能的平衡、协调。锻炼时，扫除万虑，内清虚而外脱换，松和自然，能使肝气舒和条达，使上亢之肝阳自潜，肝火自降。另外，肝主筋，松和自然的练习状态有助于肝血的充盈，使筋得其所养，有利于增强人体的运动能力。

（五）肾

肾位于腰部脊柱两侧，左右各一，主水、主纳气、主骨生髓，其主要生理功能是藏精。肾对于精气的闭藏，主要是为精气在体内能充分发挥其应有的生理效应创造良好的条件，不使精气无故流失，影响机体的生长、发育和生殖能力。肾的精气，从其作用来说，包含着肾阴、肾阳两个方面。肾阴又叫"元阴""真阴"，亦称"命门之水"，是人体阴液的根本，对各脏腑组织起着濡润、滋养的作用；肾阳又称"元阳""真阳"，亦称"命门之火"，是人体阳气的根本，对各脏腑组织起着温煦、鼓动的作用。肾阴和肾阳在人体内是相互制约、相互依存的，以此维持人体生理上的动态平衡。传统保健体育中的动作、呼吸、意念常以命门为锻炼中心。例如，太极拳运动讲究以腰为主宰，全身上下相随，通过一系列的锻炼，有利于体内阴阳调和，尤其能使肾内精气充沛，充分发挥其"先天之本"的作用。

肾的另一个重要生理功能是主纳气，人的呼吸运动虽然由肺所主，但还有赖于肾气的摄纳。《类证治裁·喘证论治》说："肺为气之主，肾为气之根，肺主出气，肾主纳气，阴阳相交，呼吸乃和。"参加传统保健体育的锻炼，一方面能使肾内精气充足，有利于发挥其纳气功能；另一方面，练习时均匀、深长、平和的呼吸更有助于肾对呼吸的摄纳作用，保证体内外气体的正常交换，达到保精养神、益气全形的目的。

四、经络学说

经络学说是研究人体经络系统的循行分布、生理功能、病理变化及其与脏腑相互关系的学说，是中医学理论体系的重要组成部分。经络包括经脉和络脉，其中，经脉分正经和奇经两大类，此为经络系统的主要部分。正经有十二条，即手、足三阴经和手、足三阳经，合称十二经脉，是气血运行的主要通道；奇经有八条，即督脉、任脉、冲脉、带脉、阴跷脉、阳跷脉、阴维脉、阳维脉，合称奇经八脉。

十二经脉中，每条经脉分别对应人体一个脏或一个腑，且左右对称地分布于人体两侧。十二经脉与奇经八脉及分支络脉在人体内纵横交错，里通脏腑，外达肢节，上通头，下达脚，把人体经络连成一个整体。经络是气血运行的通道。

奇经八脉虽与脏腑没有直接关系，但与十二经脉纵横交接，对十二经脉具有调节、疏通作用，其中任脉、督脉至关重要。中医学和传统保健体育把任脉、督脉与十二经脉合称为十四经。

中医学把人体具有传输和输注气血的空隙和聚焦点称为腧穴，把循行十四经上的腧穴称为经穴。腧穴是脏腑、经络气血输注之处。传统保健体育家往往通过意念导引、意守，以及点、按、拍、打等方法作用于特定的穴位，疏通经络，调畅气血。传统保健体育常用穴位见表 7-2-1。

表 7-2-1　传统保健体育常用穴位

身体部位	穴名	对应经脉	分布位置
头	百会	督脉	头顶正中，两耳尖连线中点处
	印堂	经外奇穴	两眉头连线中点处，正对鼻尖
	太阳	经外奇穴	眉梢与目外眦之间向后约 1 寸凹陷处
	人中	督脉	上唇人中沟上 1/3 处
	承浆	任脉	下唇沟正中凹陷处
颈	玉枕	足太阳膀胱经	枕外粗隆上缘凹陷处
	风池	足少阳胆经	头颈后两侧发际凹陷处
	天柱	足太阳膀胱经	平哑门旁开 1.3 寸，斜方肌外缘凹陷处
背、腰、胸	大椎	督脉	第七颈椎棘突下凹陷处
	命门	督脉	第二腰椎棘突下凹陷处
	肾俞	足太阳膀胱经	命门旁开 1.5 寸处
	膻中	任脉	两乳头连线中点处

续表

身体部位	穴名	对应经脉	分布位置
腹	中脘	任脉	脐上 4 寸处
	神阙	任脉	肚脐中心处
	气海	任脉	肚脐下 1.5 寸处
	关元	任脉	肚脐下 3 寸处
裆、髋	会阴	任脉	前后二阴连线中点处
肩	肩井	足少阳胆经	肩端，平举肩时前上方凹陷处
臂	曲池	手阳明大肠经	屈肘，横纹桡侧端凹陷处
	内关	手厥阴心包经	前臂掌侧腕横纹上 2 寸处
手	劳宫	手厥阴心包经	握拳，中指指尖所点处
腿	足三里	足阳明胃经	膝下 3 寸，胫骨前嵴外侧
	承山	足太阳膀胱经	腓肠肌腹下出现的尖端凹陷处
	委中	足太阳膀胱经	腘窝横纹中央
	三阴交	足三阴脾经	内踝尖上 3 寸，胫骨内侧后缘处
脚	太溪	足少阴肾经	内踝后侧，跟骨上凹陷处
	太冲	足厥阴肝经	足第一、第二跖骨接合部之前
	涌泉	足少阴肾经	足心人字纹头凹陷处

注：此处的寸指中医学里的"同身寸"，拇指最宽指节处约为 1 寸。

经络内通脏腑，外达肢节，沟通于脏腑与体表之间，将人体组织、器官、联系成一个有机的整体，并借以行气血、营阴阳，使人体各部位的功能得以保持协调和相对平衡。传统保健体育通过循经取动的形体锻炼，以及循经导引、行气、按摩、意守等方法的实施，达到疏通经络、协调脏腑、调畅气血、平衡阴阳、延年益寿的目的。可见，经络学说是传统保健体育的理论基础，经络的循行部位、方向、次序、交接部位及穴位对传统保健体育方法的创编和学、练、用等具有重要的指导意义。

体育思政课堂

传统保健体育既是中华民族长期以来行之有效的强身健体、养生保健方法，也是中华优秀传统文化的一部分。它对中华民族的繁衍生息、繁荣昌盛起到了非常重要的作用。它的传承与发展不仅有利于展现中华民族文化特性，提升我国文化软实力，还有利于维持社会和谐稳定。

🔊 思考题

1. 传统保健体育的内容包括哪几类？
2. 学习传统保健体育的意义是什么？
3. 传统保健体育的中医基础理论有哪些？

第八章

保健按摩

第一节　运动按摩

　　保健按摩在体育运动中对调整运动员的生理功能、消除疲劳、预防运动损伤、提高运动能力等起着积极的作用，而且简便易行，不需要特殊设备。保健按摩应用于运动实践中，称为运动按摩。在运动前进行按摩，可作为准备活动的补充；在运动中的间歇进行按摩，可以帮助缓解肌肉的僵硬和痉挛；在运动后进行按摩，可以起到加速消除疲劳的作用。

　　运动按摩按运动阶段分为运动前按摩、运动中按摩、运动后按摩。

一、运动前按摩

　　运动前按摩是指运动员在比赛前和训练前的按摩。按摩可使韧带的柔韧性和关节的灵活性得到提高，肌肉力量增强，为提高运动能力和创造最佳运动成绩做准备。运动前按摩是预防运动损伤的重要措施，在冬季尤为重要。运动前按摩可以与准备活动结合起来做，也可以在一般准备活动后，结合专项准备活动进行。按摩所需时间为5～10分钟，宜在比赛前或训练前的15分钟内进行，并要根据赛前运动员的状态、不同的比赛专项、不同的气候条件等选择有关手法。

（一）提高兴奋性的按摩的具体操作方法

　　运动前用一定的手法进行按摩可以提高运动员的兴奋性，具体操作方法如下。

　　（1）被按摩者取坐位，按摩者站立于被按摩者身旁，用两手拇指指腹揉攒竹穴、丝竹空穴、太阳穴、风池穴、大椎穴、内关穴、足三里穴等穴位。

　　（2）按摩者用较重和快速的手法揉捏和拍击被按摩者的肩部，有力地搓动和抖动被按摩者的上肢，使按摩所产生的机械刺激到达被按摩者的头部，可起到提高中枢神经系统兴奋性的作用。按摩的时间为3～4分钟，按摩安排在准备活动以后进行。

（二）缓解紧张情绪的按摩的具体操作方法

　　运动新手参加比赛，在赛前可能因情绪过度紧张而产生坐立不安、睡眠不良、食欲减退等一系列不良反应。这些不良反应会使运动员动作协调性下降，运动能力减弱，运动成绩下降。可通过按摩帮助运动员缓解比赛前的紧张情绪，具体操作方法如下。

（1）被按摩者取坐位，按摩者站立于被按摩者身旁。按摩时，按摩者用力较轻，频率较低，时间较长，按摩的面积较大。根据被按摩者所参与的项目，按摩者对其运动时负荷较大的肌肉和关节以揉、捏等手法进行按摩。这些弱刺激使抑制过程扩散，兴奋过程减弱，从而缓解过度紧张的情绪而起到镇静作用。

（2）进行头部按摩也能起到镇静作用。按摩者用拇指指腹揉被按摩者印堂穴、太阳穴各10次，并将两手拇指指腹紧贴于被按摩者印堂穴上方皮肤，然后于眉上方进行来回交叉抹动10次，做最后3次时，当拇指抹到眉梢时再延伸至太阳穴，并在太阳穴上做回旋，最后向外侧上缘提起。

（3）按摩者两手四指紧贴被按摩者头部两侧，虎口置于被按摩者前额，用两拇指紧贴被按摩者额前皮肤，交替向其头顶方向抹动，重复10次，揉百会穴、风池穴各5次。

二、运动中按摩

运动中按摩是利用运动中的间歇来进行的，如跳跃、投掷、体操等项目在训练中或比赛中均有间歇。运动中按摩的目的是及时消除疲劳或缓解肌肉僵硬，提高训练时或比赛时的兴奋性。

运动中按摩一般是针对负荷较大的肌群进行的按摩。根据项目的特点和间歇时间的长短，以及短时间内达到兴奋的目的，按摩者可先采用柔和的手法，继而用较重且快速的手法，并着重按摩将承受较大负荷的部位，按摩时间为3～4分钟。

三、运动后按摩

运动后按摩的目的是加速疲劳的消除与体力的恢复，可以在运动的结束阶段一并进行，也可以在运动结束后或洗澡后或晚上临睡前进行。运动员如果处于极度疲劳状态，则应先休息2～3小时再进行按摩。按摩的部位应根据运动项目和疲劳程度而定，一般是运动中承担较大负荷的部位。若运动后严重疲劳，可采用全身按摩法。

第二节　按摩手法

一、按法

利用指腹或手掌，在患者身体适当部位有节奏地一起一落按下，叫作按法。

【方法】通常用单手按法或双手按法在两肋下或腹部进行按摩，在背部或肌肉丰厚的地方还可使用单手加压按法，也就是左手在下，右手轻轻用力压在左手手背上的一种按法；也可以右手在下，左手压在右手手背上。（图8-2-1）

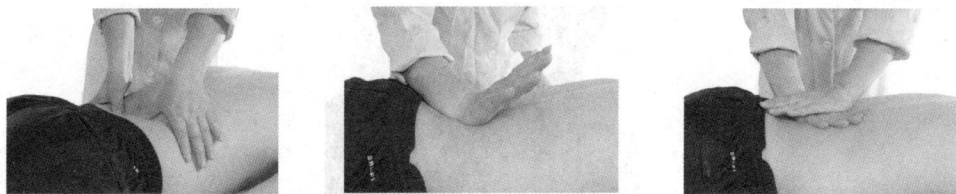

图 8-2-1

二、摩法

摩，就是抚摩的意思。用手指或手掌在患者身体的适当部位，给以温柔的抚摩，叫作摩法。

【方法】摩法多与按法和推法配合使用，有常用于上肢和肩端的单手摩法和常用于胸部的双手摩法。（图 8-2-2）

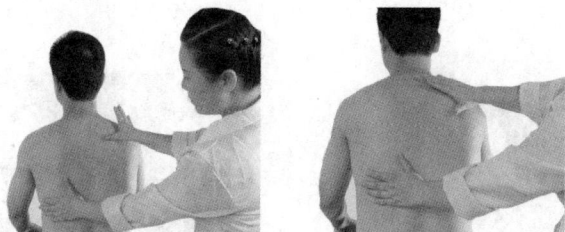

图 8-2-2

三、推法

用手指或手掌着力于一定部位，然后往前用力推动，叫作推法。推与摩不能分开，推中已包括摩，推、摩常配合一起用。

【方法】用拇指与食指夹持肌肉，为单手推法。两手并放，拇指相对，其余手指斜向前，两手一起往前推动，叫作双手集中推法。（图 8-2-3）

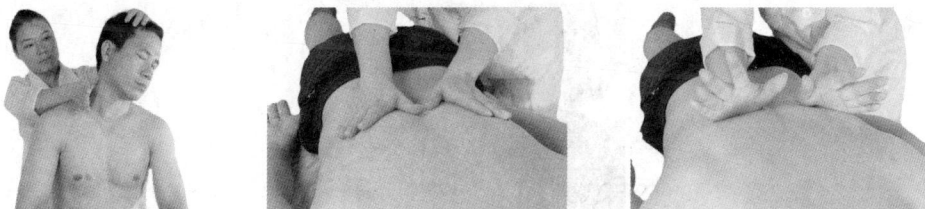

图 8-2-3

四、拿法

用手指把适当部位的皮肤稍微用力提拿起来，叫作拿法。

【方法】常用的拿法有作用于腿部或肌肉丰厚处的单手拿法。如果患者因紧张、恼怒，突然发生胸闷气短，出现类似昏厥的情况，那么可在患者锁骨上方肩背相连的地方，用单手拿法把肌肉提起来放下，放下再提起，以每秒提拿两下的速度，连拿 20 次，稍作休息，再连拿 20 次，则胸中通畅，气息自渐调和。（图 8-2-4）

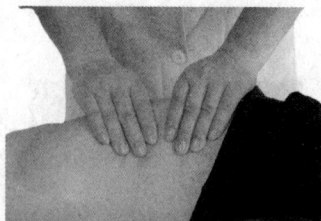

图 8-2-4

五、揉法

用手贴着患者皮肤做轻微的旋转活动，叫作揉法。

【方法】对于太阳穴等面积小的地方，可用手指揉法；对于背部等面积大的部位，可用手掌揉法；还有单手加压揉法，如左手按在患者腓肠肌部位，右手加压在左手手背上，使用单手加压揉法按揉小腿；若小腿肚的肌肉丰厚，则可使用双手揉法。（图 8-2-5）

图 8-2-5

六、捏法

在适当部位，利用手指把皮肤和肌肉从骨面上挤压着捏起来，叫作捏法。

【方法】捏法是按摩中常用的基本手法，它常常与揉法配合使用。实施捏法时，以腕关节用力为主，指关节连续不断地挤捏，两手同时进行，用力均匀、柔和。（图 8-2-6）

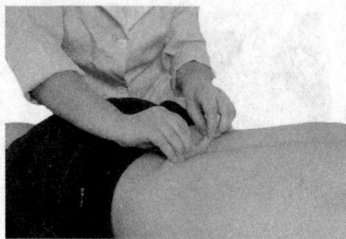

图 8-2-6

七、颤法

颤法是一种震颤抖动的按摩手法，动作以迅速、短促、均匀为宜。要求平均每秒颤动 10 次左右，也就是 1 分钟达到 600 次左右。

【方法】将拇指垂直地点在患者痛点，手腕用力颤动，带动拇指产生震颤性的抖动，叫单指颤动法。将拇指和食指或食指和中指放在患者痛处，利用腕力进行颤动，叫双指颤动法。（图 8-2-7）

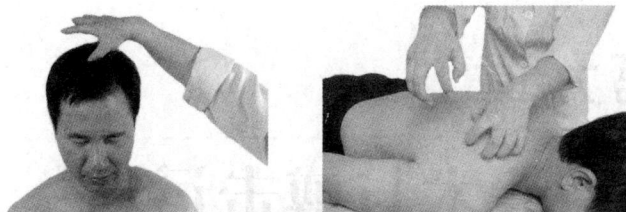

图 8-2-7

八、打法

打法又叫叩击法。

【方法】打法的手劲要轻重有度、温柔灵活；手法要合适，能给患者以轻松感，否则就是不得法。打法主要用的是双手，常用手法有侧掌切击法、平掌拍击法、横拳叩击法、竖拳叩击法等。（图 8-2-8）

图 8-2-8

体育思政课堂

保健按摩在我国有着悠久的历史，随着社会的进步，其也在不断地发展，不断地吸收新内容。保健按摩种类丰富，手法多变，对神经系统、运动系统、循环系统、呼吸系统、消化系统都有积极的作用。学习保健按摩一方面能提高身体机能，强身健体，另一方面能加深大学生对中国传统养生的认识与理解，增强大学生对中国传统文化的文化自信。

思考题

1. 简述运动按摩在运动不同阶段的作用和操作方法。

2. 按摩的手法有哪些？

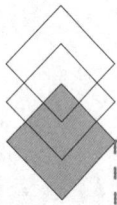

第九章

武术与搏击运动

一、武术简介

武术起源于中国，是五千年中华历史文化的结晶。传统的武术产生于民间的健身和自卫活动。武术以技击为主要内容，以套路和格斗为主要运动形式，注重内气外功兼修，具有古老的历史传统和文化内涵。从春秋战国到民国时期，民间武术健身的结社组织层出不穷，武术流派林立，兵器多样，世代流传。武术成为民间社交和健身活动的主要形式，流行于全国。中华人民共和国成立以来，武术主要用于科学健身活动，以增强人民体质、提高民族素质为主要目标。近年来，武术逐渐走向世界，吸引了不少外国习武爱好者，此外，一些武术组织经常会举办国际武术比赛。

二、武术的价值

随着体育事业的不断发展，武术作为民族体育中的一种独特的形式，以自己多元的价值功能，在全民健身运动中发挥着越来越重要的作用。其具体价值如下。

（1）健身价值：矫正不良身体姿态，提高大脑兴奋性，增强肌肉力量，增强关节韧带的柔韧性，提高身体协调性、灵活性及平衡能力。

（2）修身价值：使练习者热爱中国传统武术，培养练习者坚韧、顽强、勇于战胜困难的意志品质和良好的武术道德及团结协作的精神。

（3）观赏、娱乐价值：观赏武术表演和比赛可以提高审美能力和感受力，陶冶情操。

（4）国防价值：提高士兵的擒拿格斗技术、身体素质和战斗力，对社会治安和国防有保障作用。

（5）交流价值：有利于互相交流、切磋武术技艺，促进社会交往，改善人际关系；举办国际武术比赛可加强各国人民之间的友谊、团结，普及武术运动。

第二节　武术基本功

一、手型

武术基本功的手型见图 9-2-1。

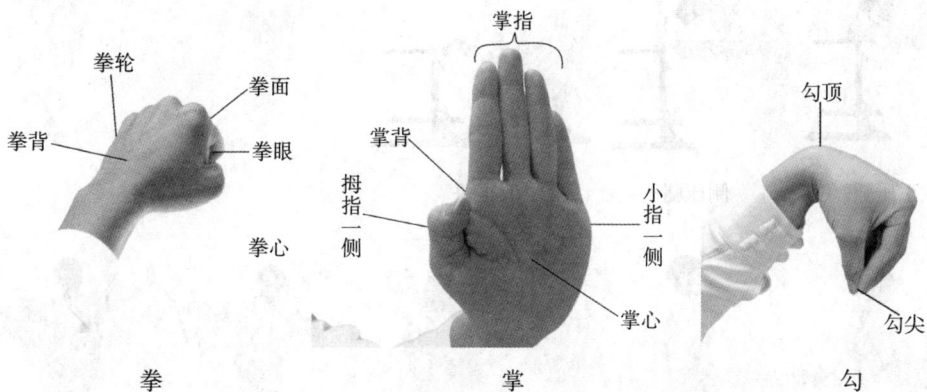

图 9-2-1

拳　　　　　　　掌　　　　　　　勾

二、手法

武术基本功的手法见图 9-2-2。

抱拳　　　　侧冲拳　　　　推掌　　　　亮掌

图 9-2-2

三、步型

武术基本功的步型见图 9-2-3。

弓步　　　马步　　　仆步　　　歇步　　　虚步

图 9-2-3

四、腿功

武术基本功的腿功见图 9-2-4。

正压腿　　　　侧压腿　　　　　后压腿　　　　　里合腿

弹腿　　　　正踢腿　　　　侧踢腿　　　　外摆腿

仆步压腿　　　　　　　　竖劈叉

横劈叉　　　　　　　　　正搬腿

图 9-2-4

五、腰功

武术基本功的腰功见图9-2-5。

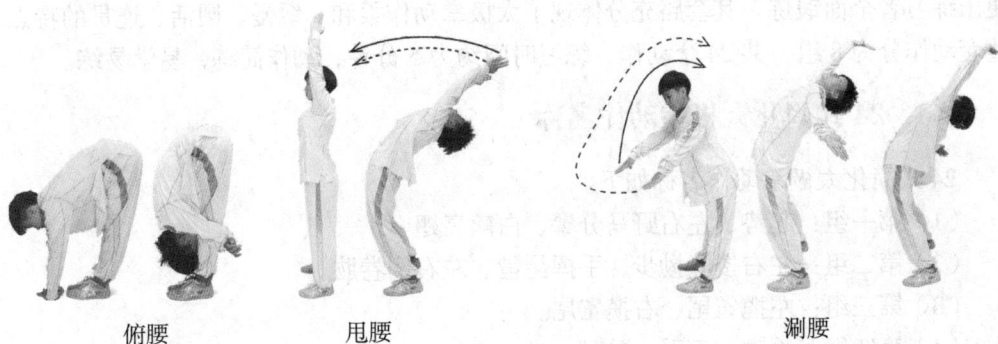

俯腰　　　　　甩腰　　　　　　　　　涮腰

图9-2-5

六、肩功

武术基本功的肩功见图9-2-6。

肩功

压肩　　　　　　　握棍转肩

单臂绕环

图9-2-6

第三节　24式简化太极拳

一、24式简化太极拳概述

24式简化太极拳由国家体育运动委员会（现国家体育总局）于1956年组织太极

24式简化
太极拳完整示范

拳专家整编而成。它以杨式太极拳为基础，保留了传统太极拳的主要技术内容及基本动作要领，去掉了繁难和重复的动作，遵循由简到繁、由易到难的原则，首先安排直进动作，其次安排后退和侧行动作，最后安排重点动作，并采用左右式对称练习，以便于练习者全面锻炼。其套路充分体现了太极拳动作柔和、缓慢、圆活、连贯的特点。整套动作分为8组，共24个动作，练习时间约为5分钟，动作简练，易学易练。

二、24 式简化太极拳动作名称

24 式简化太极拳动作名称如下。

（1）第一组：起势、左右野马分鬃、白鹤亮翅。

（2）第二组：左右搂膝拗步、手挥琵琶、左右倒卷肱。

（3）第三组：左揽雀尾、右揽雀尾。

（4）第四组：单鞭、云手、单鞭。

（5）第五组：高探马、右蹬脚、双峰贯耳、转身左蹬脚。

（6）第六组：左下势独立、右下势独立。

（7）第七组：左右穿梭、海底针、闪通臂。

（8）第八组：转身搬拦捶、如封似闭、十字手、收势。

三、24 式简化太极拳动作要点

第一组

（一）起势

面向正南，头颈正直，下颌微收，身体放松，收腹敛臀，气沉丹田，两臂自然垂于体侧。两臂上抬时要配合吸气，两肩下沉，两肘松垂，手指自然弯曲。屈膝、松腰、敛臀，身体重心落于两脚之间。两臂下落与身体下蹲的动作要协调。（图 9-3-1）

图 9-3-1

（二）左右野马分鬃

两臂分开时要保持弧形，弓步与分手的速度要协调一致；身体转动时，要以腰为轴带动上肢做动作；移动身体重心时，上体要保持平稳，不可前俯后仰；胸部要宽松舒展。（图 9-3-2）

图 9-3-2

（三）白鹤亮翅

两手抱球动作与右脚跟进半步要协调，身体重心后移与右
手上提、左手下按要协调；转动动作要以腰带臂，虚步动作要
收腹敛臀，臀部与脚跟在同一垂直面上。（图 9-3-3）

图 9-3-3

第二组

（四）左右搂膝拗步

腿成弓步的同时，手掌向前推出；身体不可前俯后仰，要
松腰、松胯；推掌时，要沉肩垂肘、坐腕舒掌，同时须与松腰、弓腿上下协调；成弓
步时，两脚脚跟的横向距离约为 30 厘米。（图 9-3-4）

图 9-3-4

（五）手挥琵琶

以身体重心的转换带动上肢动作，上下协调；左手上起时，要由
左向上、向前，微带弧形；身体姿势要平稳自然，沉肩垂肘，胸部放
松。（图 9-3-5）

图 9-3-5

（六）左右倒卷肱

前推的手臂微屈，后撤的手随转体走弧线；前推时，要转腰松胯，两手运动的速度要一致；转体时，前脚以脚掌为轴扭正；退左脚时略向左后倾斜，退右脚时略向右后斜，避免使两脚落在一条直线上。（图9-3-6）

图 9-3-6

第三组

（七）左揽雀尾

掤出时，两臂肘部微屈，保持弧形；分手、松腰、弓腿三个动作必须协调。两手向前挤时，上体要正直；挤的动作要与转腰、弓腿相协调。身体重心右移时，要松腰、坐胯，两臂收至腹前；向前按时，两手须走曲线，按掌与弓腿协调，腕部与肩平，两肘微屈。（图9-3-7）

图 9-3-7

（八）右揽雀尾

动作方法与左揽雀尾相同，只是方向相反。（图 9-3-8）

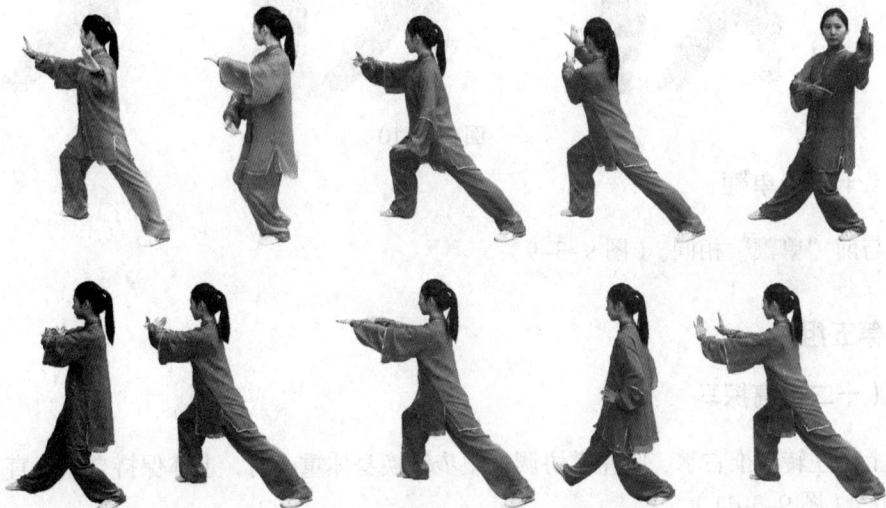

图 9-3-8

第四组

（九）单鞭

完成定势时，右肘稍下垂，左肘与左膝上下相对，两肩下沉；左手向外翻掌前推时，要随转体边翻边推出，不要翻掌太快或最后突然翻掌；全部过渡动作上下要协调。面向南起势，单鞭的方向（左脚脚尖指向）应为东偏北约 15°。（图 9-3-9）

图 9-3-9

（十）云手

身体转动要以腰脊为轴，松腰、松胯，不可忽高忽低；两臂随腰转动而运转，动作自然圆活，速度缓慢均匀；下肢移动时，身体重心要稳，两脚先脚掌着地再踏实，脚尖向前；视线随左右手的移动而移动；第三个云手的右脚最后跟步时，脚尖微内扣，以便接单鞭动作。（图 9-3-10）

图 9-3-10

（十一）单鞭

与前"单鞭"相同。（图 9-3-9）

第五组

（十二）高探马

上体左转与推右掌、收左掌协调；跟步转换身体重心时，上体保持自然正直，不要有起伏。（图 9-3-11）

（十三）右蹬脚

两手分开时，腕部与肩平齐；蹬右脚时，左腿微屈，右脚脚尖回勾，力达脚跟；分手与蹬脚要协调，右臂与右腿上下相对。面向南起势，蹬脚方向应为正东偏南约30°。（图 9-3-12）

图 9-3-11

图 9-3-12

（十四）双峰贯耳

完成定势时，头颈正直，松腰、松胯，两拳松握，沉肩垂肘，两臂均保持弧形。"双峰贯耳"式的弓步和身体方向与"右蹬脚"方向相同。成弓步时，两脚脚跟横向距离约为30厘米。（图 9-3-13）

（十五）转身左蹬脚

动作与"右蹬脚"相同，只是左右方向相反。左蹬脚方向与右蹬脚方向成180°角，即正西偏北约30°。（图 9-3-14）

图 9-3-13　　　　　　　　　　图 9-3-14

第六组

（十六）左下势独立

左手与左小腿回收要协调；成仆步时，左脚脚尖和右脚脚跟均踏在中轴线上。右腿提起时，左手上挑。独立时，上体要正直。（图 9-3-15）

图 9-3-15

（十七）右下势独立

右脚脚尖触地后再提起向下仆腿。其他动作均与"左下势独立"相同，只是左右相反。（图 9-3-16）

图 9-3-16

第七组

（十八）左右穿梭

左右穿梭时所面对的方向分别为左斜前方约 30° 和右斜前方约 30°；架掌、推掌与弓腿动作要协调；上体保持正直。（图 9-3-17）

图 9-3-17

（十九）海底针

身体要先向右转再向左转，完成姿势后面向西，上体微前倾。（图 9-3-18）

（二十）闪通臂

推掌、架掌与弓腿动作要协调；成弓步时，两脚脚跟的横向距离约为 30 厘米。（图 9-3-19）

图 9-3-18 　　　　　　　　　　图 9-3-19

第八组

（二十一）转身搬拦捶

向前冲拳时，右肩随拳略向前引伸；沉肩垂肘，右臂要微屈。（图 9-3-20）

（二十二）如封似闭

身体后坐时，应避免后仰，臀部不可凸出；两臂随身体回收时，肩部和肘部略向外松开，不要直着抽回；两手推出时的间距不要超过肩宽。（图 9-3-21）

图 9-3-20 　　　　　　　　　　图 9-3-21

（二十三）十字手

两手分开与合抱时，上体不要前俯；站起后，上体自然正直，头要微向上顶，下颌稍向后收；两臂环抱时要圆满舒适、沉肩垂肘。（图9-3-22）

（二十四）收势

两手左右分开下落时，全身要放松，同时气徐徐下沉（呼气略加长）。待呼吸平稳后，左脚收到右脚旁。（图9-3-23）

图9-3-22

图9-3-23

第四节　初级长拳（第三路）

一、长拳概述

长拳是在查拳、华拳、花拳、洪拳、炮拳、少林拳等传统拳术的基础上，根据其风格特点综合整理创编而成，而后逐渐发展起来的一种影响广泛的拳术，其主要特点是动作舒展大方、姿势雄壮、精神勇往、力法快长。长拳讲究动迅静定、快速灵活、刚劲勇猛、节奏鲜明；在技击上讲究放长击远，出拳要拧腰送肩，以发挥"一寸长，一寸强"的优势。练习长拳能够有效地提高人的柔韧素质、力量素质、耐力素质、灵敏素质等身体素质。

二、初级长拳（第三路）动作名称

初级长拳（第三路）动作名称如下。

（1）预备动作：虚步亮掌、并步对拳。

（2）第一段：弓步冲拳、弹腿冲拳、马步冲拳、弓步冲拳、弹腿冲拳、大跃步前穿、弓步击掌、马步架掌。

（3）第二段：虚步栽拳、提膝穿掌、仆步穿掌、虚步挑掌、马步击掌、插步双摆掌、弓步击掌、转身踢腿马步盘肘。

（4）第三段：歇步抡砸拳、仆步亮掌、弓步劈拳、换跳步弓步冲拳、马步冲拳、弓步下冲拳、插步亮掌侧踹腿、虚步挑拳。

（5）第四段：弓步顶肘、转身左拍脚、右拍脚、腾空飞脚、歇步下冲拳、仆步抢劈拳、提膝挑掌、提膝劈掌弓步冲拳。

（6）结束动作：虚步亮掌、并步对拳。

（7）还原。

三、初级长拳（第三路）动作要点

（一）预备动作

面向正南，头要端正，下颌微收，挺胸、塌腰、收腹。（图9-4-1）

1. 虚步亮掌

伸掌、收拳、弓步这三个动作必须连贯。成虚步时，身体重心落于右腿上，右腿大腿约与地面平行；左腿微屈，左脚脚尖点地。（图9-4-2）

图9-4-1　　　　　　　　　　　　图9-4-2

2. 并步对拳

并步后，挺胸，沉腰；对拳、并步、转头要同时完成。（图9-4-3）

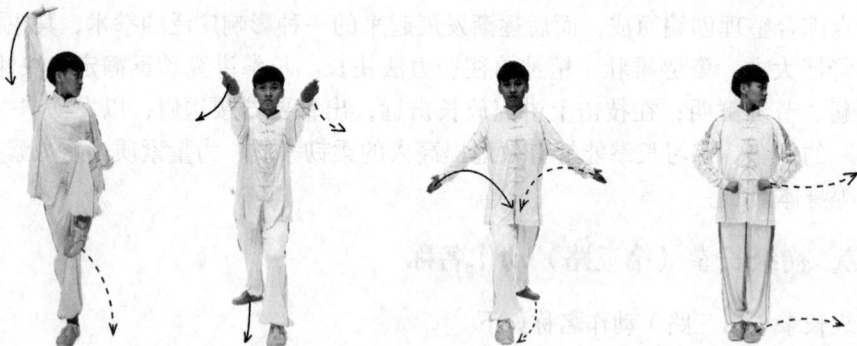

图9-4-3

（二）第一段

1. 弓步冲拳

成弓步时，右腿充分蹬直，右脚脚跟不要离地；冲拳时，尽量转腰送肩。（图9-4-4）

2. 弹腿冲拳

弹出的腿要有爆发力，力达脚尖；弹腿与冲拳要协调、同时完成。（图9-4-5）

3. 马步冲拳

成马步时，大腿约与地面平行，脚跟外蹬，挺胸，沉腰。（图9-4-6）

图9-4-4　　　　　　　　　　图9-4-5　　　　　图9-4-6

4. 弓步冲拳

与本段的"弓步冲拳"相同，只是左右相反。（图9-4-7）

5. 弹腿冲拳

与本段的"弹腿冲拳"相同，只是左右相反。（图9-4-8）

  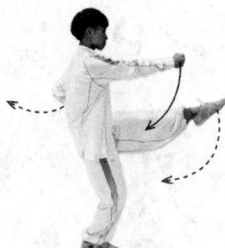

图9-4-7　　　　　　　　　　图9-4-8

6. 大跃步前穿

跃步要远，落地要轻，整个动作要协调、连贯。（图9-4-9）

图9-4-9

7. 弓步击掌

成左弓步时，右腿要蹬直。（图9-4-10）

8. 马步架掌

成马步时，大腿约与地面平行；架掌时，抖腕、甩头要同时进行。（图9-4-11）

图 9-4-10   图 9-4-11

（三）第二段

1. 虚步栽拳

落步、架拳、栽拳、转头要同时完成。（图 9-4-12）

2. 提膝穿掌

提膝时，支撑腿与右臂充分伸直。（图 9-4-13）

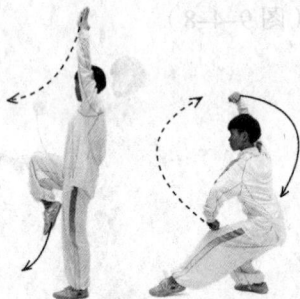
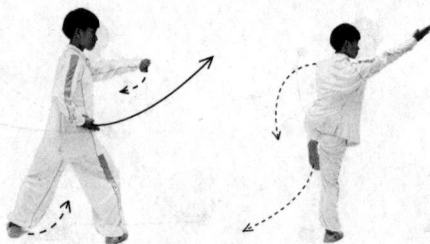

图 9-4-12   图 9-4-13

3. 仆步穿掌

成左仆步时，左腿要伸直。（图 9-4-14）

4. 虚步挑掌

上步时，动作要协调；成虚步时，身体要稳。（图 9-4-15）

图 9-4-14   图 9-4-15

5. 马步击掌

右掌搂手时，右臂内旋，手腕伸直，手掌向下、向外翻转；接着右臂外旋，掌心经下向上翻转，同时右手抓握成拳。收拳与击掌的动作要同时进行。（图 9-4-16）

图 9-4-16

6. 插步双摆掌

两臂摆动时要画立圆，幅度要大，摆掌与后插步要上下协调。（图 9-4-17）

7. 弓步击掌

弓步击掌时，左手掌心向前，右手勾尖向上。（图 9-4-18）

图 9-4-17

图 9-4-18

8. 转身踢腿马步盘肘

两臂抡动时要画立圆，动作要连贯；盘肘时要快速有力，右臂要前送。（图 9-4-19）

图 9-4-19

（四）第三段

1. 歇步抡砸拳

抡臂动作要连贯完成，画立圆；成歇步时，两腿交叉下蹲，左腿的大小腿靠紧，臀部贴于左腿小腿后侧，左膝在右腿小腿外侧，左脚脚跟提起；右脚脚尖外撇，全脚掌着地。（图 9-4-20）

图 9-4-20

2. 仆步亮掌

落步下蹲时，先成右仆步，然后迅速过渡成左仆步。成左仆步时，左腿充分伸直，左脚脚尖内扣，右腿全蹲，两脚全脚掌着地；上体挺胸，沉腰，稍左转。（图 9-4-21）

图 9-4-21

3. 弓步劈拳

左、右脚上步时要稍带弧形。（图 9-4-22）

图 9-4-22

4. 换跳步弓步冲拳

换跳步动作要连贯、协调；震脚时，腿要弯曲，全脚掌着地；左脚抬离地面不要过高。（图 9-4-23）

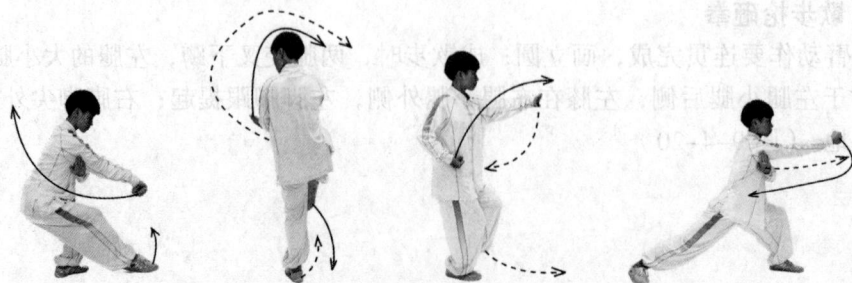

图 9-4-23

5. 马步冲拳

成马步时，大腿约与地面平行。（图9-4-24）

6. 弓步下冲拳

右脚脚趾外蹬，挺胸，塌腰。（图9-4-25）

图9-4-24　　　　　图9-4-25

7. 插步亮掌侧踹腿

插步时，上体稍向右倾斜，腿部与臂部的动作要协调；侧踹高度不能低于腰，力达脚跟。（图9-4-26）

图9-4-26

8. 虚步挑拳

成虚步时，左、右脚要虚实分明。（图9-4-27）

图9-4-27

（五）第四段

1. 弓步顶肘

交换步时，不要跳得过高，但要快；两臂抡摆时要画立圆。（图9-4-28）

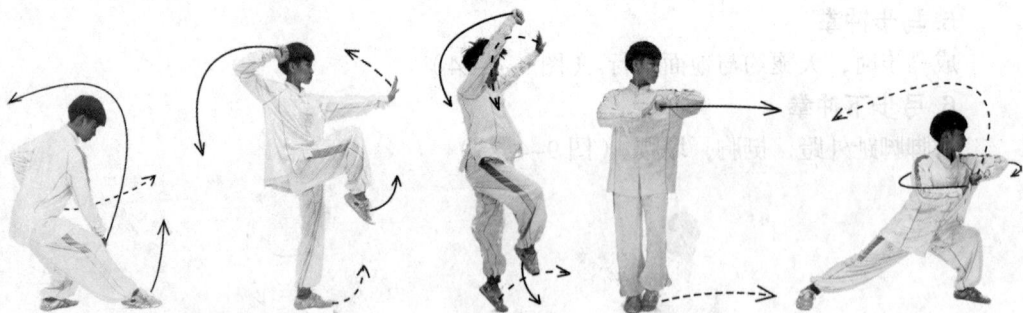

图 9-4-28

2. 转身左拍脚

右掌拍脚时，手掌稍横过来，拍脚要准而响亮。（图 9-4-29）

3. 右拍脚

与本段的"转身左拍脚"动作相同，只是方向相反。（图 9-4-30）

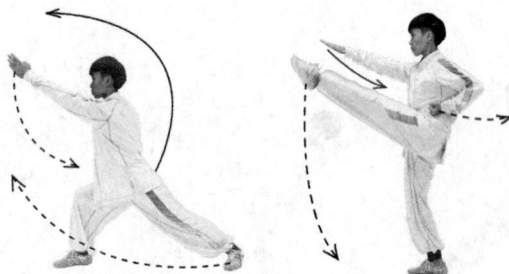

图 9-4-29

图 9-4-30

4. 腾空飞脚

左脚蹬地要向上抬，身体不要过于向前冲；拍脚要在腾空时完成，两臂要伸直。（图 9-4-31）

5. 歇步下冲拳

歇步的动作要求同第三段"歇步抡砸拳"中的歇步。（图 9-4-32）

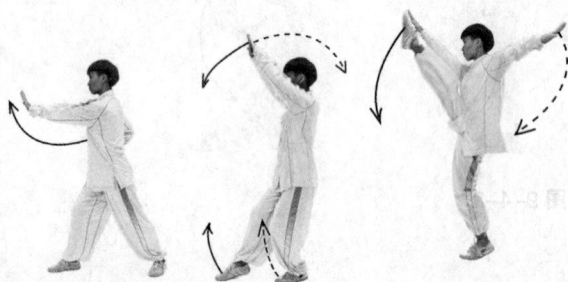

图 9-4-31

图 9-4-32

6. 仆步抡劈拳

两臂抡摆时要画立圆。（图 9-4-33）

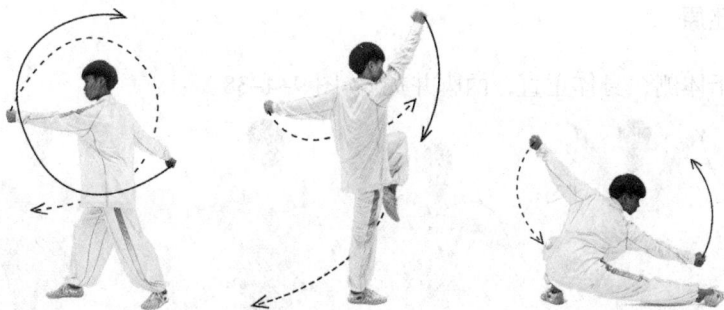

图 9-4-33

7. 提膝挑掌

两臂抡摆时要画立圆。（图 9-4-34）

8. 提膝劈掌弓步冲拳

提膝时，支撑腿要蹬直，提起脚要绷直脚背。（图 9-4-35）

图 9-4-34   图 9-4-35

（六）结束动作

1. 虚步亮掌

动作要求同预备动作中的"虚步亮掌"。（图 9-4-36）

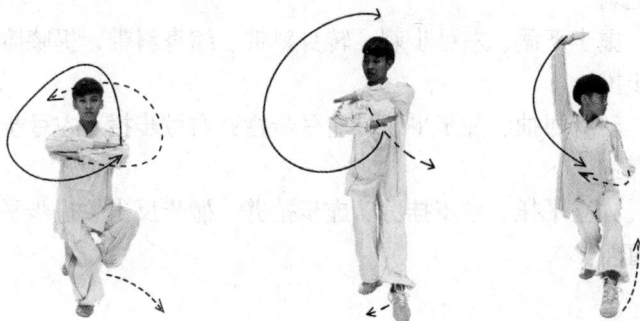

图 9-4-36

2. 并步对拳

动作要求同预备动作中的"并步对拳"。（图 9-4-37）

103

（七）还原

两臂垂于体侧，身体正直，两脚并拢。（图9-4-38）

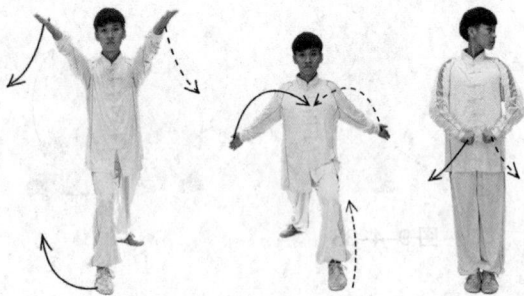

图 9-4-37   图 9-4-38

第五节　32 式太极剑

32 式太极剑

一、32 式太极剑概述

太极剑是太极拳派系中的一种剑术套路。它具有太极拳和剑术的运动特点与健身价值。32式太极剑取材于传统的杨式太极剑套路，全套动作除"起势"和"收势"外，共有32个动作，共分4组，每组8个动作，往返两个来回。

二、32 式太极剑动作名称

32式太极剑动作名称如下。

（1）预备式、起势。

（2）第一组：并步点剑、独立反刺、仆步横扫、向右平带、向左平带、独立抡劈、退步回抽、独立上刺。

（3）第二组：虚步下截、左弓步刺、转身斜带、缩身斜带、提膝捧剑、跳步平刺、左虚步撩、右弓步撩。

（4）第三组：转身回抽、并步平刺、左弓步拦、右弓步拦、左弓步拦、进步反刺、反身回劈、虚步点剑。

（5）第四组：独立平托、弓步挂劈、虚步抡劈、撤步反击、进步平刺、丁步回抽、旋转平抹、弓步直刺。

（6）收势。

三、32 式太极剑动作要点

预备式

两脚开立，面向正南，身体正直，眼睛平视前方，虚领顶劲，两臂垂于体侧，左手持

剑，剑尖向上，右手成剑指，手心向内。（图9-5-1）

图9-5-1

起势

两臂前举，肩部松沉。转体、迈步与两臂的动作协调。成弓步时，两脚的横向距离约为30厘米。上体自然挺直，身体重心的移动要平稳。（图9-5-2）

图9-5-2

第一组

（一）并步点剑

右手持剑画立圆向前环绕时，两臂不可上举。点剑时，右手持剑要松活，主要靠腕部的环绕将剑向前下点出。并步时，两脚不宜并紧，两脚脚掌要全部着地，两腿略下蹲，上体保持正直。（图9-5-3）

（二）独立反刺

提膝时，右腿自然直立，左脚脚背绷平，左腿小腿和左脚微内扣，左膝要正对前方且与左肘上下相对，不要偏向右侧，身体独立要稳定。刺剑时，通过伸臂将剑刺出，力达剑尖，注意避免将剑身由下向上托起的错误做法。（图9-5-4）

图9-5-3

图9-5-4

（三）仆步横扫

在劈剑与扫剑的转换过程中，步型应为半蹲仆步，也可为全蹲仆步，上体应保持直立。扫剑时，持剑要平稳，有一个由高到低（与膝或与踝同高）再到高的弧线，力达剑刃，不要做成拦腰平扫。成定势时，左手剑指停在左额前上方，剑尖置于体前中线处，高与胸平。（图9-5-5）

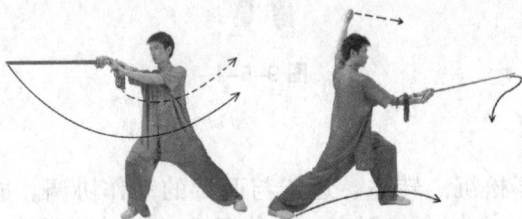

图 9-5-5

（四）向右平带

平带时，剑应边翻转边斜带，剑把左右摆动的幅度要大，要将剑尖始终控制在体前中线附近，力达剑刃，不要过多地左右摆动；剑的回带与弓步动作要协调；带剑时，应注意由前向后带，不要横向右推或做成扫剑。（图9-5-6）

（五）向左平带

"向左平带"的动作同"向右平带"，只是左右相反。（图9-5-7）

图 9-5-6   图 9-5-7

（六）独立抡劈

抡剑、举剑、劈剑三个动作应连贯，抡剑画立圆，并与转腰、旋臂、独立配合协调且连贯不停。左手要与持剑的右手相互配合。当右手持剑向前下方劈出时，左手剑指由后向上画弧至头的侧上方，两手一上一下、一前一后地对称交叉画立圆。（图9-5-8）

图 9-5-8

（七）退步回抽

抽剑时，要由前向后画弧抽回，力点沿剑刃滑动。右手手心先翻转向上，将剑略向上提，然后由体前向后画弧收至右肋旁，避免将剑直线抽回。左脚后落的步幅不要过小，身体重心的前后移动要充分，两腿虚实要分明。成定势时，两臂要撑圆合抱，上体左转，剑尖斜向右上方，两肩要松沉。（图 9-5-9）

（八）独立上刺

右脚上步的步幅不要超过一脚长。上刺剑时，手与肩同高，两臂微屈。随上刺之势，上体可微向前倾，不要耸肩、驼背。（图 9-5-10）

图 9-5-9　　　　　　　　　图 9-5-10

第二组

（九）虚步下截

下截剑时，主要用转体、挥臂来带动剑向右下方截出，身、剑、手、脚要协调，将剑身置于身体右侧。右虚步的方向是偏左约 30°，转头目视的方向是偏右约 45°。（图 9-5-11）

（十）左弓步刺

右手持剑向下卷收时，右前臂外旋，使手心转向上；同时仍要控制住剑身，使剑尖指向将要刺出的方向。整个动作要在转腰的带动下圆活、连贯、自然地完成。（图 9-5-12）

图 9-5-11　　　　　　　　　图 9-5-12

（十一）转身斜带

弓步的方向为中线偏右约 30°。斜带是指剑的走向。（图 9-5-13）

（十二）缩身斜带

收剑时，上体挺直，稍向右转。送剑时，上体略向前探，送剑方向与弓步方向相同。收脚带剑时，身体向左转，身体重心移至左腿；上体保持挺直，松腰、松胯，臀部不外凸。（图9-5-14）

图9-5-13　　　　　　　　　　　　　　　　图9-5-14

（十三）提膝捧剑

右脚退步时要略偏向右后方，上体转向前方。两手向体前摆送时要画弧线，先稍向外，再向内，最后在胸前相合。捧剑时，两臂微屈，剑把与胸部同高。（图9-5-15）

图9-5-15

（十四）跳步平刺

向前跳步时，动作要轻灵、柔和。刺剑，分剑，再刺剑，这一连串动作要连贯，上下肢配合要协调。（图9-5-16）

图9-5-16

（十五）左虚步撩

运剑时，剑身要贴近身体，两臂要画立圆；同时右臂前臂内旋，右手手心转向外，虎口向下，活握剑把，力达剑身的前端。整个撩剑动作要在身体左旋、右转的带动下完成，要求协调完整、连贯圆活，不要做成举剑拦架动作。（图9-5-17）

（十六）右弓步撩

右手要灵活握把，剑尖不要触地，整个动作要连贯圆活。（图 9-5-18）

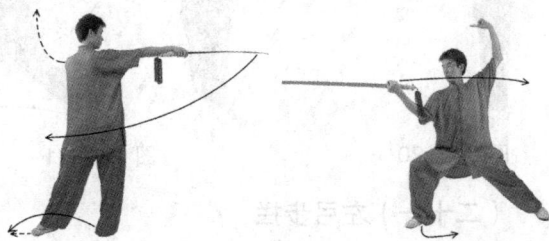

图 9-5-17　　　　　　　　　　　　　　图 9-5-18

第三组

（十七）转身回抽

左手剑指向前指出，左脚脚尖点地成虚步，上体向左回转，这三个动作要协调。虚步的方向和剑指所指的方向均为中线偏右约 30°。下抽剑时，要立剑向下、向后画弧线，力达剑的下刃。（图 9-5-19）

图 9-5-19

（十八）并步平刺

刺剑与并步要协调，方向要正中；将剑刺出后，两臂要微屈，两肩要松沉。（图 9-5-20）

（十九）左弓步拦

绕剑时，以剑把领先，转腰挥臂，使剑身贴近身体并向左侧画立圆。拦剑时，反手用剑的下刃由下向前上方拦架，力达剑刃；要使剑在身体右侧随身体右旋、左转，并贴身画一个完整的立圆。右手位于左额前上方，剑尖位于体前中线附近。（图 9-5-21）

（二十）右弓步拦

动作同"左弓步拦"，只是左右相反，弓步方向为中线偏右约 30°，视线随剑移动。（图 9-5-22）

图 9-5-20　　　　　　　　图 9-5-21　　　　　　　　　　　图 9-5-22

（二十一）左弓步拦

动作同上一个"左弓步拦"。（图 9-5-23）

（二十二）进步反刺

反手刺剑时，右臂的肘关节和腕关节皆先屈后伸，使剑由后向前刺出，力达剑尖。右手位于头前稍偏右处，剑尖位于体前中线处且与面部同高。松腰、松胯，上体挺直，不可做成侧弓步。（图 9-5-24）

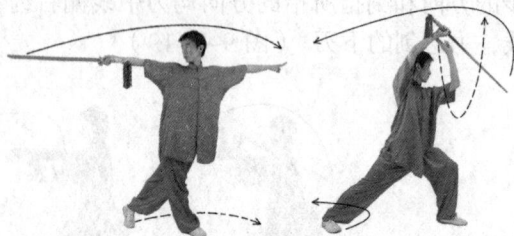

图 9-5-23　　　　　　　　　　　　　　　图 9-5-24

（二十三）反身回劈

左脚脚尖要尽量内扣，右脚提收后不要做成独立步。劈剑时，剑尖略低于剑把，力达剑刃中段。劈剑与弓步要协调，同时完成。（图 9-5-25）

（二十四）虚步点剑

举剑时，右手略高于头，使剑身斜向后下方，剑刃不要触身。虚步和点剑的方向与起势方向相同。点剑时，右手要活握剑把，腕部上提；右臂先向下沉落再伸直，提腕；点剑与右脚落地要协调，同时完成；上体保持挺直。（图 9-5-26）

图 9-5-25　　　　　　　　图 9-5-26

第四组

（二十五）独立平托

绕剑要与向左插步同时进行；上体保持挺直，并微向左转。托剑时，力达剑的下刃，将剑由下向上托架。平托剑时，右手要活把握剑，手心向外，举于头侧上方；将剑身放平，使剑尖向前。（图 9-5-27）

图 9-5-27

（二十六）弓步挂劈

挂剑时，腕部先屈，使剑尖转向下。右臂随转体向下、向后摆动，虎口向后，以剑尖领先，使剑身贴近身体左侧向后挂。剑的运行路线成立圆。视线随剑移动。（图 9-5-28）

图 9-5-28

（二十七）虚步抢劈

抢劈剑时，使剑先沿身体右侧抢绕一个立圆，再顺势向前下方劈剑，力达剑刃中部。整个动作要完整连贯。下劈剑时，应使剑身与右臂保持在一条直线上，不要做成点剑。（图 9-5-29）

（二十八）撤步反击

撤步时，右脚先向后撤，左腿再蹬直。反击时，要在向右转体的带动下，将剑指向右上方，右臂的肘关节、腕关节先屈后伸，力达剑身前端。分手、弓腿、转体动作要协调。（图 9-5-30）

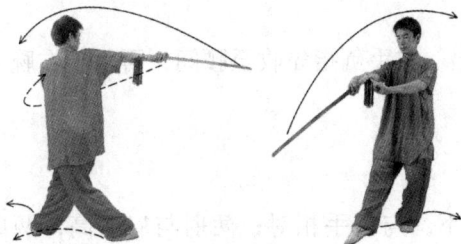

图 9-5-29

图 9-5-30

（二十九）进步平刺

以腰带臂，以臂领剑，使剑画平弧；剑卷落时，右臂外旋，手心转向上，使剑尖

指向正前方。刺剑时，要转腰顺肩，上体挺直，使剑身与右臂成一条直线。刺剑、弓腿和剑指的动作要协调。（图9-5-31）

图9-5-31

（三十）丁步回抽

抽剑时，右手先外旋，将剑把略向上提，随即向后、向下收至腹旁，使剑画弧抽回。（图9-5-32）

（三十一）旋转平抹

身体向右旋转近一周，转身要平稳连贯、速度均匀，上体保持挺直。摆步和扣步时，脚都应落在体前中线附近，步幅不要超过肩宽。特别是在扣步时，不可扫腿远落，也不要跨越体前中线过多，否则会导致收势时身体回不到原位。撤步时，要借身体向右旋转之势，以左脚脚掌先着地。摆步时，脚跟先着地；扣步时，左脚脚掌先着地；撤步时，右脚脚掌先着地。（图9-5-33）

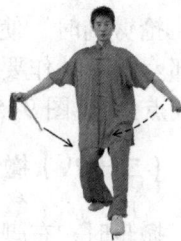

图9-5-32　　　　　　　　　　　　图9-5-33

（三十二）弓步直刺

左脚提起收至右脚内侧后，再向前迈出。左手剑指先收至腰间，再附于右腕一齐将剑刺出。（图9-5-34）

收势

左手接剑时，左手手心向外，拇指向下，与右手相对；两肘与肩同高，两肩松沉。换握剑后，左手持剑画弧下落与身体重心前移要协调，右手剑指画弧下落与右脚跟进半步要协调。（图9-5-35）

 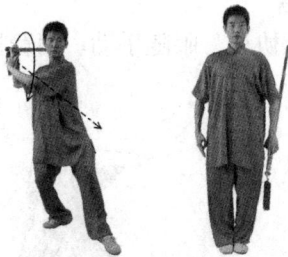

图 9-5-34　　　　　　　　图 9-5-35

第六节　初级剑术

一、剑术概述

剑术，古称剑道或剑法，现已成为全民健身的体育活动和用于观赏的表演形式。剑术动作具有优美潇洒、蓄发相间、气势流畅、虚实分明、刚柔相济、动静相兼、灵活多变等特点。长期练习剑术，既能有效地增强人们的体质，又能充实人们的精神生活，陶冶人们的情操，使人们能够保持乐观的情绪、进取的精神和蓬勃向上的朝气。

二、初级剑术动作名称

初级剑术动作名称如下。

（1）预备式：压把穿指、转身平指、弓步分指、虚步接剑。

（2）第一段：弓步直刺、回身后劈、弓步平抹、弓步左撩，提膝平斩、回身下刺、挂剑直刺，虚步架剑。

（3）第二段：虚步平劈、弓步下劈、带剑前点、提膝下截、提膝直刺、回身平崩、歇步下劈、提膝下点。

（4）第三段：并步直刺、弓步上挑、歇步下劈、右截腕、左截腕、跃步上挑、仆步下压、提膝直刺。

（5）第四段：弓步平劈、回身后撩、歇步上崩、弓步斜削、进步左撩、进步右撩、坐盘反撩、转身云剑。

（6）收势：虚步持剑、并步站立。

三、初级剑术动作要点

（一）预备式

预备动作：上体微挺胸，收腹，两膝挺直。持剑时，前臂与剑身要紧贴并垂直于地面。（图 9-6-1）

1.压把穿指

动作连贯、协调，眼随手动。两臂抡动画立圆。（图9-6-2）

图9-6-1　　　　　　　　　　　　　　　　　图9-6-2

2.转身平指

身体重心前移时，右脚并步要轻灵。右手剑指向前指出时，肘要伸直，剑指尖稍高过肩。（图9-6-3）

3.弓步分指

成右弓步时，左腿要蹬直，两脚脚掌均匀着地。上体略向前倾，挺胸、沉腰。左手持剑，左臂伸平，左肩放松，右臂向反方向伸展。（图9-6-4）

4.虚步接剑

成虚步时，两脚要虚实分明，右脚脚跟不能掀起。两肘要平，剑尖向前，剑身贴紧左臂前臂。（图9-6-5）

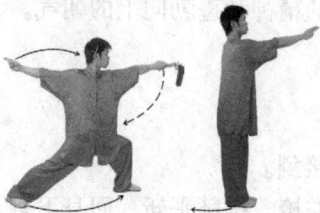

图9-6-3　　　　　　　　　　　图9-6-4　　　　　　　　图9-6-5

（二）第一段

1.弓步直刺、回身后劈、弓步平抹

成左弓步时，右脚脚跟不要离开地面。腰要向左拧转、下沉，臀部不可凸起。两肩松沉，右肩前顺，左肩后引，剑尖稍高于肩。上步、转身、平劈与剑指向上侧举必须协调。转身后，腰向右拧转，左脚不要移动。剑身与右臂须成直线；抹剑时，右手掌心向内，剑身与臂须成一条直线，用力柔和。左肩向后带。（图9-6-6）

弓步直刺

回身后劈

弓步平抹

图 9-6-6

2.弓步左撩

整个动作要连贯、协调，直背、收臀，剑尖稍低于剑指。（图 9-6-7）

3.提膝平斩、回身下刺

从左向后平绕剑时，要仰头，使剑从脸部上方平绕而过。右腿提膝时，左腿伸直，上体稍向前倾；右脚向前落步时，身体尽量向右后拧转，剑与右臂须成一条直线。（图 9-6-8）

提膝平斩

回身下刺

图 9-6-7

图 9-6-8

4.挂剑直刺

挂剑、下插、直刺动作必须连贯，并与下肢动作协调，转身要快。刺剑时，力达剑尖。（图 9-6-9）

5.虚步架剑

成虚步时，两脚须虚实分明，剑身上架于头部上方。（图 9-6-10）

图 9-6-9

图 9-6-10

（三）第二段

1.虚步平劈、弓步下劈

身体重心移动时，左脚脚尖迅速内扣，左右脚虚实变化要分明。劈剑时，剑身与臂要成一条直线，力达剑刃；右手绕转幅度不要过大，右肩前顺，左肩后引。（图9-6-11）

2.带剑前点

带剑时，右腕上挑，上体略后倾。点剑时，力达剑尖。（图9-6-12）

虚步平劈　　　　　弓步下劈

图9-6-11

图9-6-12

3.提膝下截

右手持剑从右向左画弧下截要连贯，右腿独立要稳，右臂与剑身须成一条直线，剑身斜平。（图9-6-13）

4.提膝直刺

抱剑与落步、直刺与提膝动作必须协调。直刺时，右肩前顺，力达剑尖。（图9-6-14）

图9-6-13

图9-6-14

5.回身平崩

身体向右拧转要快速有力。收剑、崩剑要连贯。崩剑时，力达剑尖。（图9-6-15）

6.歇步下劈

成歇步时，右脚脚跟离地，臀部坐在左腿小腿上。劈剑时，剑身与地面平行。劈剑与跃步后成歇步的动作须同时完成。（图9-6-16）

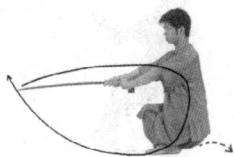

图 9-6-15 图 9-6-16

7.提膝下点

右腿独立时要挺直，左膝尽量上提。点剑时，右腕要下压，力达剑尖。（图 9-6-17）

图 9-6-17

（四）第三段

1.并步直刺

身体向左后转要快。并步下蹲时，大腿约与地面平行。前刺时，剑身与右臂须成一条直线，力达剑尖。（图 9-6-18）

2.弓步上挑、歇步下劈、右截腕

弓步上挑时，两臂均应伸直，剑刃朝前后方向；成歇步时，两大腿交叉叠紧，歇步与劈剑同时完成；剑刃向右上方翻转，力点要明确。向右截腕时，避免画弧过大，剑尖要稍高于剑柄。（图 9-6-19）

弓步上挑 歇步下劈 右截腕

图 9-6-18 图 9-6-19

3.左截腕、跃步上挑

左截腕的动作要点同右截腕。跃步要腾空，落地要稳健。跃步与上挑剑协调。挑剑时，腕部要猛力后伸，剑身斜举于右侧上方。（图 9-6-20）

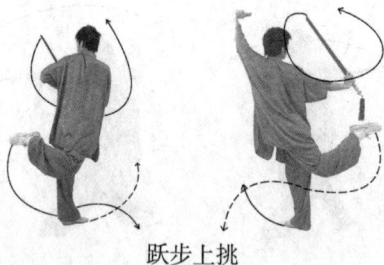

左截腕   躍步上挑

图 9-6-20

4.仆步下压、提膝直刺

仆步与压剑要同时完成。上体微前探时要挺胸，两肘略屈，环抱剑于身前；左脚蹬地要有力，右腿独立须挺膝站稳，左膝尽量上提，左脚脚背绷直且脚尖下垂。刺剑要有力，剑身与右臂要成一条直线，力达剑尖。（图 9-6-21）

仆步下压   提膝直刺

图 9-6-21

（五）第四段

1.弓步平劈、回身后撩

转身时，右脚碾转要有力，以上体转动带动全身。左脚落地方向偏向左前方。向前劈剑与剑指绕环必须同时协调完成。后撩剑时，力达下剑刃，站立要稳。（图 9-6-22）

2.歇步上崩

跃步、歇步、崩剑三个动作要连贯、协调。跃步要远，落地要轻；崩剑时，手腕快速上屈，力达剑身前半段，剑尖高于肩部。（图 9-6-23）

弓步平劈   回身后撩

图 9-6-22   图 9-6-23

3.弓步斜削

削剑时，力达上剑刃，右手稍低于肩，剑尖略高于头，左手剑指略高于肩。（图 9-6-24）

图 9-6-24

4. 进步左撩

持剑绕环动作要圆活、连贯，上下协调配合。绕环时，剑刃始终朝前后。（图 9-6-25）

5. 进步右撩

动作要连贯，身、剑配合要协调。（图 9-6-26）

图 9-6-25

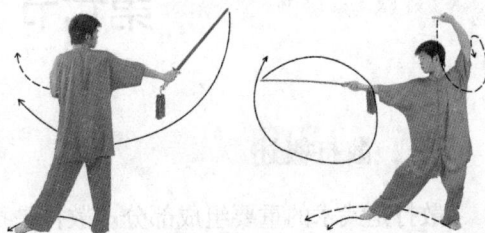

图 9-6-26

6. 坐盘反撩

坐盘时，左腿外侧盘坐于地面，右腿盘落于左腿上，两脚外侧着地。上体倾俯时，胸要内含。剑身与右臂要成一条直线。（图 9-6-27）

7. 转身云剑

转身与云剑的动作要连贯；云剑时，要挺胸、仰头；剑身经过面前时要平、要快、要圆活。（图 9-6-28）

图 9-6-27

图 9-6-28

（六）收势

虚步持剑、并步站立

虚步持剑时，身体重心落于右脚，左脚脚尖点地；右手剑指举于头部上方，左肘略上提，剑身紧贴左臂前臂后侧，左手离胯约 10 厘米。右手剑指下落于体侧，两脚并步站立。（图 9-6-29）

虚步持剑　　并步站立

图 9-6-29

第七节　散　打

一、散打概述

散打是武术的重要组成部分。散打是指两名运动员按照一定的竞赛规则，使用踢、打、摔等技击动作，按得分多少来分出胜负的一项对抗性较强的竞赛项目。散打，俗称散手，古称相搏、手搏、卞、弁、白打、拍张、手战、相散手等。因为对阵双方在擂台上徒手相搏相角，所以散打又称"打擂台"。

（一）散打的起源与发展

原始社会时期，人们为了获取生活资料，逐渐学会了使用拳打、脚踢、绊摔等动作"手格猛兽"。私有制萌芽后，部落间的战争使格斗的技术不断发展。春秋战国时期，相搏已较普遍。秦汉时，相搏叫手搏，比赛已较正规。隋、唐、五代时期，手搏、角抵备受重视，并出现了比赛规则。明末清初，拳技之风蓬勃一时。

1928 年，在南京举办的第一届国术国考便设有散打项目。比赛不分级别；比赛中，击中对方一拳得 1 分，踢中对方一脚得 2 分，击倒对方得 4 分。规定裆部是禁区，击中者算犯规。比赛采用三局两胜制。

中华人民共和国成立后，武术作为优秀的民族文化遗产得以继承和发展。1952年，武术被正式列为推广项目。从 1982 年开始，我国每年都会举行一次全国性武术对抗项目表演赛。经过不断的探索、总结，以及规则的充实和完善，我国在 1987 年全国武术对抗性项目表演赛中全面确定了以擂台为特色的武术对抗项目竞赛形式。在由中国武术研究院、中国武术协会主办的 1988 年国际武术节上，首次举办了国际武术散打擂台邀请赛，来自 15 个国家和地区的近 60 名运动员参赛，经过为期 3 天的激烈角逐，中国队获得了 7 个级别中的 5 个冠军。1989 年，散打被批准为正式体育竞赛项目。这是散打发展史上一个新的阶段，进一步促进了散打的广泛开展，推动了散打走向世界。2018 年，在杭州举办的第 9 届世界杯武术散打比赛中，中国队派出 6 名选手出战，获得 6 枚金牌。

（二）散打的特点

散打既有别于其他体育项目，也有别于其他的技击术。散打经过多年的改进和发展，已成为现代体育竞赛项目，并与国际体育接轨。散打具有很强的感染力和生命力，这与它本身的特点密不可分。散打的特点如下。

1. 体育性

寓技击于体育之中是散打的第一特点。散打属于体育范畴，它在反映武术的本质——技击性的同时，又明显区别于使人致伤致残的技击术。散打设有明确严格的竞赛规则，严格规定了后脑、颈部、裆部等为禁击部位。另外，在技法上，散打竞赛规则规定不管使用哪种技术流派的击打方法，运动员均不允许使用反关节的擒拿动作，禁止运用肘、膝等危险技法进攻。由于规则技法得当，散打得以顺利开展和推广。

2. 对抗性

对抗性是散打的基本特征。比赛双方没有固定的动作顺序，而是根据对方的技击动作随机应变，互相针对对方的弱点斗智、较技。它要求运动员不仅要熟练掌握散打技术，还要有敏捷的应变能力。散打明显区别于武术套路运动形式。

3. 民族性

散打是中华民族优秀的文化遗产，具有鲜明的民族特色。散打不同于拳击，也不同于跆拳道，更不同于用头顶、肘撞、膝击的泰拳和不能用脚只能用摔、绊、擒方法的柔道。虽然散打与其他技击术在技法上有某些共同特征，但散打有其自身的发展模式。散打是在继承中国传统武术的基础上逐步发展而来的体育竞赛项目。

（三）散打的作用

1. 提高身体素质，健体防身

散打较力、较技、斗智、斗勇，对抗性强，可提高人体的速度素质、力量素质、灵敏素质、耐力素质等各项身体素质，可提高内脏器官的机能和神经系统的灵活性。

2. 锻炼意志，培养品德

散打对参与者意志品质的考验是多方面的，它可以培养参与者顽强、果断、进取、坚毅的意志品质。贯穿于散打教学全过程的尊师爱友、讲礼仪的武德教育，教师在"喂手""递招"传艺中起的为人师表的作用等，有助于参与者形成成熟、稳健、谦逊的优秀品德。

3. 竞技观赏，丰富生活

散打不仅较力、斗勇，还讲究较技、斗智。每当赛场上出现奇招妙技时，观众都报以热烈的掌声。这说明散打具有很高的观赏价值。参与者随着练习的深入也会不断加深对散打的理解，在享受散打带来的乐趣的同时，自身也会受到启迪。

4. 交流技艺，增进友谊

继承和发展散打，提高攻防技能，不但有利于武术套路技术的提高，而且对武术的发展有促进作用；同时，举办各种散打赛事、活动还可以促进国内外武术爱好者的交流，增进友谊。

二、散打基本技术

（一）手型、步型、实战姿势

1. 手型

拳：五指内屈握紧，拇指第一指节压在食指和中指的第二指节上；拳心向下为平拳，拳眼向上为立拳。（图9-7-1）

【要点】拳心握实，拳面要平，手腕要直。

图9-7-1

2. 步型

（1）开立步：两脚前后开立，略比肩宽，两脚脚尖内扣，两腿微屈，身体重心在两脚之间。（图9-7-2）

【要点】站立时，两脚拇趾用力踩地，两脚脚跟稍微离地。

（2）弓步：两脚前后开立约三脚长，前腿屈膝半蹲，后腿伸直，后脚脚跟稍微离地，脚尖内扣，身体重心在两脚之间。（图9-7-3）

【要点】前后脚要分别向前下方和后下方用力，步幅因人而异，但不可太大，否则会使移动不灵活。

（3）高虚步：两脚前后站立，两腿微屈，前脚脚尖虚点地，身体重心落于后脚。（图9-7-4）

【要点】前虚后实，两膝不可过于弯曲。

图9-7-2   图9-7-3   图9-7-4

3. 实战姿势

两脚以开立步站立（正架姿势为左脚在前，反架姿势为右脚在前，可根据个人习惯选择，一般右拳力量大，右脚在后）。两手握拳，左手在前，右手在后，拳眼向上，左臂弯曲，肘关节夹角为90°～110°，左拳与鼻同高；右臂弯曲，肘关节夹角小于90°，上臂紧贴右侧肋部。身体侧立，下颌微收，闭嘴合齿，面部和左肩、右拳正对对手。（图9-7-5）

图9-7-5

【要点】实战姿势是实战时的预备姿势，因此，要求进攻灵活，防守严密，移动方便。姿势不可太低，身体重心控制在两脚之间，两手紧护躯体，暴露给对手打击的有效部位面积应尽量小，在练习过程中应该强调呼吸自然。

实战姿势

（二）步法

1.步法基本动作

（1）进步：前脚（左脚）先向前进半步，后脚（右脚）再跟进半步。（图9-7-6）

图 9-7-6

【要点】进步步幅不宜过大，后脚跟进后的身体姿势不变，进步与跟随步动作衔接越快越好。

（2）退步：后脚（右脚）先向后退半步，前脚（左脚）再退回半步。（图9-7-7）

图 9-7-7

【要点】退步步幅不宜过大，前脚退回后的身体姿势不变，退步与跟随步动作衔接越快越好。

（3）前疾步：快速、连续地做进步。（图9-7-8）

图 9-7-8

【要点】身体重心转换和呼吸要自然，上肢动作不变。

（4）后疾步：快速、连续地做退步，方向与前疾步相反。

【要点】身体保持平衡，上肢动作不变。

（5）上步：后脚（右脚）向前上一步，同时左、右拳前后交换，成右脚在前的反架姿势。

【要点】上步时，身体不能前后摆动，上步与两拳交换要同时进行。

（6）撤步：前脚（左脚）向后撤一步，变为右脚在前、左脚在后，左脚脚跟离地，

右脚脚尖外展，身体重心偏于右脚。（图 9-7-9）

图 9-7-9

【要点】撤步步幅不宜过大，身体重心移动不要太明显。

（7）垫步：后脚脚跟向前脚内侧靠拢，同时前腿屈膝提起。（图 9-7-10）

图 9-7-10

【要点】后脚向前脚靠拢要迅速，垫步与提膝不能脱节、停顿；身体向前移动时勿向上腾空。

（8）跃步：后脚蹬地后向前跨跃一步，前脚继而再向前上一步。（图 9-7-11）

图 9-7-11

【要点】两脚动作要连贯、迅速，上体不要前后晃动，腾空勿高。

（9）滑步：前腿屈膝抬起上步，同时后脚脚跟内扣，脚掌向前擦地滑动。（图 9-7-12）

图 9-7-12

【要点】提膝迅速，身体重心平稳移动，防守到位。

（10）跳换步：正架姿势准备，两脚同时离地并向左转体，落地后成反架姿势。（图 9-7-13）

图 9-7-13

【要点】注意速度，身体重心变换要平稳，调整呼吸和上肢的防护。

（11）左环绕步：右脚蹬地，左脚先向前上步，依此连续环绕滑动。（图 9-7-14）

图 9-7-14

【要点】假设前方是对手，以此为目标连续环绕滑动，注意攻防意识。

（12）右环绕步：右脚上步，左脚跟进，依此连续环绕滑动。（图 9-7-15）

图 9-7-15

【要点】动作连贯，突出攻防意识，步法灵活。

2. 步法的练习方法

实战时，双方保持一定的距离，通过步法的移动可抢占有利的位置，发动进攻或进行防守。步法总体要求是"疾、准、活"。步法的练习方法很多，主要有以下三种。

（1）单兵练习。每学完一种步法以后，个人必须通过反复练习，体会要领，巩固技术。开始时，可专门练习一种步法，待技术熟练以后，可把几种步法组合起来进行练习，如进步接退步、垫步接跃步、跳换步中突进转突退或突退转突进等，以适应实战中的各种变化。（图 9-7-16）

图 9-7-16

（2）结合信号练习。教师或同伴可以将掌心、掌背的朝向，手指的数量，规定的某一个动作等作为信号，要求练习者根据信号做出相应的步法，这样既巩固了步法，又提高了反应能力。

（3）两人配合练习。两人一组，面对面保持一定的距离，分主动与被动进行练习。主动一方随意做各种步法，被动一方要根据对方步法的变化而变化。例如，一方进步，另一方则退步；一方左闪，另一方也左闪；一方垫步，另一方则撤步；等等。双方的距离应尽量保持不变。（图 9-7-17）

图 9-7-17

（三）拳法

1. 冲拳

（1）左冲拳：预备式为正架姿势（以下拳法均同）。右脚微蹬地，身体重心微向左脚移动；同时，左臂由屈到伸并内旋90°，左拳直线向前冲出，力达拳面。（图 9-7-18）

126

图 9-7-18

【要点】① 冲拳时，上体不可前倾，腰略向右转。② 拳面领先，上臂带动前臂，左臂微内旋，出拳时呼气。③ 快出快收，切勿停顿，然后迅速还原成预备式。

【用法】左冲拳是一种直线进攻型动作，特点是易发动、隐蔽性强、灵活性强，但相对来说力量较小。可以结合身体高、低姿势或左、右闪躲击打对方腰部以上部位。冲拳既可主动进攻又能防守反击，很多时候还可作为以假乱真的虚招引诱对手，为接用其他技法"探路"，是进攻技术中常见的动作之一。

（2）右冲拳：由预备式开始，右脚微蹬地并内扣，转腰送肩的同时，右臂由屈到伸并内旋90°，右拳直线向前冲出，力达拳面；左拳回收至右肩内侧。（图 9-7-19）

图 9-7-19

【要点】① 右冲拳的发力顺序是始于右脚，经腰、肩、肘，最后达于拳面。② 上体向左转动（头不转），以加大冲拳力量。③ 还原时，以腰带肘，右臂外旋90°，主动收回原位。

【用法】右冲拳是主要的进攻和防守反击动作之一。它的特点是攻击距离长，能充分利用蹬腿转腰的力量加大冲拳的力度。右冲拳运用得当则具有较强的杀伤力。

2. 掼拳

（1）左掼拳：上体微向右转，同时左拳向外（约45°）、向前、向内横掼，左臂微屈，拳心向下，力达拳面或偏于拳眼侧；右拳护于右腮处。（图 9-7-20）

图 9-7-20

【要点】① 力从腰发，腰向右转动。② 掼拳发力时，左臂微屈，肘尖抬至与肩齐平。击打目标后，左拳收回原位。

【用法】左掼拳是一种横向型进攻动作，可以结合身体姿势的高低变化击打对方的侧面。上盘可击打头部，中盘可击腰、肋部位。

（2）右掼拳：由预备式开始，右脚微蹬地并内扣，合胯并向左转腰，同时右拳向外（约 45°）、向前、向内横掼，力达拳面或偏于拳眼侧；左拳护于左腮处。（图9-7-21）

图 9-7-21

【要点】① 右脚内扣，合胯转腰与掼拳发力要协调。② 掼拳发力时，右臂肘尖微抬，使肩、肘、腕基本在一个水平面上。击打目标后，右拳收回原位。

【用法】右掼拳也是一种横向型进攻动作。它的特点是能充分借助右脚蹬地、转腰的力量，击打力量较大。因其进攻路线长，所以动作幅度宜小不宜大。此拳法多用于连击或防守后反击。

3. 抄拳

（1）左平抄拳：由预备式开始，上体微左转，左拳向外、向前、向内成弧形勾击，发力于腰；同时左肘抬起，左臂肘关节夹角为 90°～110°；击打目标后，左拳收回原位。（图 9-7-22）

图 9-7-22

（2）右平抄拳：由预备式开始，右拳向外、向前、向内成弧形勾击，发力于腰；同时右肘抬起，左臂肘关节夹角为 90°～110°；击打目标后，右拳收回原位。（图 9-7-23）

图 9-7-23

（3）左上抄拳：由预备式开始，身体重心略下沉，左拳由下向前上方勾击，左臂肘关节夹角为 90°～110°，拳心向内，力达拳面；击打目标后，左拳收回原位。（图 9-7-24）

图 9-7-24

【要点】① 身体重心略下沉是为了更好地利用前脚蹬地拧转的反作用力，加大勾拳力量。动作要连贯、顺达，用力要由下至上。② 抄拳时，左臂应先微内旋再外旋，拳沿螺旋形路线运行。③ 抄拳发力时，腰向右侧转动，发力短促。

【用法】抄拳是上下进攻型动作，由于击打距离短，适用于近距离实战。双方接触时，正面攻击对手的胸、腹或下颌。

（4）右上抄拳：右脚蹬地，扣膝合胯。腰微向左转的同时，右拳由下向前、向上抄起，右臂肘关节夹角为 90°～110°，拳心向内，力达拳面；击打目标后，右拳收回原位。（图 9-7-25）

图 9-7-25

【要点】① 右抄拳要借助右脚蹬地、扣膝合胯、向左转腰的力量，由下至上发力，协调顺达。② 抄拳时，右臂先微内旋再外旋，沿螺旋形路线运行。③ 抄拳发力时，力达拳面，发力短促。

【用法】同左上抄拳。

4. 弹拳

左弹拳：由预备式开始，以肘关节为轴，左拳以拳背快速向前弹击，力达拳背。右弹拳反之。（图9-7-26）

图 9-7-26

【要点】① 弹拳前，左臂尽量放松，以气催力。② 弹拳发力时，要含胸、拔背、顺肩、送肘、甩手腕、臂伸长击远。弹拳后，左拳回收要快。

【用法】弹拳的特点是冷、脆、快、远。在对方没有防备的时候，以干脆、快速的弹拳击打对方的面部，扰乱对方的视线，为衔接其他进攻动作做好铺垫。

5. 鞭拳

（1）左鞭拳：由预备式开始，身体向左转180°，右脚经左脚前上步；左拳向前、向外横向鞭打，发力于腰，力达拳背；击打目标后，左拳收回原位，成反架姿势。（图9-7-27）

图 9-7-27

【要点】① 转体要快，以头领先，不能停顿，身体要稳。② 鞭拳时，以腰带臂，前臂鞭打甩拳。

【用法】左鞭拳是横向型进攻动作，能借助于转体的惯性，动作幅度大，运动路线长，力量较大，多用于退守反击时，动作隐蔽、突然。

（2）右鞭拳：由预备式开始，右脚经左脚后插步，身体向右转180°；同时右臂由屈到伸，向前、向外横向鞭打，发力于腰，力达拳背；击打目标后，右拳收回原位。（图9-7-28）

图 9-7-28

【要点】同左鞭拳。

【用法】同左鞭拳。

6. 拳法组合

拳法组合包括左右组合、横直组合、真假组合等，无论何种组合都要求动作连贯、迅速、隐蔽、多变，突出"快、准、狠"的特点。（图9-7-29）

图 9-7-29

（四）腿法

1. 蹬腿

（1）左蹬腿：正架姿势站立，右腿直立或稍屈，左腿提膝前抬，勾脚，以脚跟领先向前蹬出，力达脚跟；也可送髋，脚掌下压，力达前脚掌。（图9-7-30）

图 9-7-30

图 9-7-30（续）

（2）右蹬腿：正架姿势站立，身体重心前移，左腿直立或稍屈，身体稍左转，右腿屈膝前抬，勾脚，以脚跟领先向前蹬出，力达脚跟；也可送髋，脚掌下压，力达前脚掌。（图 9-7-31）

图 9-7-31

【要点】抬起腿屈膝高抬，爆发用力，快速连贯。

【用法】散打中的蹬腿，除了与武术套路中的要求相同外，还吸取了其他腿法的优点，力达脚跟。击中对方时，脚踝发力，前脚掌下压，这样，击打后容易将对方蹬开或使其倒地。

2. 踹腿

（1）左踹腿：正架姿势站立，右腿直立或稍屈；左腿屈膝抬起，小腿外摆，脚尖勾起，脚掌正对攻击目标，展髋、挺膝，向前踹出，力达脚掌，上体可侧倾。击打目标后，左脚快速收回原位。（图 9-7-32）

图 9-7-32

图 9-7-32（续）

（2）右踹腿：动作方法同左踹腿，只是左右相反。

【要点】腿踹出时，一定要以大腿带动小腿直线向前发力；上体、大腿、小腿、脚掌尽量在一条直线上。

【用法】踹腿是散打比赛中使用率较高的腿法之一。因其为直线运动，速度快、力量大，不易防守，而且配合步法运用，变化多，所以其易于在不同距离上使用。

3. 横踢腿

（1）左横踢腿：正架姿势站立，上体稍右转并侧倾，同时带动左腿屈膝上抬、扣膝，左腿伸直向右上方横踢，踝关节屈紧，力达脚背至小腿下端。（图 9-7-33）

图 9-7-33

（2）右横踢腿：正架姿势站立，左膝外展，上体右转，收腹，带动右腿屈膝上抬、扣膝，右腿伸直向左上方横踢，踝关节屈紧，力达脚背至小腿下端。（图 9-7-34）

图 9-7-34

【要点】以转体带动摆腿，动作连贯、快速。

【用法】横踢腿是在实战中使用较多的一种腿法。它以身带腿，速度快，力量大，运用得当能起到重创对手的作用。横踢腿弧形横摆动作路线长，幅度大，较易被对手察觉和防守，因此运动员在实战中应注意动作迅速，隐藏意图。

（五）跌法

跌法是运动员在练习散打摔法前必须学习的主要内容之一。运动员只有熟练掌握跌法之后，才能在学习摔法的过程中对自身进行较好的保护，从而避免身体受到伤害。跌法主要包括前滚翻、后滚翻、鱼跃前滚翻、鱼跃右滚翻、鱼跃左滚翻、前倒、前扑、后倒（图9-7-35）、右后倒、左后倒。

图 9-7-35

以上练习动作应在具备有效的防护措施的前提下进行。例如，在20厘米厚的垫子上练习，可对初学者起到一定的保护作用，从而避免意外伤害。

（六）摔法

摔法是散打技术的主要组成部分之一。熟练地掌握摔法技术，灵活地运用摔法动作，不仅是有效的得分手段，还会给对手在精神上造成很大的压力，极大地消耗对手的体力。

1. 夹颈过背摔

双方由正架姿势开始（以下均同），甲以左直拳击乙头部，乙用左臂前臂格挡甲左臂前臂，右臂由甲左肩上穿过后，屈肘夹甲颈部，同时右脚调整至与左脚平行，两腿屈膝，身体右转，以左侧髋部紧贴甲方身体，继而两腿蹬伸，上体前屈，低头，将甲背起后摔倒。（图9-7-36）

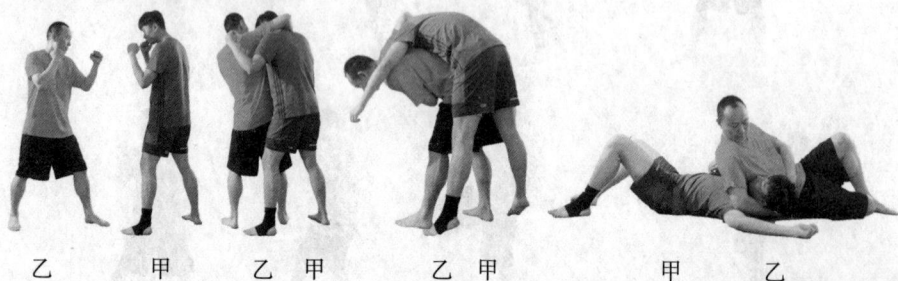

乙　甲　乙　甲　乙　甲　甲　乙

图 9-7-36

【要点】夹颈牢固，转身要快，低头、蹬腿协调有力。

【运用】多用于当对手用冲拳、掼拳击打己方头部时进行反击或主动进攻。

2. 抱腿过胸摔

甲用右冲拳击乙头部，乙左腿立即上步、屈膝、弓腰，两手抱甲两腿，随之右腿向前跟进一步，蹬腿、挺身将甲抱起后，向后弓腰、仰头、后倒，将甲摔倒在地。（图9-7-37）

图 9-7-37

【要点】上步、下潜要快，抱腿要紧；大胆仰头后倒，空中翻身要及时。

【运用】制造下台战术，主动进攻对方，反攻亦可。

3. 抱腿前顶摔

甲出拳击乙头部时，乙上左腿，下潜躲闪，两手抱甲其中一腿，两臂屈肘，两手用力回拉；同时用肩前顶甲大腿或腹部，将甲摔倒。

【要点】下潜快，抱腿紧，两臂后撤、顶肩有力。

【运用】可用于主动进攻或防守反击。

4. 抱腿别腿摔

甲站立或起右腿时，乙将甲右腿抱住，并向甲的支撑腿后上右腿，上体左转，转腰，成左弓步，用右腿别甲左腿，同时用胸下压甲右腿，使其摔倒。（图9-7-38）

图 9-7-38

甲　乙　　　　甲　乙　　　　甲　乙

图 9-7-38（续）

【要点】抱腿准确、有力，弓步转体要快，顺势转腰压腿。

【运用】可用于主动进攻或防守反击。

（七）散打的进攻技术和练习方法

1. 进攻技术

进攻是因势、因时使用技法打击对方的手段，主要包括以下几个动作。

（1）左冲拳—左踹腿：双方由正架姿势开始，一方疾步以左冲拳击打对方面部，随即以左踹腿踢击对方腹部。（图 9-7-39）

图 9-7-39

【要求】出拳要快，拳、腿动作衔接要协调，拳打是虚，脚踹是实。

（2）左冲拳—右踹腿：双方由正架姿势开始，一方疾步以左冲拳击打对方面部，随即以右踹腿踢击对方腹部。（图 9-7-40）

图 9-7-40

【要求】出拳要快，右腿可以向前也可以向对方身体右侧踹击，以防对方后退改变路线。

（3）左冲拳—右横踢：双方由正架姿势开始，一方疾步以左冲拳击打对方面部，随即以右横踢踢击对方左肋部。（图9-7-41）

图9-7-41

【要求】出拳之前，先用步法逼迫对方向右退步，然后用冲拳和横踢腿进攻。

（4）左踹腿—左右冲拳：双方由正架姿势开始，一方垫步以左踹腿踢击对方腹部，随后直接用左、右冲拳连击对方面部。（图9-7-42）

图9-7-42

【要求】出腿快，隐蔽性强，在左腿落地的同时出拳，动作连贯。

2.练习方法

（1）喂引练习：在一定的技术范围内，由易到难进行练习。练习时，重点掌握进攻的距离、时机和角度的准确性。

（2）实战练习：配对双方根据教练员指定的进攻动作或随意的进攻动作，定时进行练习，要求进攻的动作由简到难，力量要由轻到重，根据时间差和距离感进行对抗。

（八）散打的防守反击技术和练习方法

1. 防守反击技术

防守反击是因势、因时使用的，既保护自己又打击对方的手段。常用的防守反击动作包括拍挡掼拳反击、挂挡冲拳反击、拍压踹腿反击、防侧踹腿反击横踢、接高鞭腿别腿摔（侧踹腿别腿摔）、内挂正蹬腿反击、外挂蹬腿反击等。（图 9-7-43）

拍挡左掼拳反击

拍挡右掼拳反击

挂挡冲拳反击

拍压踹腿反击

图 9-7-43

防侧踹腿反击横踢

接高鞭腿别腿摔（侧踹腿别腿摔）

内挂正蹬腿反击

外挂蹬腿反击

图 9-7-43（续）

2. 练习方法

（1）喂引练习：在一定的技术范围内，由易到难进行练习。重点训练防守的反应能力和抓住反击时机、调整反击距离的能力。

（2）实战练习：配对双方根据教练员指定的防守反击动作或随意的防守反击动作，定时进行练习，要求防守反击的动作由简到难，力量要由轻到重，根据时间差和距离感进行对抗。

第八节　跆拳道

一、跆拳道概述

跆拳道起源于朝鲜半岛，距今已有 2000 多年的历史。

1966 年，国际跆拳道联盟成立。1973 年，世界跆拳道联盟在韩国汉城（今首尔）成立。1975 年，世界跆拳道联盟被正式接纳为国际体育联盟的会员。1980 年，国际奥委会正式承认世界跆拳道联盟。1994 年，跆拳道被列为 2000 年悉尼奥运会正式比赛项目。目前，跆拳道运动已经成为完全独立的国际体育比赛项目。

中国的跆拳道运动虽起步较晚，但是发展较为迅速。1998 年，在第 13 届亚洲跆拳道锦标赛上，贺璐敏为中国赢得了亚洲第一枚跆拳道金牌，实现了我国跆拳道项目在正式国际比赛中金牌零的突破。1999 年，在第 7 届世界跆拳道锦标赛上，王朔战胜多名世界跆拳道高手，获得女子 55 公斤级冠军。这是我国跆拳道运动员获得的第一个世界冠军。在 2000 年悉尼奥运会的女子跆拳道 67 公斤以上级别比赛中，陈中力克群雄获得冠军。这是我国跆拳道运动员获得的第一枚奥运会跆拳道金牌。在 2004 年雅典奥运会上，罗微获得跆拳道女子 67 公斤级比赛冠军。在 2008 年北京奥运会上，吴静钰获得跆拳道女子 49 公斤级比赛冠军。在 2016 年里约热内卢奥运会上，郑姝音在跆拳道女子 67 公斤以上级决赛中问鼎成功，赢得个人首枚奥运金牌；赵帅取得了跆拳道男子 58 公斤级比赛冠军，实现中国男子跆拳道奥运会金牌零的突破。在 2020 年东京奥运会上，赵帅获得跆拳道男子 68 公斤级铜牌。

二、跆拳道的基本腿法

跆拳道以腿法的攻击为主。要想学好跆拳道，练习者必须学好、练好跆拳道的基本腿法。

（一）前踢

以左势实战姿势开始；右脚蹬地，身体重心前移至左脚；右腿顺势屈膝提起，左脚以脚跟为轴外旋约 90°；同时，右腿迅速以膝关节为轴伸膝、送髋、顶髋，小腿快速向前踢出，用脚背击打目标；踢击目标后，右腿迅速放松收回，成左势实战姿势。（图 9–8–1）

图 9-8-1

（二）横踢

以右势实战姿势开始；左脚蹬地，身体重心移至右脚，左腿屈膝上提，两拳置之于胸前；右脚以前脚掌为轴内旋，上体右转，左膝内扣；右脚继续内旋，左腿膝关节向前抬至水平位；左腿小腿快速向右前横踢出；踢击目标后，左腿小腿迅速放松收回，左脚落地，成左势实战姿势。（图 9-8-2）

图 9-8-2

（三）推踢

以左势实战姿势开始；右脚蹬地，上体左转，右腿屈膝上提，使右膝尽量贴近上体；左脚以脚跟为轴外旋 90°，右脚脚尖勾起，脚底正对攻击目标；身体重心前移，同时向前送髋，右腿伸展，沿直线向前攻击。踢击发力完成后，身体重心继续前移，身体保持平衡，右脚上步落地，成右势实战姿势。（图 9-8-3）

图 9-8-3

（四）后踢

以左势实战姿势开始；左脚以脚掌为轴内旋，上体向右后旋转，身体重心移到左脚上，随之右腿屈膝，右腿直线向后踢出；踢击目标后，身体重心前移，右脚后撤，成左势实战姿势。（图9-8-4）

图 9-8-4

（五）劈腿

以左势实战姿势开始；右脚蹬地，身体重心前移至左脚；同时，右腿以髋关节为轴屈膝上提，髋关节顺势前送，膝关节上提至胸部，右腿以膝关节为轴向上伸出，右腿直举于体前，右脚过头；然后，右腿快速下压，以右脚脚跟（或脚掌）为着力点劈击；踢击目标后，右脚向前落地，成右势实战姿势。（图9-8-5）

图 9-8-5

（六）侧踢

以右势实战姿势开始；左脚蹬地，左腿以髋关节为轴屈膝提起，随即右脚以脚跟为轴外旋，上体右转，左腿以膝关节为轴向前蹬伸，左脚快速向左前上方直线踢出，着力点在脚跟；踢击目标后，左腿放松收回，成左势实战姿势。（图9-8-6）

图 9-8-6

（七）后旋踢

以左势实战姿势开始；身体右转约90°，两拳置于胸前，上体继续右转，使身体成扭紧姿势；右脚蹬地，借助蹬地与转体的力量，右腿以髋关节为轴向后上伸直摆起，右腿继续向右后旋摆鞭打，同时上体右转，带动右腿弧形摆至身体右侧，右腿屈膝回收，右脚落地，成左势实战姿势。（图 9-8-7）

图 9-8-7

体育思政课堂

中国武术是在一定的社会需要下产生的，学以致用正是演练武术的宗旨。武术的意境、神韵等很难用言语表达，这就要求练习者用直觉去领悟体验，进而把握武术的精髓。这也是我们民族传统思维的特点。"反者道之动"的方法论构成了武术思想的基本原则。它的意思是，对立的事物向其反面转化是运动的规律。也就是说，刚能克柔，柔也能克刚，强能胜弱，弱也能胜强。因而，中国武术便要求技击必须符合刚柔相济、阴阳和谐等原则。

思考题

1. 简述武术的价值。
2. 武术基本功包括哪些内容？
3. 简述24式简化太极拳的动作名称及动作要点。
4. 简述初级长拳（第三路）的动作名称及动作要点。
5. 简述32式太极剑的动作名称及动作要点。
6. 简述初级剑术的动作名称及动作要点。
7. 散打的基本技术有哪些？
8. 跆拳道的基本技术有哪些？

第十章

导引养生功

第一节 导引养生与健身功概述

一、导引养生的起源

导引是我国古代的呼吸运动（导）与肢体运动（引）相结合的一种养生方法，也是健身气功中的动功之一，与现代的保健体操相类似。

1973 年，湖南长沙马王堆三号汉墓出土的《导引图》是现存最早的一卷关于保健运动的工笔彩色画。原帛画长 133 厘米，与前段 40 厘米帛书相连。画高 51 厘米，上下分 4 层，绘有 44 个各种人物的导引图，每层绘 11 幅图，每图平均高 9～12 厘米。每图为一人像，男、女、老、幼均有，或着衣，或裸背，均为工笔彩绘；除了个别人像做器械运动外，多为徒手操练。图旁注有术式名，部分文字可辨。从肢体运动的形式看，导引图中既有立式导引，也有步式和坐式导引；既有徒手的导引，也有使用器物的导引；既有配合呼吸运动的导引，也有纯肢体运动的导引。此外，导引图中还有大量模仿动物姿态的导引。其中，涉及动物的术式有鸟式、鹞式、鹤式、猿式、猴式、龙式、熊式等，与五禽戏相近，仅缺鹿戏和虎戏。

东汉时期的华佗把导引术式归纳总结为五种方法，名为五禽戏，即虎戏、鹿戏、熊戏、猿戏、鸟戏，比较全面地概括了导引疗法的特点，且简便易行，对后世医疗和保健起到推进作用。南朝齐梁时期的陶弘景在其《养性延命录》中记有华佗五禽戏，《正统道藏》所收《太上老君养生诀》亦录此五禽戏。五禽戏一直流传下来，明代周履靖在其所著的《赤凤髓》中，将它加以改进，降低动作难度，并与行气相结合，除了文字说明外，还绘制出程式图谱。到了清代，有人于五种术式之外，加入向后顾望的"鹗顾势"和摇头摆尾的"狮舞势"，称作七禽戏。可见，五禽戏对后世影响之大。

东晋葛洪的《抱朴子·杂应》记录过"龙导""虎引""熊经""龟咽""燕飞""蛇屈""鸟伸""虎据""兔惊"九种导引术式名称，但未记录具体做法。南朝齐梁陶弘景的《养性延命录·导引按摩篇》除记录几种按摩术外，对"狼踞鸱顾""五禽戏"等几种导引术式做了具体记载，并绘制了《导引养生图》一卷。

唐代著名医学家孙思邈的《千金要方·养性》记有"天竺国按摩法""老子按摩法"，虽题名按摩，但实为导引。"天竺国按摩法""老子按摩法"和司马承祯《服气精义论·导引论》所记的养生操，都曾在当时广为流传。前二者还被明代高濂收载于其所著的《遵生八笺》之《延年却病笺》中。

唐代还出现了导引专著《太清导引养生经》，其中收载了多种导引法，皆详载具体做法，或十式或数十式不等。

北宋张君房在其《云笈七签》中收入"玄鉴导引法"，除具载十三式的做法外，又指明某式治某病。宋代蒲虔贯所著的《保生要录》分"养神气门""调肢体门"等六门，其中，"调肢体门"提出"小劳术"导引法，简便易行，为后世所推崇。东晋许逊所著的《灵剑子》记载导引十六式，写明每势补益某脏腑，于何季节施行。以上诸书所记导引法，可谓千姿百态，式样繁多，为我国导引术之宝库。

约于北宋末年出现的八段锦也曾在当时长期流传。其口诀（八句）最先被宋代曾慥的《道枢》所记录。南宋有人托名许逊著有《灵剑子引导子午记》，将口诀整饬为整齐而有韵的八句。道教养生著作《修真十书》卷十九除所记口诀为三十六句（有韵）外，又记载八段锦的具体做法，且绘制图像配于每段之下，名为"钟离八段锦法"。

不仅如此，此八段锦又在明初演化为十二段锦、十六段锦，明初道士冷谦的《修龄要旨》和其后的几种书中皆有记载，可见八段锦影响之广泛和流传之久远。至清代，《易筋经图说·附录》再将《灵剑子引导子午记》之口诀进行修饬，使之成为更加顺畅易懂的八句。

在以上众多导引术中，有不少曾对当时社会产生过很大影响，有的还广泛流传于近现代。

二、导引健身功的特点

导引健身功是以中医学的整体观念、辨证施治和经络学说及某些常见病、多发病的病因、病理为理论依据创编而成的。导引健身功是具有预防疾病作用的经络导引动功。多年的临床观察证明，导引健身功对改善心血管系统、呼吸系统、消化系统、生殖泌尿系统、神经系统的功能有积极的作用。

导引健身功有以下特点：一是意形结合，重点在意；二是动息结合，着重于息；三是周身放松，姿势舒展；四是逢动必旋，逢作必绕；五是提肛收肛，贵与息和；六是缓慢柔和，圆活连贯。练习者紧紧把握这些特点，才能收到事半功倍之效。

第二节　导引健身功

导引锻炼就是选择坐、卧、站等姿势，结合各种呼吸方法和意念，以达到强身健体、延年益寿的目的。这种姿势的练习即为调身；呼吸的锻炼即为调息；意念的集中即为调心。此"三调"构成了导引锻炼的三大要素。任何一个导引锻炼的种类都是根据特定的锻炼目的，选择所需的"三调"操作内容，并将它们有机地结合在一起而形成的。

一、调身

（一）调身的意义

调身是指练习者在锻炼过程中对体位和形态的调整。调身要求练习者通过调整身体姿势，使身体各部位放松、舒适，符合生理体位和形态，进而使呼吸轻松、思想集中，为练习健身功法奠定良好的基础。古人说："形不正则气不顺，气不顺则意不宁，意不宁则神散乱。"这充分说明了调身在练习健身功中的重要性。

练习者应根据自身情况，选择恰当的姿势。例如，患有消化性溃疡、慢性结肠炎、胃肠功能紊乱的患者，宜采取坐式；年老体弱、极度衰弱的虚证患者，宜采取卧式；患有高血压、青光眼、头痛、头涨、肝阳上亢的患者，宜采取站式。

（二）调身的姿势

1. 坐式

（1）平坐式。

【动作方法】取一个高度适宜的凳子或椅子，臀部 1/2 坐在凳面上，头正身直，下颌微收，口眼轻闭，舌抵上腭，松肩含胸，直腰收腹，两脚分开，间距与肩同宽，平行踏地，使上体与大腿、大腿与小腿夹角均为 90°，两手自然抬起，放在两腿大腿中部。（图 10-2-1）

【运用】平坐式是最普通、最常见的一种坐式，适应性广，除了严重体质衰弱的患者不能持久外，普通人均可采用。

（2）靠坐式。

【动作方法】取一个高度适宜的凳子或椅子，除了臀部满坐、背部轻抵椅背外，其他要求均同平坐式。（图 10-2-2）

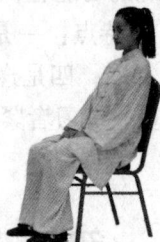

图 10-2-1　　　　　　　　图 10-2-2

【运用】靠坐式比平坐式更省力，机体更放松，且时间持久，故对年老体弱者尤为适宜。

（3）盘坐式。

【动作方法】取木制的矮方凳（凳面比坐凳大）、普通的床、炕或地毯，盘坐在上面。

自然交叉盘：上体要求基本与平坐式相同，只是两手虎口交叉重叠，掌心向内，放在腹部丹田处；臀部略垫高 3～5 厘米，两腿自然交叉盘起，两脚脚踝放在两腿小腿下面。[图 10-2-3(a)]

单盘：将右脚放于左腿大腿上（亦可左脚放在右腿大腿上），两腿小腿上下重叠。其余均同自然交叉盘。[图10-2-3(b)]

双盘：将左脚置于右腿大腿上，再搬起右脚置于左腿大腿上，两脚的脚心向上。其余同自然交叉盘。[图10-2-3(c)]

(a)   (b)   (c)

图10-2-3

【运用】姿势稳定，易于宁神定志，但是屈曲紧张，影响血液循环，故采用得较少。

2.卧式

（1）仰卧式。

【动作方法】仰卧于床上，枕头高低适宜，口眼轻闭，舌抵上腭；两臂自然伸直，两手掌心向下，分别放在身体两侧或虎口交叉重叠放在腹上；两腿自然伸直，两脚分开与肩同宽或将一脚的脚跟扣在另一脚的脚踝上。（图10-2-4）

图10-2-4

【运用】仰卧式适合年老体弱者和神经衰弱症患者在睡前进行练习，缺点是容易使人昏沉入睡，影响练习效果，因此要逐步过渡到坐式。高血压患者不宜采用此式。

（2）侧卧式。

【动作方法】侧身（左右均可，一般采用右侧卧）卧于床上。以右侧卧为例：腰部稍弯成弓形，头略向胸前收，枕高适宜，口眼轻闭，舌抵上腭；左臂自然放在身体侧面，手掌放在左髋上；右臂弯曲，右手掌心向上，置于枕上；右腿自然伸直，左腿弯曲放在右腿上。（图10-2-5）

图10-2-5

【运用】侧卧式作用与仰卧式相同，优点是比仰卧式更容易放松，由于腹肌的松弛，更易于形成腹式呼吸。

（3）半卧式。

【动作方法】在仰卧式的基础上，将上体及头部垫高靠在床头上，也可在膝下垫物。其余均同仰卧式。（图10-2-6）

147

图 10-2-6

【运用】半卧式适宜于心脏病、哮喘及体力衰弱的患者。

3.站式

（1）自然式。

【动作方法】两脚开立，间距与肩同宽或略窄于肩，两腿微屈；头正身直，下颌微收，百会承天，双目平视，面带微笑，舌抵上腭；沉肩含胸，松腰收胯，命门打开，收腹提肛；两手自然垂于体侧。（图 10-2-7）

【运用】自然式有清心降压、宁神定志的作用，一般患者均可采用。体弱者可自然式与坐式、卧式交替采用。

（2）三圆式。

【动作方法】两脚分开，间距与肩同宽，两脚脚尖内扣，成半圆形，屈膝下蹲，高低量力而行，膝关节垂线不超过脚尖；两臂抬起弯曲，成环抱状，与胸齐平，两手手指均张开弯曲，掌心相对，如抱球状；其余要求均同自然式。所谓"三圆"，即足圆、臂圆、手圆。（图 10-2-8）

【运用】三圆式对调理、疏通督脉及补气升阳有独特作用，在练习姿势上，属于补的一种，对虚证患者有一定疗效。

（3）下按式。

【动作方法】两脚开立，间距与肩同宽；两臂下垂微屈，两手下按，分别置于两侧髋关节旁边，掌心向下，掌指向前。其他要求同自然式。（图 10-2-9）

图 10-2-7 　　　　图 10-2-8 　　　　图 10-2-9

【运用】下按式因意念向下，两掌掌心、两脚脚心向下，故被称为"五心朝地"。此式对实证患者有一定疗效。

二、调息

（一）调息的意义

调息就是调整呼吸的方式、速度、节奏、强弱等。呼吸在古代被称为吐纳，是健身功中的重要环节之一。古人云："一呼一吸为一息，不呼不吸亦为息。"意思就是说，我们平时没有去注意自己呼吸的意识，但呼吸是客观存在的。在导引锻炼时，我们要有意识地调整自己的呼吸，选择并掌握适合自己身体情况的呼吸方法，尽可能多地摄取与利用空气中的氧气，排出机体代谢的废气。这对培育人的真气、提高脏腑各器官系统的功能、增进人体的健康有很大的作用。

练习健身功时，要注意呼吸的出入，使腹肌、膈肌不断地收缩和扩张，这样既可以增强胃肠的蠕动，带动肝、肾、脾等内脏的活动，又可以增加肺的通气量，促进吸氧排碳的生命活动过程，改变和加速全身的血液循环，调整各内分泌系统的功能，增强机体的抗病能力。练习时，练习者注意呼吸的调整，不仅能使肺功能得到增强，还能改善其他脏器的功能。《黄帝内经》指出，"肺者，气之本，魄之处也""脉气流经，经气归于肺"。肺是一个独立的代谢器官，具有维持机体内环境稳定的作用。它与人体的新陈代谢和多种激素的分泌有密切的关系，影响着人体的生长和发育。

（二）调息的方法

1.自然呼吸法
自然呼吸法是指人们按照原来的呼吸频率和呼吸方法进行呼吸，只是呼吸更为柔和，每分钟16次左右。自然呼吸法要求顺乎自然，柔和均匀，丝毫不用力，不加意念支配，采用鼻吸鼻呼法、鼻吸口呼法均可。此法适用于初学者和慢性病患者。

2.腹式呼吸法
顺腹式呼吸法：吸气时，腹部隆起；呼气时，腹部缓慢回收。
逆腹式呼吸法：吸气时，腹部轻轻凹陷；呼气时，腹部放松还原。
腹式呼吸法能增强膈肌运动，使胸腔容积增大，气体进出量增加。它可以使呼吸更完全，功能残气量减少，尤其能使双肺下部的通气功能得到改善，因此有利于提高呼吸系统的功能。腹肌的收缩和放松，对腹腔内脏能起到一定的按摩作用，有助于促进消化和吸收，故对消化系统有积极作用。

3.停闭呼吸法
在呼气与吸气之间或者吸气与呼气之间停闭片刻，称为停闭呼吸法。这种呼吸法能充分扩展肺泡，有利于气体在肺泡中的交换，从而改善肺功能，增强机体的供氧能力。停闭呼吸法可增加腹腔内压，对消化系统的疾病也有一定的调理作用。

4.鼻腔喷气法
鼻腔喷气法是一种鼻吸鼻呼法。先吸气，鼻孔微微张开，眉毛轻轻上抬，要求缓、长、匀、深，得法时，可有气在鼻腔中的回荡声，有吸气直入丹田之感，腹部隆起，胸部不动；呼气时，鼻腔收缩，速度略快，气体喷出有声，同时腹部收缩，协同逼气外出，自然提肛。此法呼吸量大，气感足，有益气升阳、填补下焦元气的作用。体质过于虚弱及患有高血压、心脏病的患者不宜采用此法。

5.三吸一呼法和三呼一吸法

三吸一呼法和三呼一吸法均为鼻吸鼻呼法。三吸一呼是连续三次短的吸气接一次长的呼气，三呼一吸是连续三次短的呼气接一次长的吸气。这是根据吐纳的补泻作用而设计的呼吸方法。三吸一呼，由于吸多呼少，作用偏补；三呼一吸，呼多吸少，作用偏泻。两种呼吸法均可加强腹式呼吸的作用，加强丹田的聚气和储能作用，增强脾、胃、心脏等内脏的功能。此法适用于各种内脏疾病和癌症患者，但要辨别虚实而选用之。

6.大呼大吸法

大呼大吸法为古代吐纳、导引采用的一种呼吸方法，即用鼻使劲吸气，用鼻、口呼气，每一吸一呼都要求尽量延长时间，尽可能加大气体出入量，并且呼和吸都要发出较大的声音。这是一种以扩大肺活量为主的呼吸法。此法能增强体质，调动内气，适用于体质较强的练习者；对一些患慢性疑难杂症和痼疾，但体质尚未衰弱者，也有一定的调理作用。

三、调心

（一）调心的意义

调心是练习健身功的重要环节，也是导引有别于其他运动的特有内容。它包括对意念、感觉、情绪等方面的调整。调心就是使练习者把注意力集中到身体某一部位、某一动作、某一事物或某一词义上来，以使其能安静地练习，不断地排除杂念，从而放松身体，使大脑进入入静状态。

大脑的入静就是杂念不生，意识、思维活动相对集中，大脑进入非常轻松、舒适、宁静的境界。这种入静状态能使机体进一步放松，全身气血进一步流畅。这对激发、调动人体内在的潜能，诱发聚集人体内部的真气、元气具有重要作用，能更好地调整机体中存在的功能紊乱，修复机体的病理状态，恢复机体的动态平衡，使之向正常方面转化。这就是导引锻炼能强身健体、延年益寿的根本所在。

人的思维活动和情绪变化皆能影响五脏六腑的功能，如怒伤肝、喜伤心、思伤脾、悲伤肺、恐伤肾等。调心就是要把这些不利于身体健康的情绪变化和思想杂念排除掉，做到清心寡欲，创造一个美好的内环境，以抵御各种外界因素对机体的不良刺激。

（二）调心的方法

1.默念字句法

默念字句法是指练习者在练习中用意念去默诵选定好的句子，而不需要念出声来的一种练习方法。默念字句能使机体逐渐放松；若机体已基本放松，则默念字句又可以使意念逐渐集中，使大脑逐渐安静下来。具体的操作方法如下：吸气时默念"静"，呼气时默念"松"；或者吸气时不默念，呼气时默念"静坐使我健康"等字句；或者是在吸与呼或呼与吸之间停顿呼吸来默念字句。另外，默念的字句要简单，词义要轻松、愉快。

2.意守部位法

把注意力集中起来，放在身体的某一部位上，称为意守。常用的部位大都是经络上的主要穴位。意守部位法一方面可以更好地排除杂念，另一方面可以打开穴位，疏通经气，促进体内气血的运行，增强脏腑功能。

3.注意呼吸法

数息法：数呼吸的次数，可从 1 数到 10 或 100，周而复始。练习者可以数吸不数呼，也可以数呼不数吸。

听息法：静心细听自己的呼吸是否细长而均匀。

随息法：意念随呼气、吸气出入，不计次数。

第三节　五禽戏

一、五禽戏概述

五禽戏是人类模仿禽、兽的神态和动作来锻炼身体的一种健身气功，起源于原始社会狩猎的生产实践过程。人类的生产、生活与各种动物密切相关，动物在人们的意识活动中占据了重要的地位。动物强壮的身体、敏捷的动作促使古人产生了通过模仿禽、兽的神态和动作来锻炼身体的思想。

东汉时期，名医华佗根据古代导引、吐纳、熊经、鸟伸之术，研究了虎、鹿、熊、猿、鸟五禽的活动特点，并结合人体脏腑、经络和气血的功能，编制了一套具有民族特色的导引术，即五禽戏。五禽戏寓医理于动作之中，寓保健、康复于生动形象的"戏"中，这是五禽戏区别于其他导引术的显著特征。华佗的这一创举，使他成为推行保健与体育相结合的先行者。华佗五禽戏的操作方法在当时没有文字记载。当代众多的五禽戏流派大致是在陶弘景的《养性延命录》中的文字记载和明代罗洪先所著的《万寿仙书》导引篇中的五禽戏图谱的基础上发展演变而成的。

五禽戏作为一种传统保健导引术，其锻炼要求是比较严格的。每一禽戏的神态运用要形象，不仅要求形似，还要求神似。练习者要做到心静体松、刚柔相济，以意领气、气贯周身，呼吸柔和缓慢，引伸肢体，动作紧凑而不慌乱。五禽戏的动作全面周到，从四肢百骸到五脏六腑，可以锻炼日常生活中活动不到的身体部位，改善机体功能，起到畅通经络、调和气血、活动筋骨、滑利关节的作用。

根据中医的脏腑学说，五禽配五脏。虎戏主肝，能疏肝理气、舒筋活络；鹿戏主肾，能益气补肾、壮腰健肾；熊戏主脾，能调理脾胃、充实两肢；猿戏主心，能养心补脑、开窍益智；鸟戏主肺，能补肺宽胸、调畅气机。人体是一个有机的整体，五脏相辅相成。因此，五禽戏中任何一戏的演练，既主治某一脏器的疾患，又兼顾其他各脏器，以达到健体强身、延年益寿的目的。

二、手型介绍

（一）虎爪

五指张开，虎口撑圆，第一、第二指关节弯曲内扣。（图10-3-1）

（二）鹿指

拇指向外撑开、伸直，食指、小指伸直，中指、无名指弯曲内扣。（图10-3-2）

（三）熊掌

五指弯曲，拇指扣压在食指第一指节上，其他四指并拢弯曲，虎口撑圆。（图10-3-3）

图10-3-1 图10-3-2 图10-3-3

（四）猿勾

五指指腹捏拢，屈腕。（图10-3-4）

（五）鸟翅

五指伸直，拇指、食指、小指向上翘起，中指、无名指并拢向下压。（图10-3-5）

图10-3-4 图10-3-5

三、功法口诀

（一）起势调息

调整呼吸神内敛，头身正直顺自然。
胸腹放松膝微屈，诱导入静排杂念。
提吸按呼沉肩肘，柔和均匀意绵绵。
心静神凝气机动，神不外驰守丹田。
起势调息如图10-3-6所示。

图 10-3-6

（二）虎戏

1. 虎举

撑掌屈指拧双拳，提举拉按握力增。
卧虎伸腰三焦畅，清升浊降精气生。
一张一弛文武道，深吸长呼肺量添。
含胸收腹伸脊柱，肾水滋阴如清泉。
虎举如图 10-3-7 所示。

图 10-3-7

2. 虎扑

握拳上提身前俯，挺胸引腰紧收腹。
伸膝送髋体后仰，两爪生威向前扑。
虎视眈眈神威猛，动如雷霆无挡阻。
扑食犹如猫戏鼠，刚中有柔憨态掬。
虎扑如图 10-3-8 所示。

图 10-3-8

图 10-3-8（续）

（三）鹿戏

1. 鹿抵

迈步转腰看脚跟，两臂画圆摆头前。
挺身眺望左右盼，脊柱侧屈往回旋。
嬉闹抵角对顶劲，健内助外意腰间。
自由奔放强腰肾，恬淡虚无真气现。
鹿抵如图 10-3-9 所示。

图 10-3-9

2. 鹿奔

跨步向前手握拳，低头躬背肩臂旋。
头髋前伸腹后顶，横竖两弓如绷弦。
命门后凸督脉通，尾闾运转阳气添。
奔跑跳跃经脉畅，体态安舒气自闲。
鹿奔如图 10-3-10 所示。

图 10-3-10

（四）熊戏

1. 熊运

两掌外导画立圆，腰腹内引摇晃颠。
导气引体气血和，形正意宁神不乱。
运腰摩腹谷气消，中焦运化脏腑暖。
户枢常动蠹不侵，脾胃健运病莫生。
熊运如图 10-3-11 所示。

图 10-3-11

2. 熊晃

提髋屈膝握空拳，落步震髋臂内旋。
晃肩拧腰意两胁，前靠后坐调脾肝。
摇摆颠足步履稳，润肠化结脾胃安。
熊经本是祖传法，笨中生灵贵自然。

熊晃如图 10-3-12 所示。

图 10-3-12

（五）猿戏

1.猿提

屈腕撮勾耸双肩，团胛缩颈目光闪。

百会上引提脚踵，抓胸挠痒永不倦。

收腹裹臀摩肠胃，踮脚直立练平衡。

灵猴自有健身术，减肥何须服药丸。

猿提如图 10-3-13 所示。

图 10-3-13

2.猿摘

猿勾贴腰脚丁步，摆掌护面频盼顾。

枝头蜜桃鲜欲滴，攀树摘果如探物。

猿心静时若处子，敏捷灵动赛脱兔。

喜看硕果不忍食，献给寿星西王母。

猿摘如图 10-3-14 所示。

图 10-3-14

（六）鸟戏

1.鸟伸

两掌上举迭劳宫，提肩缩项挺前胸。

抬头伸颈掌后摆，塌腰翘尾身反弓。

丹顶铁爪昂然立，一身正气顺而通。

高洁优雅称仙禽，潇洒飘逸道家风。

鸟伸如图 10-3-15 所示。

图 10-3-15

2.鸟飞

一腿独立一腿起，手成鸟翅往上举。

屈腿合掌再奋力，展翅高飞志千里。

悠悠鹤步翩翩舞，抖翎亮翅比健美。

抻筋拔骨体舒展，松鹤延年登寿域。

鸟飞如图 10-3-16 所示。

图 10-3-16

（七）收势

侧举上抱头顶悬，沉肩坠肘落腹前。
虎口交叉置腹前，闭目静养守涌泉。
手心搓热和气血，上摩下擦干浴面。
周身放松精神爽，引气归元入丹田。
收势如图 10-3-17 所示。

图 10-3-17

第四节　八段锦

一、八段锦概述

八段锦的动作简便易学，效果明显，深受人们喜爱，被比喻成锦（精美的丝织品），因其由八节动作组成，故名八段锦。八段锦是中国古代导引术的一个重要组成部分，是一套针对一定脏腑、病症的保健与治疗而设计的健身功。每一句歌诀都明确提出了动作的要领、作用和目的。功法中伸展、前俯、后仰、摇摆等动作分别作用于人体的三焦、心肺、脾胃、肾腰等部位和器官，可以预防心火、五劳七伤等疾病，并有滑利关节、发达肌肉、增长气力、强壮筋骨、帮助消化和调整神经系统的功能。

八段锦之所以对人体有良好的作用，是因为它的动作可以对某一脏器起到针对性的作用，但是这种作用又是综合性、全身性的，并非头痛医头、脚痛医脚。练习者只有把八段锦各节动作综合起来，才能起到调脾胃、理三焦、去心火、固肾腰的作用。

二、动作图解

（一）预备动作

（1）两脚并步站立，两臂自然垂于体侧；身体中正，目视前方。（图10-4-1）

（2）随着松腰沉髋，身体重心移至右脚；左脚向左侧开步，脚尖朝前，两脚间距约与肩同宽；目视前方。（图10-4-2）

（3）两臂内旋，两掌分别向两侧摆起，约与髋同高，掌心向后；目视前方。（图10-4-3）

（4）上个动作不停。两腿稍屈；两臂外旋，向前合抱于腹前，成圆弧形，两掌与脐同高，掌心向内，掌指斜相对，间距约为10厘米；目视前方。（图10-4-4）

图10-4-1　　　　图10-4-2　　　　图10-4-3　　　　图10-4-4

（二）两手托天理三焦

（1）接上式。两臂外旋，微下落，两掌在腹前十指交叉，掌心向上；目视前方。（图10-4-5）

（2）上个动作不停。两腿徐缓挺膝伸直；两掌上托至胸前，随后两臂内旋向上托起，掌心向上；抬头，目视两掌。（图10-4-6）

（3）上个动作不停。两臂继续上托，肘关节伸直；下颌内收，动作略停；低头，目视前方。（图10-4-7）

（4）身体重心缓缓下降；两腿微屈；十指慢慢分开，两臂分别向身体两侧下落，两掌捧于腹前，掌心向上，掌指相对；目视前方。（图10-4-8）

本式托举、下落为1遍，共做6遍。

图10-4-5　　　　　图10-4-6　　　　　图10-4-7　　　　　图10-4-8

（三）左右开弓似射雕

（1）接上式。两腿自然伸直；两掌向上交叉于胸前，右掌在外，两手掌心向内；目视前方。（图10-4-9）

（2）上个动作不停。两腿徐缓屈膝半蹲，成马步；右掌屈指成爪，向右拉至肩前；左掌成八字掌，左臂内旋，向左侧推出，与肩同高，坐腕，掌心向左，犹如拉弓射箭之势；动作略停；目视左掌。（图10-4-10）

（3）身体重心右移；右手五指伸开成掌，向上、向右画弧，与肩同高，掌指向上，掌心斜向前；左手手指伸开成掌，掌心斜向后；目视右掌。（图10-4-11）

（4）上个动作不停。身体重心继续右移；左脚回收成并步站立；两掌分别由两侧下落，捧于腹前，掌指相对，掌心向上；目视前方。（图10-4-12）

图10-4-9　　　　　图10-4-10　　　　　图10-4-11　　　　　图10-4-12

（5）第五个动作到第八个动作同第一个动作到第四个动作，只是左右相反。（图10-4-13至图10-4-16）

本式一左一右为1遍，共做3遍。做第三遍最后一个动作时，身体重心继续左移；右脚回收成开步站立，两脚间距与肩同宽，膝关节微屈；两掌分别由两侧下落，捧于腹前，掌指相对，掌心向上；目视前方。（图10-4-17）

图10-4-13　　　图10-4-14　　　图10-4-15　　　图10-4-16　　图10-4-17

（四）调理脾胃须单举

（1）接上式。两腿徐缓挺膝伸直；左臂外旋经面前上穿，再内旋上举至头部左上方，肘关节微屈，左掌上托，力达掌根，掌心向上，掌指向右；右掌微上托，随即右臂内旋，肘关节微屈，右掌下按至右髋旁，力达掌根，掌心向下，掌指向前，动作略停；目视前方。（图10-4-18）

（2）松腰沉髋，身体重心缓缓下降；两腿微屈；同时，左臂屈肘外旋，左掌经面前落于腹前，掌心向上；右臂外旋，右掌向上捧于腹前，两手掌指相对，掌心向上；目视前方。（图10-4-19）

（3）第三个、第四个动作同第一个、第二个动作，只是左右相反。（图10-4-20、图10-4-21）

本式一左一右为1遍，共做3遍。做第三遍最后一个动作时，两腿微屈；两臂屈肘，两掌分别下按于同侧髋旁，掌心向下，掌指向前；目视前方。（图10-4-22）

图10-4-18　　　图10-4-19　　　图10-4-20　　　图10-4-21　　　图10-4-22

（五）五劳七伤往后瞧

（1）接上式。两腿徐缓挺膝伸直；两臂伸直，两掌掌心向后，掌指向下；目视前方（图10-4-23）。上个动作不停，两臂充分外旋，掌心向外；头向左后转；动作略停，目视左斜后方（图10-4-24）。

（2）松腰沉髋，身体重心缓缓下降，两腿微屈；两臂内旋，两掌分别下按于同侧髋旁，掌心向下，掌指向前；目视前方。（图10-4-25）

（3）第三个动作同第一个动作，只是左右相反。（图10-4-26、图10-4-27）

（4）第四个动作同第二个动作。（图10-4-28）

本式一左一右为1遍，共做3遍。做第三遍最后一个动作时，两腿微屈，两掌捧于腹前，掌指相对，掌心向上；目视前方。（图10-4-29）

图 10-4-23   图 10-4-24   图 10-4-25

图 10-4-26   图 10-4-27   图 10-4-28   图 10-4-29

（六）摇头摆尾去心火

（1）接上式。身体重心左移；右脚向右开步站立，两腿自然伸直；两掌上托与胸同高时，两臂内旋，两掌继续上托至头部上方，两臂肘关节微屈，两掌掌心向上，掌指斜相对；目视前方。（图 10-4-30）

（2）上个动作不停。两腿徐缓屈膝半蹲，成马步；两臂向两侧下落，两掌分别扶于同侧腿膝关节上方，两臂肘关节微屈，两掌小指侧向前；目视前方。（图 10-4-31）

（3）身体重心向上稍升起，随后右移；上体先向右倾，随即俯身；目视右脚。（图 10-4-32）

（4）上个动作不停。身体重心左移；上体由右向前、向左旋转；目视右脚。（图 10-4-33）

（5）身体重心右移，成马步，头转正，上体起立，随即下颌微收；目视前方。（图 10-4-34）

图 10-4-30   图 10-4-31   图 10-4-32   图 10-4-33   图 10-4-34

（6）动作六到动作八同动作三到动作五，只是左右相反。（图 10-4-35 至图 10-4-37）

本式一左一右为1遍，共做3遍。做完第三遍后，身体重心左移，右脚回收成开步站立，两脚间距与肩同宽；同时，两掌向外经两侧上举，掌心相对；目视前方（图10-4-38）。随后松腰沉髋，身体重心缓缓下降，两腿微屈；同时，两臂屈肘，两掌经面前下按于腹前，掌心向下，掌指相对；目视前方（图10-4-39）。

图10-4-35　　　　图10-4-36　　　　图10-4-37　　　　图10-4-38　　图10-4-39

（七）两手攀足固肾腰

（1）接上式。两腿挺膝伸直站立；两手掌指向前，两臂向前、向上举起，肘关节伸直，掌心向前；目视前方。（图10-4-40）

（2）两臂外旋至掌心相对，屈肘，两掌下按于胸前，掌心向下，掌指相对；目视前方。（图10-4-41）

（3）上个动作不停。两臂外旋，两手掌心向上，随即两手掌指顺腋下向后插；目视前方。（图10-4-42）

（4）两掌（掌心向内）沿脊柱两侧向下摩运至臀部；随即上体前俯，两掌继续沿腿后向下摩运，分别经脚两侧置于脚面；抬头，动作略停；目视前下方。（图10-4-43）

（5）两掌沿地面前伸，随即以两臂上举带动上体起立，两臂伸直，掌心向前；目视前方。（图10-4-44）

本式一上一下为1遍，共做6遍。做完第六遍后，松腰沉髋，身体重心缓缓下降；两腿微屈；两掌分别下按至同侧髋旁，掌心向下，掌指向前；目视前方。（图10-4-45）

图10-4-40　　图10-4-41　　图10-4-42　　　图10-4-43　　　图10-4-44　　图10-4-45

（八）攒拳怒目增气力

（1）接上式。身体重心右移，左脚向左开步；两腿徐缓屈膝半蹲，成马步；两手握拳，抱于腰侧，拳眼向上；目视前方。（图10-4-46）

（2）左拳缓慢用力向前冲出，与肩同高，拳眼向上；怒目，目视左拳冲出方向。（图10-4-47）

（3）左臂内旋，左拳变掌，虎口向下；目视左掌（图10-4-48）。左臂外旋，肘关节微屈；左掌向左缠绕，当掌心向上后握拳；目视左拳（图10-4-49）。

（4）左臂屈肘，回收左拳至腰侧，拳眼向上；目视前方。（图10-4-50）

图10-4-46　　　图10-4-47　　　图10-4-48　　　图10-4-49　　　图10-4-50

（5）动作五到动作七同动作二到动作四，只是左右相反。（图10-4-51至图10-4-54）

本式一左一右为1遍，共做3遍。做完第三遍后，身体重心右移，左脚回收，成并步站立；同时，两拳变掌，自然垂于体侧；目视前方。（图10-4-55）

图10-4-51　　　图10-4-52　　　图10-4-53　　　图10-4-54　　　图10-4-55

（九）背后七颠百病消

（1）接上式。两脚脚跟提起；头上顶，动作略停；目视前方。（图10-4-56）

（2）两脚脚跟下落，轻震地面；目视前方。（图10-4-57）

本式一起一落为1遍，共做7遍。

（十）收势

（1）接上式。两臂内旋，分别向两侧摆起，与髋同高，掌心向后；目视前方。（图10-4-58）

（2）两臂屈肘，两掌相叠，置于丹田处（男性左手在内，女性右手在内）；目视

前方。（图10-4-59）

（3）两臂自然下落，两掌分别轻贴于同侧腿大腿外侧；目视前方。（图10-4-60）

图 10-4-56　　　　图 10-4-57　　　　　图 10-4-58　　　　图 10-4-59　　　图 10-4-60

第五节　易筋经

一、易筋经概述

易筋经是一种内外兼练的医疗保健养生方法。易筋经在宋元以前的少林寺众僧之中即有流传，自明清以来逐步流向民间、广为人知，在流传的过程中又演变出不同的流派。

易筋经注重内外兼练，强调动静结合。"练内名洗髓，练外名易筋。""所言洗髓者，欲清其内；易筋者，欲坚其外。如果能内清静、外坚固，登圣域在反掌之间耳。"动者外动以易筋强骨，静者内静以攻心纳意，集内外兼修之长，静中求动（气）、动中求静（意），精练勤思，可达预防疾病、延年益寿的目的。

学练易筋经，除了姿势要正确，还必须掌握以下要点。

（1）伸展。练习动作时要尽量伸展。《论语》载："子之燕居，申申如也，夭夭如也。"俗语说："睡不厌屈，觉不厌伸。"这说明伸展是古人的养生妙法。

（2）缓慢。动作缓慢是消除紧张和充分伸展的关键。

（3）柔和。《黄帝内经》曰："骨正筋柔，气血以流。"练习养生功多以修炼气脉为主，姿势正确、心平气和、肌肉放松是经络通顺、气血畅达的关键。

（4）安静。练功时，练习者神态安详、安静。静止时固然安静，然而内在有无限生机，静止可使气血更好地运行。动时要神态安详、意静心清。

（5）呼吸。初练功时，练习者要缓缓地自然呼吸，有一定功夫后，逐渐进入"吐惟细细，纳惟绵绵"的呼吸。

二、功法口诀

健身气功·易筋经除预备势、收势外，共包含十二个动作。

（一）预备势

并步站立身放松，下颌内收百会领。
目光内含身中正，呼吸自然调身形。
身心放松息调整，动作要与意随行。
顺其自然除杂念，三调合一练好功。
预备势如图 10-5-1 所示。

（二）韦驮献杵第一势

左脚开立身中正，两臂前摆掌合胸。
气定神敛调气机，心澄目洁貌亦恭。
两肩为轴臂带动，屈肘合掌腋下松。
深长细匀调呼吸，调理周身心神静。
韦驮献杵第一势如图 10-5-2 所示。

（三）韦驮献杵第二势

两肘抬起掌伸平，两臂外展立掌撑。
掌根用力趾抓地，缓慢外撑意扩胸。
吸气抬肘掌前伸，两臂体侧与肩平。
竖指坐腕成立掌，内劲用力两边撑。
韦驮献杵第二势如图 10-5-3 所示。

（四）韦驮献杵第三势

松腕平摩收至胸，虎口耳垂相对应。
两掌上托展肩肘，体重前移要提踵。
两掌上托至头顶，力达四肢脚掌撑。
脊柱竖直下颌收，紧咬牙关劲不松。
韦驮献杵第三势如图 10-5-4 所示。

图 10-5-1

图 10-5-2

图 10-5-3

图 10-5-4

（五）摘星换斗势

握拳变掌身转动，掌落髋旁腰间横。
缓慢起身至头顶，掌经额前去摘星。
以腰带肩肩带臂，直膝松腕身调正。
目视掌心意命门，调整呼吸稍微停。
摘星换斗势如图 10-5-5 所示。

（六）倒拽九牛尾势

屈膝撤步身转动，前后摆臂腿成弓。
两手依次握成拳，前拉后拽臂旋拧。
以腰带肩旋双臂，力贯双膀紧后松。
左右互换做三遍，动作协调不僵硬。
倒拽九牛尾势如图 10-5-6 所示。

图 10-5-5　　　　　　　图 10-5-6

（七）出爪亮翅势

收脚开立臂举平，掌立云门再扩胸。
松肩前抻转掌推，分指坐腕目要瞪。
轻如推窗缓慢行，重如排山内劲增。
海水还潮收双臂，收推七次掌立胸。
出爪亮翅势如图 10-5-7 所示。

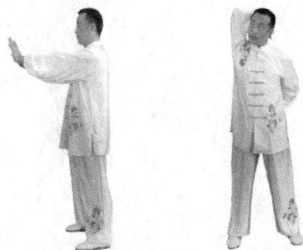

图 10-5-7

（八）九鬼拔马刀势

转身抡臂绕头顶，掌心掩耳头转动。
一掌扶于玉枕处，一掌背贴脊柱中。
缓慢展臂要扩胸，目视肘尖稍作停。
合臂上推身扭转，拧动脊柱后看踵。
九鬼拔马刀势如图 10-5-8 所示。

图 10-5-8

（九）三盘落地势

转身跨步臂抻平，屈蹲按掌力要重。
口吐嗨音调气息，翻掌起身缓慢行。
上托如提千斤重，下按着力在劳宫。
翻掌向下肩带臂，转掌向上手至胸。
三盘落地势如图 10-5-9 所示。

（十）青龙探爪势

起身收步身调正，掌心向上臂端平。
握固拳轮贴章门，伸臂屈肘龙爪形。
转身探爪力掌中，变掌下按意不停。
画弧转掌握固起，动作协调一气成。
青龙探爪势如图 10-5-10 所示。

图 10-5-9

图 10-5-10

（十一）卧虎扑食势

脚尖内扣身转动，拳至云门变爪形。

向前扑按肘稍屈，手随躯干做涌动。
上体下俯爪下按，塌腰抬头要挺胸。
力达指尖体上撑，腰背抻拉成反弓。
卧虎扑食势如图 10-5-11 所示。

（十二）打躬势

起身转体掩耳孔，指击天鼓鸣七声。
由颈至尾体前屈，两肘外展逐节动。
缓慢起身尾至颈，牵拉脊柱身中正。
屈伸连续做三次，加大幅度要适中。
打躬势如图 10-5-12 所示。

图 10-5-11

图 10-5-12

（十三）掉尾势

拔耳前伸指交叉，翻掌前抻收至胸。
俯身塌腰抬头看，双手下按两脚中。
左右调整臀扭动，头臀相向手固定。
肩与髋合调脊柱，目视尾闾腰背动。
掉尾势如图 10-5-13 所示。

图 10-5-13

（十四）收势

松手直立身中正，两臂外旋成侧平。
两臂缓慢向上举，胸前下引至腹中。
伸臂上举两手松，下引匀速缓慢行
先经涌泉引入地，引气回归丹田中。

收势如图 10-5-14 所示。

图 10-5-14

体育思政课堂

　　导引养生功是中华优秀传统文化的一个有机组成部分。因此，以习近平新时代中国特色社会主义思想为指引，不断推进导引养生功发展实现新跨越，具有重要意义。练习导引养生功不但能够增强体质，提高人体免疫力，而且能预防一些疾病。在高等学校推广导引养生功，对大学生增强体质，预防疾病，具有重要价值。

思考题

1. 导引健身功的特点是什么？
2. 导引健身功的基本功包括什么？
3. 简述五禽戏的动作名称及动作要领。
4. 简述八段锦的动作名称及动作要领。

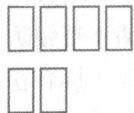

下篇　运动实践指导

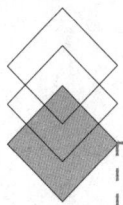

第十一章

田径运动

第一节　田径运动概述

田径运动是较古老的体育项目之一。人们在长期的生产和生活实践中，为了生存和获得生活资料，必须走或跑相当长的距离，跳过沟渠、投掷石块等。人们在同大自然的斗争中逐步掌握并发展了快速奔跑、敏捷跳跃和准确投掷的技能。为了巩固和提高这些技能，并将其传授给下一代，人们在生活中经常重复这些动作，逐渐形成了走、跑、跳跃、投掷的练习。随着工农业生产和科学、文化事业的发展及为满足社会生产和生活发展的需要，田径运动初具雏形，开始由自发性的比赛（如工匠投掷铁锤、士兵推炮弹的比赛）逐渐发展到有组织的田径比赛。

公元前 776 年，在古希腊奥林匹亚举行的古代奥运会第一次有了田径运动的正式比赛。在 1896 年雅典奥运会上，田径运动被列为主要比赛项目。1912 年，根据田径运动发展的需要，国际业余田径联合会（2001 年更名为"国际田径联合会"，简称"国际田联"）成立。它在确定比赛项目、拟定规则、组织比赛、审批世界纪录及促进国际交流等方面发挥了重要的作用。进入 21 世纪后，田径运动已发展成为有组织、有目的的国际社会活动。当前国际田径比赛主要有奥运会田径比赛、世界杯田径比赛、世界田径锦标赛等。

现代田径运动在 19 世纪末传入中国，最早只在少数学校中开展。1890 年，上海圣约翰书院举行的以田径运动为主要比赛项目的运动会是中国最早的一次田径比赛。中华人民共和国成立后，各级体育组织都很重视开展田径竞赛活动。第一次大型田径比赛是 1952 年在北京为庆祝中国人民解放军建军 25 周年而举行的中国人民解放军体育运动会。在群众性体育运动广泛开展的基础上，中国田径运动的技术和水平有了迅速提高。在 2004 年雅典奥运会上，刘翔获得男子 110 米跨栏跑冠军，激起了中国人民对田径运动的极大热情。2015 年，在北京国际田联世界田径锦标赛上，苏炳添带领队友先在男子 4×100 米跑预赛中以 37 秒 92 的成绩打破了亚洲纪录并进入决赛，接着在决赛中摘下银牌。2018 年，苏炳添在国际田联世界田径挑战赛马德里站的男子 100 米跑决赛中，跑出了 9 秒 91 的成绩，平了亚洲纪录；同年又在国际田联钻石联赛巴黎站的男子 100 米跑决赛中，再次跑出 9 秒 91 的好成绩。在 2020 年东京奥运会上，苏炳添在男子 100 米跑半决赛中以 9 秒 83 的成绩打破了亚洲纪录，并成为首位闯入奥运会男子百米决赛的中国运动员。

第二节　田赛项目

一、跳高

随着跳高技术的发展，在正式比赛中运动员已经普遍采用背越式跳高。背越式跳高技术由助跑、起跳、过杆和落地四个部分组成。（图 11-2-1）

图 11-2-1

（一）助跑

助跑一般分为前段直线跑和后段弧线跑。助跑开始时，采用直线助跑，用前脚掌着地，富有弹性地跑，提高身体重心，步幅均匀，不断加速；进入弧线跑时，前脚掌沿弧线落地，外侧摆动腿有弹性地蹬地，上体逐步加大向弧线内侧的倾斜。助跑的节奏要快，特别是助跑最后两步，髋关节前送幅度要大。迈步时，上体保持较垂直的姿势，摆动腿积极、充分后蹬，起跳腿快速前伸，髋部自然前送。助跑时，两臂应积极有力地前后摆动；弧线跑时，外侧手臂摆动幅度应大于内侧手臂的摆动幅度。

（二）起跳

起跳腿以大腿带动小腿积极下压着地，起跳脚脚跟外侧先着地，接着通过脚的外侧滚动至全脚掌，脚尖朝向弧线的切线方向。随着身体由内倾转为垂直，迅速地完成缓冲与蹬伸动作，运动员顺势向上跳起。

摆动腿蹬离地面以后，以髋部发力加速向前摆动大腿，同时以膝关节领先，屈膝折叠；当摆动腿摆过起跳腿前方后应向里转，而摆动腿小腿和摆动脚要稍外展。摆动腿沿着助跑弧线的延续方向加速上摆，直至减速制动。两臂的摆动要与摆动腿的摆动协调配合。

（三）过杆

当起跳腿蹬离地面结束起跳以后，身体应保持伸展的姿势向上腾起，同时在摆动腿和同侧臂的带动下，围绕身体纵轴旋转，使身体转向背对横杆。当头和肩越过横杆以后，及时仰头、倒肩和展体，并利用身体重心向上的速度，收腿挺髋，身体成背弓姿势。这时两腿屈膝稍后收，两臂置于体侧。当身体重心移过横杆时，则应做相反的补偿，即含胸收腹，控制上体继续下旋，同时以髋部发力，带动大腿和小腿加速向后上方甩腿，使整个身体脱离横杆。

（四）落地

落地时，运动员应保持屈髋伸膝的姿势下落，最后以上背部或背部先落于海绵垫上。落在海绵垫后要做好缓冲控制，防止受伤。

二、跳远

跳远技术由助跑、起跳、腾空和落地四个部分组成（图11-2-2）。

图 11-2-2

（一）助跑

助跑是为了获得理想的水平速度，并为准确踏板与快速有力的起跳做好准备。助跑距离一般为28～50米，男子为16～24步，女子为14～18步。在助跑过程中，运动员要注意对身体重心、节奏的把握，最后一步达到助跑最快速度。

（二）起跳

助跑的倒数第二步摆动腿着地时，膝关节迅速前移，上体正直，起跳腿自然积极地前摆。在起跳腿的大腿前摆时，抬腿要比短跑时低些，并积极主动下压，用全脚掌踏上起跳板，然后，屈膝缓冲，身体重心稍降低。当身体重心落至起跳腿支撑点的垂直部位时，起跳腿迅速用力蹬伸，使髋关节、膝关节、踝关节三个关节迅速伸直，上体挺起，摆动腿的大腿积极向前上方摆至水平位置，小腿自然下垂，完成起跳动作。

起跳腿的同侧臂屈肘向前上方摆起，异侧臂屈肘向侧摆起，当两臂肘关节摆至略低于肩或与肩同高时，突停，使身体借助摆臂的惯性提肩、拔腰、挺胸、顶头，帮助身体重心提起，增大起跳效果。

（三）腾空

起跳腾空后的空中动作主要有挺身式、蹲踞式和走步式，以下介绍挺身式。

起跳腾空后，摆动腿的大腿积极下放，小腿随之向下、向后方摆动，留在体后的起跳腿向摆动腿靠拢。腾空达到最高点时，身体充分伸展，形成挺胸展髋的姿势。两臂上举或后摆，然后收腹团身，落地瞬间两腿前伸成落地动作。

（四）落地

落地前，上体不要过分前倾，大腿要尽量上举靠近胸部。将要落地时，小腿积极前伸，两脚接触沙面后，迅速屈膝缓冲，两臂积极向前挥摆，臀部前移，上体前倾，使身体重心迅速移过支撑面。为了避免落地时身体后坐，可采用以下两种落地姿势：前倒姿势，脚跟着地后，前脚掌下压，两腿屈膝前跪，身体移过支撑点后继续向前移动，并向前倒下；侧倒姿势，脚跟着地后，一腿紧张支撑，另一腿放松，身体向放松腿的前侧方倒下。

三、三级跳远

三级跳远技术由助跑、单足跳、跨步跳和跳跃四个部分组成。（图11-2-3）

图11-2-3

助跑是为了获得最快的速度并准确地踏上起跳板。三级跳远的助跑与跳远的助跑基本相同。

起跳腿自然积极主动下压，全脚掌踏上起跳板，然后，屈膝缓冲，身体重心稍降低。当身体重心落至起跳腿支点的垂直部位时，起跳腿迅速用力、充分蹬伸，摆动腿的大腿积极向前上方摆至水平位置，然后开始做换腿动作，即摆动腿大腿带动小腿自然向下、向后摆动，同时起跳腿屈膝向前上方摆动，完成换步动作。

随着身体重心的下降，前摆的起跳腿积极有力地下压，小腿迅速前伸做积极有力的扒地动作，着地后要及时屈膝缓冲并迅速滚动到前脚掌，同时摆动腿的大腿快速有力地向前上方摆动至水平位置。

随着身体重心的下降，摆动腿的大腿积极下压，小腿前伸做有力的向下、向后快速扒地动作。着地后适度地屈膝、伸踝，积极缓冲，使身体快速前移。前两跳中的起跳腿此时成为摆动腿，与两臂积极配合，快速有力、大幅度地向前上方摆出，及时完成第三跳的起跳动作。

四、推铅球

以背向滑步推铅球为例。背向滑步推铅球技术由握球和持球、预备姿势、滑步、最后用力和维持身体平衡五个部分组成。

（一）握球和持球

握球和持球的方法（以右手为例）：五指稍分开，将球放在食指、中指、无名指指根处，拇指和小指扶在球的两侧，伸腕。握好球后，将球放在锁骨窝处，贴于颈部，右臂屈肘向外，右手掌心向内。（图11-2-4）

握球　　　持球

图11-2-4

（二）预备姿势

持球后，投掷者站在投掷圈的后部，背对投掷方向，右脚在前，贴近投掷圈，身体重心落在右脚脚掌上，左脚在后，脚尖自然点地。身体从正直姿势开始向前屈体，待上体与地面平行时，屈右膝下蹲，形成团身动作。

（三）滑步

预备姿势完成后，臀部带动身体重心略向投掷方向移动，使其移离身体的支撑点（右脚），以便于滑步，避免身体重心起伏过大。接着，左腿以大腿带动小腿迅速向抵趾板方向摆出并外旋，右腿积极蹬伸，及时拉收并内旋，两腿摆蹬协调配合，推动身体向投掷方向快速移动。

（四）最后用力

最后用力是推铅球技术的重要环节。滑步结束后，左脚脚掌内侧着地支撑，右腿弯曲，支撑身体。左脚脚尖与右脚脚跟在一条直线上，肩轴与髋轴成扭紧状态。右腿积极蹬转，推动右髋向投掷方向转动，左臂由胸前向投掷方向牵引摆动，身体重心逐渐移至左腿，左膝被动微屈，左臂由上向身体左侧靠压制动，右臂向投掷方向转动，用力推球。铅球快离手时，手腕、手指向外拨球。

（五）维持身体平衡

铅球离手后，两腿交换，身体重心降低，维持身体平衡。

第三节　径赛项目

一、短跑

短跑包括 100 米跑、200 米跑和 400 米跑等项目。

（一）100 米跑

1. 起跑

田径竞赛规则规定，短跑比赛运动员必须采用蹲踞式起跑，必须使用起跑器，要按发令员的口令完成起跑动作。起跑器的安装方式主要有普通式和拉长式两种，运动员应根据个人的身高、体形、身体素质、技术水平等情况来选择起跑器的安装方式。

起跑信号包括"各就位""预备"和鸣枪。

听到"各就位"口令后，运动员走到起跑器前，俯身，两手撑地，两脚依次蹬在前后起跑器的抵足板上，脚尖应触及地面，后腿膝关节跪地，然后两臂收回到起跑线后撑地，两臂伸直，两手间距比肩稍宽，四指并拢与拇指成八字形，颈部自然放松，身体重心落在两手、前腿和后膝之间，注意听"预备"口令。

听到"预备"口令后，逐渐抬起臀部和后膝，臀部要稍高于肩部，身体重心适当向前上方移动，肩部稍超出起跑线，身体重心落在两臂和前腿之间。两脚紧贴起跑器抵足板，集中注意力听枪声。

听到枪声后，两手迅速推离地面，两臂屈肘做积极有力的前后摆动，同时两腿快速用力蹬起跑器，后腿快速蹬离起跑器后迅速屈膝向前上方摆出，前腿快速有力地蹬伸。（图 11-3-1）

图 11-3-1

2. 起跑后的加速跑

起跑后的加速跑是从蹬离起跑器到途中跑之间的一个跑段，一般为 30 米左右，其目的是尽快加速到自己的最快速度。

起跑后第一步约三脚半长，第二步为四脚至四脚半长，以后逐渐增大，直至途中跑的步幅。脚蹬离起跑器后，身体处于较大的前倾姿势，为了避免身体向前倾倒，要积极加快腿的蹬伸与臂的摆动，以保持身体的平衡。

最初几步两脚着地点并不在一条直线上，随着速度的加快，两脚内侧着地点逐渐趋于一条直线。

3. 途中跑

途中跑的距离在整个短跑中是最长的，其主要的任务是继续发展和保持较长距离的最快速度。其动作特点是前脚脚掌落在身体重心投影点的前面，脚触地后，前腿膝关节微屈，足踵下沉，使身体重心很快地移过垂直阶段；接着后腿的髋、膝、踝关节依次迅速伸展，完成快速有力的后蹬。后蹬的角度约为50°，后蹬方向要正。随着支撑脚的落地，摆动腿的大腿迅速前摆。蹬地时，大腿积极向前上方摆动，并把同侧髋部一起带出。落地前，大腿要迅速积极地下压，这时由于惯性，小腿自然前伸，接着前脚掌迅速、有弹性地向下、向后做扒地动作。

途中跑时，头要正对前方，两眼要向前平视，上体保持正直或微向前倾。以肩关节为轴，两臂轻松而有力地向前摆动。前摆时，肘关节不超过身体中线和下颌，上臂与前臂的夹角约为90°；后摆时，肘关节要稍微向外。摆臂动作应以自然协调为原则。（图11-3-2）

图 11-3-2

4. 终点跑

终点跑是全程跑的最后一段，要求运动员在离终点线15～20米处时，两臂尽力摆动，保持上体前倾角度；当离终点线一步距离时，上体急速前倾，两手后摆，用胸部或肩部冲向终点线，跑过终点后逐渐减速。

（二）200米跑和400米跑

200米跑和400米跑有一半以上的距离是在弯道上进行的。弯道跑与直道跑的技术有区别。

1. 弯道起跑和起跑后的加速跑

为了便于弯道起跑后能有一段直线距离进行加速跑，应将起跑器安装在弯道的右侧，起跑器对着弯道的切线方向。弯道起跑后，前几步应沿着内侧分道线的切线跑。加速跑的距离适当缩短，上体抬起较早。在进入弯道时，应尽可能地沿着跑道内侧跑，身体及时向内侧倾斜。

2. 弯道跑技术

运动员从直道进入弯道时，身体应有意识地向内倾斜，加大右腿和右臂的摆动力量及幅度，身体应向圆心方向倾斜。后蹬时，右脚用前脚掌的内侧，左脚用前脚掌的外侧蹬地。两腿摆动时，右腿膝关节稍向内摆动，左腿膝关节稍向外摆动。两臂摆动时，右臂前摆稍偏向左前方，后摆时，肘关节稍偏向右后方；左臂稍离躯干做前后摆动。弯道跑时，两腿蹬地与摆动方向都应与身体向圆心的倾斜方向趋于一致。从弯道跑进直道时，在弯道最后几步，身体应逐渐减小内倾程度，自然跑几步，然后做一个进入直道的调整，按直道途中跑技术跑进。

二、中长跑

中长跑项目包括 800 米跑、1500 米跑、3000 米障碍跑、5000 米跑、10000 米跑等。

（一）起跑和起跑后的加速跑

中长跑采用站立式起跑。当运动员听到"各就位"的口令后，迅速走到起跑线后，一般习惯将力量较大的脚放在起跑线后，前后脚距离约为一脚长，左右脚距离约为半脚长，两眼看起跑线前方 5 ～ 10 米处，两臂一前一后，身体保持稳定，集中注意力听枪声。当听到枪声后，两腿迅速用力蹬地，两臂配合腿部动作做快速有力的摆动，使身体迅速向前冲出，在短时间内获得较快的跑速，然后进入匀速、有节奏的途中跑。

（二）途中跑

途中跑的距离最长，是中长跑的主要部分。中长跑的强度小于短跑，跑速相对较慢，动作速度较慢，用力程度相对较小，除了因战术需要而改变跑的节奏外，多采用匀速跑。途中跑要做到技术合理、速度均匀、节奏感强、全身动作协调有力。

（三）终点跑

终点跑是指运动员在十分疲劳的情况下，竭尽全力地进行的最后一段距离的冲刺跑。在运动员实力接近的条件下，它将决定比赛的胜负。

什么时候开始终点冲刺，要由比赛的项目、训练的水平、战术的要求、临场的情况等因素决定。一般情况下，800 米跑可在最后 200 ～ 300 米或稍长的距离开始加速，1500 米跑可在最后 300 ～ 400 米或稍长的距离开始加速，5000 米跑可在最后 400 米或稍长的距离开始加速，更长距离的项目加速距离可更长些。冲刺能力强的运动员可采取紧跟战术，在进入最后直道时，才开始做最后冲刺，超越对手。

（四）中长跑的呼吸

中长跑时，运动员应注意呼吸的节奏。呼吸应自然并有一定的深度，一般是跑两三步一呼气，跑两三步一吸气。随着跑速的加快，呼吸频率也相应加快。中长跑由于强度大、竞争激烈，为了提高呼吸效率运动员可用半张的口和鼻子同时呼吸，以最大程度地满足人体对氧气的需要。

中长跑时，运动员跑一段距离后会不同程度地出现胸部发闷、呼吸困难、动作无力等感觉，这种生理现象叫"极点"。当"极点"现象出现时，运动员应适当降低跑速，深呼吸，特别是加深呼气，同时要以顽强的意志坚持下去。

三、接力跑

接力跑竞赛项目一般有男、女 4×100 米接力跑和男、女 4×400 米接力跑。

（一）4×100 米接力跑技术

1. 起跑

（1）持棒起跑：第一棒运动员采用蹲踞式起跑，其基本技术与短跑起跑大致相同。通常右手持棒，接力棒不得触及起跑线及起跑线前面的地面。

（2）接棒人起跑：第二棒、第三棒、第四棒运动员多采用半蹲式或站立式起跑。第二棒、第四棒运动员站在跑道外侧，第三棒运动员站在跑道内侧。接棒运动员起跑姿势的选择主要取决于能否快速起跑和快速进入加速跑，以及能否清晰地看到传棒运动员与设定的起动标志。

2. 传接棒

（1）上挑式。接棒人手臂自然后伸，手臂与躯干成 40°～45°，掌心向后，虎口张开，向下。传棒人将棒由下向前上方挑送到接棒人手中。（图 11-3-3）

（2）下压式。接棒人手臂后伸，与躯干成 50°～60°，掌心向上，虎口向后，拇指向内。传棒人将棒的前端由上向下压送到接棒人手中。（图 11-3-4）

图 11-3-3　　　　　　　　　　　图 11-3-4

（二）4×400 米接力跑技术

4×400 米接力跑的传接棒技术相对简单，由于传棒人最后的跑速已减缓，接棒人应目视传棒人，顺其跑速接棒，然后快速跑出。

体育思政课堂

田径运动中的跳高、跳远、三级跳远可以培养大学生不怕困难、敢于挑战的精神；投掷项目可以增加大学生的勇气，培养其冒险精神；中长跑、接力跑等运动项目可以磨炼大学生的意志，尤其是接力跑可以培养大学生团结协作的精神。通过观看田径比赛，大学生可以提高规则意识和竞争意识。

思考题

1. 田赛项目包括哪些内容？

2. 径赛项目包括哪些内容？

第十二章

球类运动

━━━━━━━━━━━━━━ 第一节　足球运动 ━━━━━━━━━━━━━━

一、足球运动概述

足球运动是一项古老而富有魅力的体育运动。我国古代的足球运动称蹴鞠，又称踏鞠，最早被记载于《战国策·齐策》。在战国时，蹴鞠已成为一种重要的娱乐和练兵手段。三国时期，蹴鞠在承袭先秦蹴鞠形式的基础上发展得较快。唐、宋、元、明、清不同朝代都继承并发展了蹴鞠运动。2004年，国际足球联合会（简称"国际足联"）主席布拉特宣布，中国是足球的故乡，足球最早起源于山东省淄博市的临淄，并于2005年在国际足联总部向临淄颁发了足球起源地证书。

现代足球运动诞生于英国。1857年，世界上第一个足球俱乐部——谢菲尔德足球俱乐部在英国谢菲尔德市成立。1863年，英格兰足球总会成立，标志着现代足球的正式形成，从此，足球运动在欧洲得到普及。1896年，第1届现代奥运会在希腊举行时，足球就被列为比赛项目。1928年阿姆斯特丹奥运会结束后，国际足联召开代表会，决定每4年举办一届世界足球锦标赛，即世界杯足球赛。这对世界足球运动的发展起到了积极的推动作用。1930年，第1届世界杯足球赛在乌拉圭首都蒙得维的亚中央体育场开幕，开辟了世界足球新纪元。

20世纪50年代至60年代初，我国的足球运动水平有了大幅度的提高，并在亚洲处于领先地位，有了一定的与欧美强国抗衡的能力。1976年以后，国家体育运动委员会（现为国家体育总局）重新召开了全国足球工作会议，恢复了全国甲级、乙级联赛制度和青少年联赛制度，这使我国足球运动的水平快速提升。从1994年起，我国开始推行足球职业联赛，共有23支俱乐部球队参加甲A、甲B联赛，实行升降级制度，使我国的足球运动步入了职业化的道路，从而更好地与国际足球接轨。在职业化的推动下，在1999年美国女足世界杯上，中国国家女子足球队获得了亚军；在2002年的第17届世界杯足球赛上，中国国家男子足球队首次打入了世界杯的决赛圈，冲出了亚洲，走向了世界。

二、足球基本技术

足球技术是运动员在足球比赛中所采用的合理行动和动作方法的总和，主要包括踢球、运球、停球、头顶球、抢截球、掷界外球等。

（一）踢球

踢球动作一般由助跑、支撑脚站位、踢球腿的摆动、踢球脚的触球部位、踢球后的随摆等要素组成。常见的踢球技术有脚内侧踢球、脚背内侧踢球、脚背外侧踢球等。

1. 脚内侧踢球

脚内侧踢球常用于踢定位球，以及接踢各方向来的地滚球和空中球。

脚内侧踢定位球时，直线助跑，支撑脚落在球的侧后方 15 厘米左右处，支撑腿膝关节微屈，踢球腿以髋关节为轴，膝外转约 90°，踢球脚脚尖翘起与地面平行；同时踢球脚不得高于球，由后向前摆动，用脚内侧（三角面）触球的后中部（图 12-1-1）。脚内侧踢空中来球时，踢球腿大腿抬起，小腿拖后，踢球脚脚内侧对准出球方向，利用小腿向前摆动的动作，水平敲击球的后中部。

脚内侧踢球

图 12-1-1

2. 脚背内侧踢球

脚背内侧踢球用于踢定位球、过顶球，以及远距离传射和转身踢球。

脚背内侧踢定位球时，助跑方向与出球方向成 90°。支撑脚的脚掌外沿积极踏在球的侧后方 25～30 厘米处，脚尖指向出球方向，并踏在球的横轴（与出球方向垂直的轴）的延长线上，支撑腿膝关节弯曲，身体向支撑脚一侧稍倾斜。在支撑脚着地的同时，踢球腿以髋关节为轴，以大腿带动小腿由后向前挥摆。当身体转向出球方向、膝关节大约摆至球的正上方时，小腿加速前摆，脚尖稍外转并下压，以脚背的内侧踢球的后中部。踢球后，踢球腿继续向出球方向摆动。（图 12-1-2）

脚背内侧踢球

图 12-1-2

脚背内侧转身踢球时，在助跑最后一步蹬离地面时，身体转向出球方向。支撑脚以脚掌外沿着地，脚尖指向出球方向，上体侧前倾，支撑腿膝关节弯曲。后面的动作与脚背内侧踢定位球相同。

3. 脚背外侧踢球

脚背外侧踢球用于踢定位球、弧线球、弹拨球等。

脚背外侧踢定位球时，直线助跑，最后一步稍大并积极着地，支撑脚踏在球的侧方12～15厘米处，脚尖正对出球方向，支撑腿膝关节微屈，两臂自然张开。踢球腿在支撑脚前跨和助跑的最后一步蹬离地面时，顺势向后摆起，膝关节弯曲，同时以髋关节为轴，大腿带动小腿由后向前摆动。在踢球腿膝关节大约摆至球的正上方，小腿加速前摆的一刹那，膝关节与脚尖内转，脚背绷直，脚趾扣紧，以脚背外侧踢球的后中部。踢球后，踢球腿继续前摆。（图12-1-3）

图 12-1-3

（二）运球

1. 脚背正面运球

脚背正面运球常用于快速前进。

跑动时，身体自然放松，上体稍前倾，两臂自然摆动，步幅不宜过大。运球脚脚跟提起，脚尖下压，用脚背正面推拨球前进。（图12-1-4）

图 12-1-4

2. 脚背外侧运球

脚背外侧运球用于快速奔跑和向外改变方向。

脚背外侧运球的动作要领与脚背正面运球相似，不同的是运球脚的脚尖稍内转，用脚背外侧触球。

3. 脚背内侧运球

脚背内侧运球用于变向和用身体掩护球。

助跑时，身体自然放松，步幅不宜过大，上体稍前倾并向运球方向转动。运球腿

提起时，膝关节微屈，运球脚脚跟提起，脚尖稍外转，并在迈步前伸着地前，用脚背内侧推拨球前进。

4. 脚内侧运球

脚内侧运球是运球技术中最慢的一种运球方法，常结合身体掩护球使用。

脚内侧运球时，支撑脚向前跨出一步，踏在球的前侧方，支撑腿膝关节微屈，上体稍前倾并向里转。身体向前移动时，运球脚提起，用脚内侧推球的后中部。

（三）停球

停球是指球员有目的地用身体的合理部位，把运行中的球停到所需要的控制范围内。停球是为了更好地理顺球，使之为传球、运球、过人和射门服务。

1. 脚内侧停球

脚内侧停球触球的面积大，易停稳，便于变向和结合下一个动作，多用于停地滚球、反弹球和空中球。

（1）脚内侧停地滚球：支撑脚正对来球，支撑腿膝关节微屈，停球腿膝外转并前迎，在球与脚接触前的一刹那开始后撤，在后撤过程中用脚内侧接触球，把球停在需要的位置上。（图 12-1-5）

（2）脚内侧停反弹球：支撑脚踏在球的落点的侧前方，支撑腿膝关节微屈，上体稍前倾并向停球脚方向微转，同时停球脚提起并放松，用脚内侧对准球的反弹路线。当球落地反弹刚离地时，用停球脚脚内侧触球的中上部。（图 12-1-6）

图 12-1-5　　　　　　　　　　　图 12-1-6

（3）脚内侧停空中球：一种方法是根据来球的高度，将停球脚举起，脚内侧对准来球路线，停球脚在与球接触前的一刹那开始后撤，在后撤过程中用脚内侧接触球，把球控制在下个动作需要的地方（图 12-1-7）；另一种方法是将停球脚提起并稍高于选择的停球点，在停球脚与球接触前的一刹那，用脚内侧切球的侧上部，把球停在地面。用切压法停球往往不稳，需要及时调整。

图 12-1-7

脚内侧停
地滚球

脚内侧停
反弹球

脚内侧停
空中球

脚底停地滚球

2. 脚底停球

脚底停球用于停地滚球和反弹球。

脚底停地滚球时，支撑脚踏在球的侧后方，脚尖正对来球，支撑腿膝关节微屈；同时将停球腿提起，膝关节自然弯曲，停球脚脚尖翘起，脚跟距离地面的高度不得高于球，踝关节放松，用前脚掌触球的中上部。（图 12-1-8）

图 12-1-8

脚底停反弹球时，支撑脚踏在球落点的侧后方；在球着地的一刹那，用停球脚的前脚掌对准球的反弹路线，触球的中上部。

脚底停反弹球

3. 胸部停球

胸部面积较大，有弹性，位置高，能停高球和空中平球。胸部停球有收胸式停球和挺胸式停球两种。

（1）收胸式停球：一般用来停胸部高度的平直球。停球时，面对来球，两脚开立，两臂自然张开，挺胸迎球。在球运行到与胸部接触前的一刹那，迅速收胸、耸肩、收腹，缓冲来球力量，将球停在身前。如果要把球停向左（右）侧，则在接触球的同时向左（右）侧转体。（图 12-1-9）

收胸式停球

（2）挺胸式停球：一般用于停高于胸部的下落球。停球时，面对来球，两脚开立，两腿微屈，胸部正对来球，在球与胸部接触前的一刹那，收下颌，挺胸，上体后仰成背弓，以缓冲来球力量，使球弹起再落于身前。（图 12-1-10）

挺胸式停球

图 12-1-9

图 12-1-10

（四）头顶球

头顶球是争取时间和取得空中优势的主要技术，在攻防中起着重要作用。头顶球可分为前额正面顶球和前额侧面（额侧）顶球两种。这两个部位都可以原地、跳起和鱼跃顶球。

1. 前额正面顶球

前额正面顶球（原地）：身体正对来球，两脚前后开立，两腿微屈，上体后仰，两臂自然分开，两眼注视来球。在球运行到身体垂直部位前的一刹那，两脚用力蹬地，收腹，身体迅速前摆。当球运行到身体垂直部位时，颈部紧张，收颌，甩头，用前额正面顶球的后中部，然后上体随球继续前摆。（图 12-1-11）

图 12-1-11

2. 前额侧面顶球

前额侧面顶球（原地）：两脚前后开立，两腿微屈，上体和头部稍向出球方向异侧转动，身体重心放在后脚上，两臂自然张开，两眼注视来球。头部触球时，后脚用力蹬地，上体迅速向出球方向扭转，同时甩头。当球运行到与出球方向同侧肩的前上方时，用额侧部位击球的后中部。

（五）抢截球

抢球是把对方控制的或将要控制的球夺过来或破坏掉。截球是将对方传出的球堵截住或破坏掉。

1. 正面抢截球

正面抢截球有正面跨步抢截球和正面铲球两种。

（1）正面跨步抢截球：两脚前后开立，两腿微屈，身体重心下降，落在两脚之间，面向控球者。控球者运球前进，当触球脚即将着地或刚着地时，抢球者一脚用力蹬地，抢球脚以脚内侧正对球并向球跨出一步，抢球腿膝关节弯曲，上体前倾，身体重心移至抢球脚上，另一脚立即前跨成支撑脚。双方的脚同时触球时，抢球者则要顺势向上提拉，使球从对方的脚背滚过。身体要迅速跟上，把球控制住。

（2）正面铲球：两脚前后开立，两腿微屈，身体重心下降，落在两脚之间，面向控球者。当控球者运球前进、脚触球的一刹那，抢球者一脚用力后蹬，另一脚前伸，然后将球踢出。

2. 侧后铲球

侧后铲球有同侧脚铲球和异侧脚铲球两种。

同侧脚铲球

异侧脚铲球

原地掷界外球

（1）同侧脚铲球：控球者拨出球的一刹那，抢球者的后脚（异侧脚）用力后蹬成跨步，前脚（同侧脚）以脚外侧沿地面向前外侧滑出，用脚背或脚尖将球踢出或捅出，然后小腿外侧、大腿外侧和臀部依次着地。

（2）异侧脚铲球：控球者拨出球的一刹那，抢球者后脚（同侧脚）用力后蹬成跨步，前脚（异侧脚）以脚外侧沿地面向前内侧滑出，用脚底将球蹬出去，然后小腿外侧、大腿外侧和臀部依次着地。

（六）掷界外球

掷界外球不受越位限制，是组织进攻的机会。界外球如果掷得既远又准，则可加快进攻速度。

1. 原地掷界外球

面对出球方向，两脚前后（左右）开立，膝关节弯曲，上体后仰成背弓，身体重心移到后脚上（左右开立时，身体重心在两脚之间），两手自然张开，拇指相对，成八字形，持球侧后部，屈肘将球置于头后。掷球时，后脚用力蹬地，两腿迅速伸直，身体重心由后脚移到前脚，收腹屈体，同时两臂急速前摆，当摆到头上时，用力甩腕将球掷入场内。掷球时，后脚可沿地面滑动向前，两脚均不可离地或踏入场内（但允许踏在线上）。（图12-1-12）

图 12-1-12

2. 助跑掷界外球

两手持球于胸前，在助跑迈出最后一步时，上体后仰成背弓，同时将球举至头后。掷球时的动作与原地掷界外球相同。

助跑掷界外球

三、足球基本战术

足球比赛攻守过程中采取的个人行动和集体配合，称为足球的基本战术。足球战术可分为进攻战术和防守战术两大类。进攻战术和防守战术中都包含着个人和集体的战术。

（一）比赛阵形

比赛阵形是指比赛场上队员的基本位置排列，是本队攻守力量分配和分工的形式。选择阵形要以本队队员的特长、体能与技术水平等为依据。

根据队员的职责和排列的层次，阵形可分为后卫线、前卫线和前锋线。阵形的人数排列原则是从后卫数向前锋，守门员不计算在内。

目前，世界上普遍采用的阵形有"4-3-3"阵形、"4-4-2"阵形、"4-1-2-3"阵形、"3-5-2"阵形等。在以上阵形中，除了"4-4-2"阵形以防守为主、反击为辅外，其他阵形均以进攻为主，尤以"3-5-2"阵形最为突出。

（二）进攻战术

1. 个人进攻战术

个人进攻战术是指己方在对方紧逼防守的情况下，采取有效措施，摆脱自己的对手，跑到有利的位置，接应控制球的同伴并巧妙地进行传球配合，以达到进攻目的的方法。个人进攻战术包括摆脱、跑位、带球过人等。

2. 局部进攻战术

局部进攻战术是指两人或两人以上的战术配合行动，可以丰富和完善全队的进攻战术，是实施全队战术的基础。

两人的局部配合是集体配合的基础。常用的两人配合有以下三种。

（1）斜传直插二过一。⑦横传给⑨，⑨斜线传球，⑦直线插入接球；⑥斜线传球给⑩，⑩斜线传球，⑥直线插入接球。（图12-1-13）

（2）直传斜插二过一。⑦横传给⑨后立即斜线插上接⑨的直传；⑩运球过人后传给⑧，再斜线插上接⑧的直传。（图12-1-14）

（3）反切二过一。⑦回撤接⑨的传球，防守队员跟上紧逼时，⑦回传给⑨并转身切入，接⑨传至对手身后空当的球。（图12-1-15）

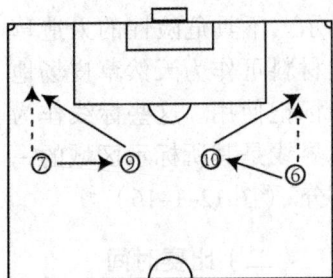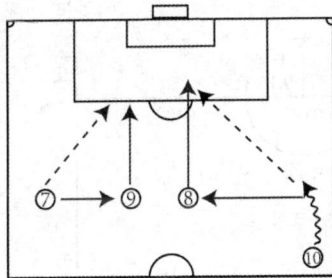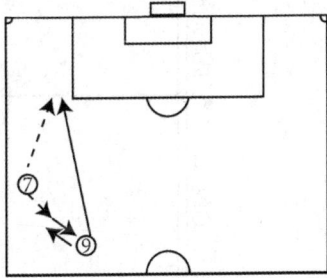

图12-1-13　　　　　图12-1-14　　　　　图12-1-15

3. 集体进攻战术

（1）边路进攻。边路进攻主要是通过边锋、交叉到边上的中锋或直接插上的前卫、边后卫运用个人带球突破技术或传球配合，以达到突破对方防线传中（外围传中、下底传中、切底迂回传中），最后由中锋包抄射门的目的。

（2）中路进攻。中路进攻能直接威胁对方球门，但中路防守队员密集，中路进攻不易突破，因此要通过中锋、内切的边锋或插上的前卫间的配合或个人带球过人等方法突破对方防线。

（3）转移进攻。当一侧进攻受阻，另一侧进攻有利时，己方要及时快速地转移进攻方向。此方法多是通过采用有效而准确的中长距离传球来实现的，用以拉开对方的一边防守，达到声东击西的进攻目的。

（4）快速反击。己方在防御中积极拼抢，一旦得球，趁对方立足未稳时快速传球，形成以多打少的局面，达到射门得分的目的。

（三）防守战术

1.个人防守战术

个人防守战术是局部防守和集体防守的基础，包括堵（迎面堵、贴身堵）、抢（迎面抢、侧面抢、侧后铲）、断等技术。此外，选位与盯人也是重要的个人防守战术。

2.集体防守战术

集体防守战术有全攻全守的全场防守、半场防守、紧逼防守和区域防守，也有与盯人相结合的区域防守、密集防守等多种防守战术。不论采用哪种战术都要考虑到本队的特长，还要针对对方的进攻战术，采用有效的防守战术，破坏对方的进攻。

四、足球比赛规则简介

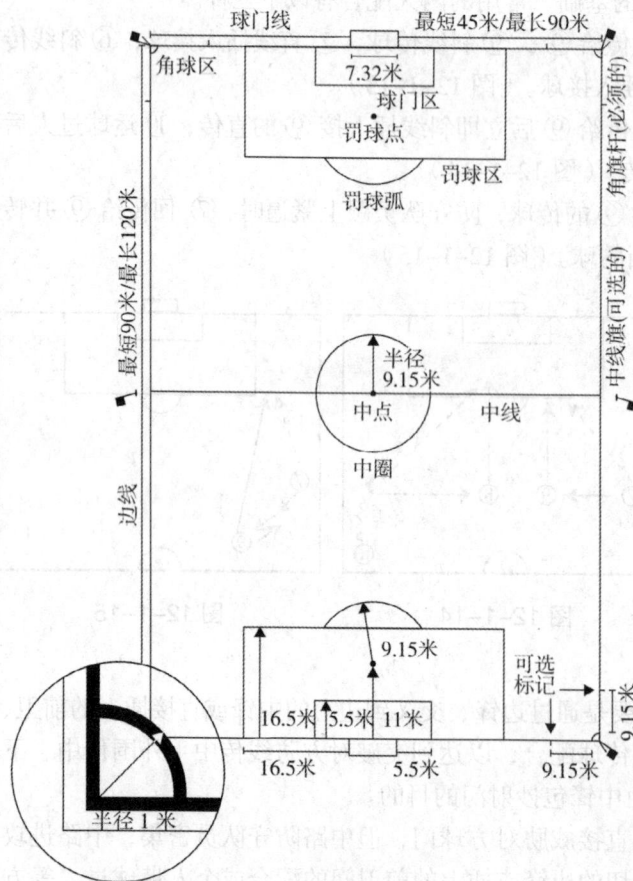

图 12-1-16

（一）比赛场地

比赛场地必须为全天然草皮。若竞赛规程允许，可使用全人造草皮。人造草皮场地的表面必须为绿色。比赛场地形状必须为长方形，且由不具危险性的连续标线标示。不具危险性的人造草皮材料可作为天然草皮场地的标记使用。这些标线作为边界线是其所标示区域的一部分。（图 12-1-16）

（二）比赛时间

一场比赛分为两个 45 分钟相同时长的半场。队员享有中场休息的权利，休息时间不得超过 15 分钟。

（三）确定比赛结果

1.进球得分

（1）当球的整体从球门柱之间及横梁下方越过球门线，且进球队未犯规或违规时，即为进球得分。

（2）如果守门员手抛球直接进入对方球门，则由对方踢球门球。

（3）如果裁判员在球的整体还未越过球门线时示意进球，则以坠球恢复比赛。

2.获胜队

（1）进球数较多的队伍为获胜队。如果双方球队没有进球或进球数相等，则该场比赛为平局。

（2）当竞赛规程规定一场比赛出现平局，或主客场进球数相同时必须有一方取胜，仅允许采取如下方式决定获胜队：①客场进球规则；②加时赛，加时赛上下半场时长相等且均不超过15分钟。③罚球点球决胜。

（四）越位

1.越位位置

（1）处于越位位置并不意味着构成越位犯规。

（2）队员处于越位位置，如果其：头、躯干或脚的任何部分处在对方半场（不包含中线）；且头、躯干或脚的任何部分较球和对方倒数第二名队员更接近于对方球门线。

（3）队员不处于越位位置，如果其：与对方倒数第二名队员齐平；或与对方最后两名队员齐平。

2.越位犯规

一名队员在同队队员传球或触球（应使用传球或触球的第一接触点）的一瞬间处于越位位置，该队员随后以如下方式参与了实际比赛，才被判罚越位犯规。

（1）在同队队员传球或触球后得球或触及球，从而干扰了比赛。

（2）干扰对方队员。包括：通过明显阻碍对方队员视线，以妨碍对方队员处理球，或影响其处理球的能力；与对方队员争抢球；有明显的试图触及近处的来球的举动，且该举动影响了对方队员；做出影响对方队员处理球能力的明显举动。

（3）在如下情况发生后触球或干扰对方队员，从而获得利益：球从球门柱、横梁、比赛官员或对方队员处反弹或折射过来；球从任一对方队员有意救球后而来。

（五）犯规与不正当行为

只有在比赛进行中犯规或违规，才可判罚直接或间接任意球，以及罚球点球。

1.直接任意球

（1）如果裁判员认为，一名场上队员草率地、鲁莽地或使用过分力量对对方队员实施如下犯规，则判罚直接任意球：冲撞；跳向；踢或企图踢；推搡；打或企图打（包括用头顶撞）；用脚或其他部位抢截；绊或企图绊。

（2）如果是由身体接触的犯规，则判罚直接任意球。

（3）如果场上队员实施如下犯规时，判罚直接任意球：手球犯规（守门员在本方罚球区内除外）；拉扯对方队员；在身体接触的情况下阻碍对方队员移动；对在比赛名单上的人员或比赛官员实施咬人或吐口水；向球、对方队员或比赛官员扔掷物品，或用手中的物品触及球。

2.间接任意球

如果一名场上队员犯有如下行为时，则判罚间接任意球：以危险方式进行比赛；在没有身体接触的情况下阻碍对方行进；以语言表示不满，使用攻击性、侮辱性或辱骂性的语言和/或行为，或其他口头的违规行为；在守门员发球过程中，阻止守门员从手中发球、踢或准备踢球；故意发起施诡计用头、胸、膝等部位将球传递给守门员以逃避规则相关条款处罚的行为（包括在踢任意球或球门球时），无论守门员是否用手触球。如果该行为由守门员发起，则处罚守门员。犯有规则中没有提及的，又需裁判员停止比赛予以警告或罚令出场的任何其他犯规。

3.纪律措施

黄牌代表警告，红牌代表罚令出场。

（1）可警告的犯规行为。

场上队员犯有如下行为时，应被警告：延误比赛恢复；以语言或行动表示不满；未经裁判员许可进入、重新进入或故意离开比赛场地；当比赛以坠球、角球、任意球或掷界外球恢复时，未退出规定距离；持续违反规则（对"持续"的定义并没有明确的次数和犯规类型）；非体育行为；进入裁判员回看分析区域；过分地做出要求回看分析（比画电视屏幕）的信号。

（2）罚令出场的犯规。

场上队员、替补队员或已替换下场的队员犯有如下行为时，应被罚令出场：通过手球犯规破坏对方球队进球或明显的进球得分机会（守门员在本方罚球区内除外）；通过可判罚任意球的犯规，破坏对方的进球或总体上朝犯规方球门方向移动的明显的进球得分机会；严重犯规；咬人或向任何人吐口水；暴力行为；使用攻击性、侮辱性或辱骂性的语言和/或行为；在同一场比赛中得到第二次警告；进入视频操作室。

第二节　篮球运动

一、篮球运动概述

篮球运动起源于美国，由美国马萨诸塞州斯普林菲尔德市的一位名叫詹姆斯·奈史密斯的体育教师于1891年发明。篮球运动最初是一种将桃篮钉在运动场内看台上的栏杆上，并向桃篮投球的游戏。1932年，国际业余篮球联合会（今国际篮球联合会）在瑞士日内瓦成立。1936年，男子篮球成为第11届奥运会正式比赛项目。1976年，女子篮球成为第21届奥运会正式比赛项目。

1895年，篮球运动传入中国。1913年，篮球在华北运动会上被列为正式比赛项目。近年来，中国男子篮球队多次参加世界大赛，并且涌现出一批优秀球员。中国男子篮球队在2004年雅典奥运会和2008年北京奥运会上获得第八名；中国女子篮球队在1992年巴塞罗那奥运会上获得亚军，在2008年北京奥运会上获得第四名。

现代篮球比赛具有身体对抗激烈、技战术复杂多变等特点。现代篮球以高速度、高空优势、高超技巧、高比分、身体对抗激烈、技战术灵活多变为发展总趋势。

二、篮球基本技术

（一）基本姿势和移动

1. 基本姿势

两脚左右开立，两腿微屈，手臂一前一侧或手臂在身体两侧。（图 12-2-1）

2. 移动

（1）起动。

（2）跑：变向跑、变速跑、侧身跑、后退跑。

（3）急停：跨步急停、跳步急停。

（4）滑步：前滑步、后滑步、侧滑步。

（5）转身：前转身、后转身。

（6）跳：单脚起跳、双脚起跳。

图 12-2-1

（二）传接球技术

准确、及时、隐蔽、多变的传接球技术能直接助攻得分，也是队员之间联系的纽带。

1. 传球技术

（1）胸前传球。

双手胸前传球：两脚前后开立，两手持球于胸前；两臂发力前伸，手腕、手指拨球，将球传出。（图 12-2-2）

单手胸前传球：两手持球于胸前，在传球时，两手将球引至右肩下部，右手手腕稍向后伸，手心向前，左手扶球的侧下部。出球时，右臂短促前伸，手腕急促向前抖翻，同时食指、中指、无名指用力弹拨，将球平直地向前传出。

（2）击地传球。

双手击地传球：两手持球于胸前，抖腕，手指用力拨球。（图 12-2-3）

单手击地传球：单手持球，然后将球传出，球经过地面反弹传到队友手中。单手击地传球稳定性低，但可以躲避防守队员在球运行过程中的阻截。

图 12-2-2

图 12-2-3

（3）双手头上传球。

双手头上传球的持球手法与双手胸前传球相同。双手举球于头上，两肘微屈。传球时，两肘和手心向前。近距离传球时，前臂前伸外翻的同时，拇指、食指、中指用力向前拨球。传远距离球时要加大蹬地力量，以收腹带动前臂迅速前摆，手腕、手指用力拨

起动

跨步急停

双手胸前传球

双手击地传球

双手头上传球

191

球，全身协调用力，将球传出。

（4）单手肩上传球。

右手持球于右肩上，蹬地转体，摆臂、拨指，将球从肩上抛出。（图12-2-4）

（5）单手体侧传球。

持球于身体右侧；向前摆臂、扣腕、拨指，将球从体侧抛出。（图12-2-5）

图12-2-4　　　　　　　　　　　　　图12-2-5

2. 接球技术

两臂前伸，两手成半球状迎向来球；球入手后，迅速屈肘缓冲；缓冲后，两手持球于胸前。（图12-2-6）

图12-2-6

（三）运球技术

熟练地掌握运球技术是摆脱防守、调整自己在球场上的位置、完成全队战术配合的必备条件之一。

（1）高运球和低运球：高运球时，虎口向前，手按拍球的后上方，手指柔和地随球上引，手臂自如屈伸控球，球反弹至胸腹间高度[图12-2-7(a)]；低运球时，按拍球的动作应短促有力，球反弹至膝下高度，身体协调，保护好球[图12-2-7(b)]。

（2）体前变向换手运球：屈膝降低身体重心，右手迅速将球按拍向地面；换手后，迅速运球推进。（图12-2-8）

高运球

低运球

体前变向换手运球

(a)　　　　　(b)

图 12-2-7　　　　　　　　　　　图 12-2-8

（3）背后运球：运球受阻时，向右后拉球，然后迅速向左侧前方按拍球；当球在左侧地面上弹起时，左手接反弹球向前推进。（图 12-2-9）

图 12-2-9

（4）转身运球：当防守者封堵运球者右侧路线时，运球者迅速上左脚，微屈膝，身体重心移至左脚，并以左脚前脚掌为轴向后转身，右手将球拉到身体后侧方，并按拍球使其落在身体的外侧方，然后换左手运球，加速超越防守者。

（四）持球突破

持球突破是摆脱防守、获得进攻机会的重要手段。

（1）交叉步突破：两脚左右开立，降低身体重心，持球于胸腹间；向左做假动作后，左脚迅速向防守者左侧跨出；右脚离地前，右手将球按拍至左脚右前方；然后右手运球，左手护球，迅速超越防守者。（图 12-2-10）

图 12-2-10

（2）同侧步突破：两脚左右开立，降低身体重心，持球于胸腹间；假动作要逼真，右脚上步，快速转体、探肩护好球；紧贴防守者，放球要快；右手运球，左手护球，迅速超越防守者。（图 12-2-11）

背后运球

转身运球

交叉步突破

同侧步突破

图 12-2-11

（五）投篮技术

比分是衡量比赛胜负的唯一标准。只有掌握了正确的投篮技术，才能提高命中率，多得分，从而取得比赛的胜利。

（1）原地双手胸前投篮：两腿微屈，两手持球于胸前；两脚蹬地，同时两臂上伸，扣腕、拨指出球。（图 12-2-12）

图 12-2-12

（2）原地单手肩上投篮：两脚左右开立，两腿微屈；两臂屈肘，右手手腕后伸，托球于右肩前上方，左手扶球；右臂向上伸展，右手扣腕、拨指将球投出。（图 12-2-13）

（3）行进间单手高手投篮：右脚跨一大步的同时两手接球；接球后，左脚迅速向前跨一小步，起跳、腾空、球上举，扣腕、拨指，球出手。（图 12-2-14）

图 12-2-13　　　　图 12-2-14

（4）行进间单手低手投篮：右脚跨一大步的同时两手接球；接球后，左脚迅速向前跨一小步，起跳、腾空、手心向上托球上举，手指上挑出球。（图 12-2-15）

（5）原地跳起单手肩上投篮：两脚左右开立，两腿微屈，两臂屈肘；两脚蹬地跳

194

起，同时右手托球，左手扶球，举球于右肩上方，伸臂、扣腕，手指拨球，球出手。（图 12-2-16）

图 12-2-15　　　　　　　　　　　图 12-2-16

（6）急停跳投：先向前跨出一大步，用全脚掌抵住地面，迅速屈膝，同时身体稍向后倾，转移身体重心，减缓向前的冲力，然后连贯地跨出第二步。脚着地时，脚尖稍向内转，用前脚掌内侧蹬地，两腿弯曲，身体侧转（右脚跨出第一步，身体右转），微向前倾，身体重心落在两脚之间，两臂自然张开，协助维持身体平衡。垂直向上起跳，起跳与举球、出手动作应协调一致，在接近起跳最高点时出球。

（六）防守基本技术

1. 防守有球队员

防守队员站在持球队员与球篮之间适当的位置上，如果持球队员善于投篮，则防守时多采用两脚前后开立、前脚同侧手臂向前方伸出的防守姿势；如果持球队员善于持球突破，则防守时多采用两脚左右开立、两臂向两侧伸展的平步防守姿势。防守中，防守队员应随时根据持球队员动作的变化，及时调整防守位置并变换动作。除了上述防守外，防守队员还应抓住时机，上挑或打掉持球队员手中的球。（图 12-2-17）

图 12-2-17

抢球：依据抢球时的动作形式，分为拉抢和转抢。

打球：依据持球队员的状态，分为打持球、打运球、打投篮的球（盖帽）。

断球：依据断球者的移动路线和球的运行路线，分为横断球、纵断球；也可以分为封断球（贴近持球队员，断其传球）和抢断球（贴近接球队员，断其接球）。

2. 防守无球队员

防守队员站在对手与球篮之间偏向有球一侧的位置，对手移动时，积极运用滑步随其移动，始终与对手保持一定的距离，防止对手摆脱。

（七）篮板球技术

1. 抢进攻篮板球

防守队员根据自己在场上所处的位置及时判断出球的反弹方向，快速起动，摆脱防守，抢占有利的位置；采用单脚或双脚起跳，腾空后，身体和手臂充分伸展，及时

调整身体重心；球入手后，根据所处位置选择投篮或将球传出。

2.抢防守篮板球

攻方投篮时，防守队员应根据自己与进攻队员之间的不同距离采用不同的挡人方法，然后根据球反弹的方向，及时转身，抢占有利位置，跳起用单手或双手迅速将球抢下来；落地后根据场上情况，或运球推进，或将球传给同伴。

三、篮球基本战术

（一）篮球进攻战术基础配合

篮球进攻战术基础配合是指进攻时两三人之间有组织、有目的的协同行动，包括传切配合、策应配合、突分配合、掩护配合。全队完整的进攻配合必须建立在基础配合之上。熟练地掌握两三人之间的传切、策应、突分、掩护等基础战术配合及其变化，是提高全队进攻战术配合质量的重要保证。

1.传切配合

传切配合包括一传一切和空切配合。

（1）一传一切：④传球给⑤后利用速度和假动作摆脱△的防守，切入篮下接⑤的回传球上篮；⑤接球前，用假动作摆脱防守，接球后做投篮或突破的动作吸引△的防守，并及时将球传给切入的④上篮。（图12-2-18）

（2）空切配合：④传球给上提接球的⑤，⑤接球后以假动作吸引△的防守，此时另一侧的⑥做假动作摆脱△进行空切，篮下接⑤的传球上篮，⑤去冲抢篮板球。（图12-2-19）

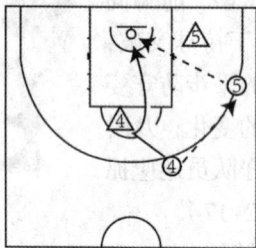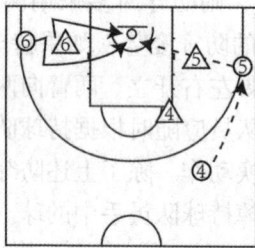

图12-2-18　　　　　　图12-2-19

2.策应配合

策应配合是内线队员背对或侧对球篮接球，并作为进攻的枢纽，与同伴的切入、急停跳投等技术相结合，以摆脱防守，传球给外线同伴投篮的一种配合形式。

（1）④传球给插上策应的⑤后，用假动作摆脱△的防守并插入篮下要球，⑤可视情况将球回传给④或自己运球进攻篮下，或转身跳投。（图12-2-20）

（2）④传球给插上策应的⑤后，切入篮下要球或抢篮板球，⑤接球后准备进攻△，△此时去补防④，⑤将球传给出现更好机会的⑥进行投篮。（图12-2-21）

抢防守篮板球

策应配合

传切配合

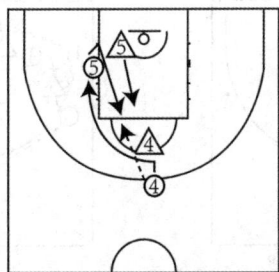
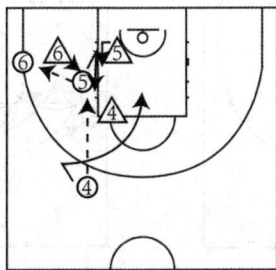

图 12-2-20   图 12-2-21

3. 突分配合

进攻队员持球或运球突破，遇到对方协防时，及时将球传给插入防守空隙地带接应的同伴，这种在突破中根据情况及时传球的配合叫突分配合。突分配合主要用于对方采用缩小盯人和松动盯人防守战术，而己方外围投篮又不准的情况。

（1）④运球突破△的防守，△上移补防，④将球传给插入篮下的⑤，⑤立即投篮，如遇△的回防，由于⑤已抢占篮下有利位置，应该强攻。（图 12-2-22）

（2）④传球给⑤，⑤突破△进入篮下，△进行补防，⑤可将球传给从不同方向插入的⑥，⑥接到⑤的分球后立即投篮，如遇到△的回防，则争取强攻。（图 12-2-23）

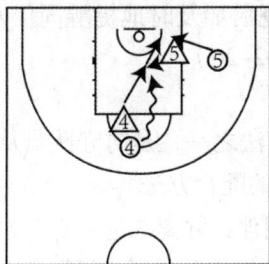
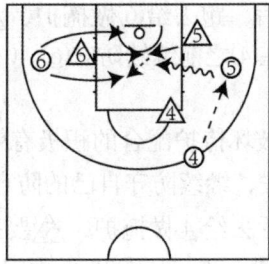

图 12-2-22   图 12-2-23

4. 掩护配合

掩护是进攻队员利用合理的技术动作，用自己的身体挡住同伴防守队员的移动路线，使防守同伴的队员被阻挡，同伴借此摆脱防守，从而创造有效进攻的配合。根据掩护者的不同位置和掩护方向，掩护可分为前掩护、侧掩护和后掩护。（图 12-2-24）

（1）前掩护。⑥传球给⑤，先向左做要球的假动作，然后快速向篮下插去，如△也随之插向篮下，则利用△和④做掩护，到限制区外接球；⑤接到⑥的传球后，见⑥从限制区内跑出要球，则传给⑥，这时⑥借④的前掩护接球跳投。

（2）侧掩护。⑥传球给⑤，先向右做假动作，然后向左插去，到△左侧停住，给⑤做侧掩护，⑤借⑥的掩护快速从△的左侧运球上篮。

（3）后掩护。⑥传球给⑤，④提上给⑤做后掩护，⑤借④的掩护从△右侧运球上篮。

前掩护　　　　　　　　　　侧掩护　　　　　　　　　　后掩护

图 12-2-24

（二）篮球防守战术基础配合

1.“关门”配合

“关门”配合是临近的两个队员靠拢，协同防守突破的配合方法。

当⑤从正面突破时，④与⑤或⑤与⑥进行"关门"配合。（图 12-2-25）

2.挤过配合

挤过配合是破坏掩护配合的积极有效的方法之一，是防守队员从两名进攻队员之间挤过去，继续防守自己的防守对手的配合方法。

④传球给⑤后，跑去给⑥做掩护，④发现后要及时地提醒同伴⑥，⑥在④临近的瞬间，迅速抢在④之前继续防守⑥。（图 12-2-26）

3.穿过配合

穿过配合是破坏掩护配合的积极有效的方法之一，是防守队员从自己的同伴与进攻队员之间穿过去，继续防守自己的防守对手的配合方法。

⑤传球给⑥后去给④做掩护，⑤要提醒同伴，并离⑤远一点。当⑤掩护到位前一刹那，④主动后撤一步，从⑤和⑤中间穿过，继续防守④。（图 12-2-27）

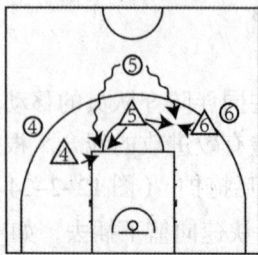　　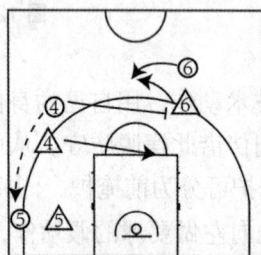　　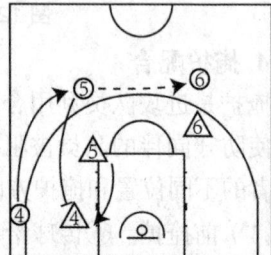

图 12-2-25　　　　　　　图 12-2-26　　　　　　　图 12-2-27

4.交换防守配合

交换防守配合是为了破坏进攻队员的掩护配合，防守队员及时地相互呼应、交换自己所防守的对手的配合方法。

⑤去给④做掩护，⑤要主动发出信号，及时封堵④向篮下突破的路线，此时④应及时调整自己的防守位置，防止⑤向篮下空切。（图 12-2-28）

5.夹击配合

夹击配合是两名防守队员同时封堵或围夹持球队员，迫使其违例或失误的配合方法。

交换防守配合

④向端线突破时，4封堵端线，5迅速协助夹击，封堵④的传球路线。（图12-2-29）

6.补防配合

补防配合是防守队员在同伴漏防时，及时放弃自己的对手，去补防已摆脱或突破同伴的进攻队员。

⑤突破5时，4及时移动去补防⑤。（图12-2-30）

补防配合

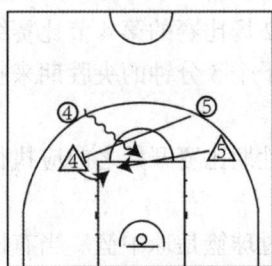
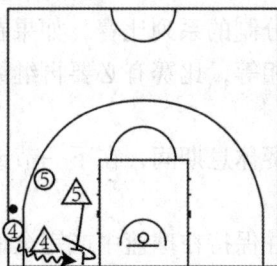
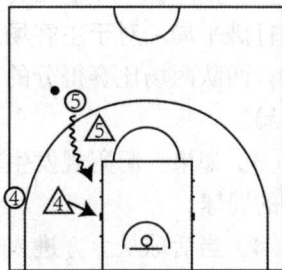

图 12-2-28　　　　　图 12-2-29　　　　　图 12-2-30

四、篮球比赛规则简介

（一）比赛场地

比赛场地应是一块平坦、无障碍物的硬质地面。其尺寸是长 28 米、宽 15 米，从界线的内沿丈量。（图 12-2-31）

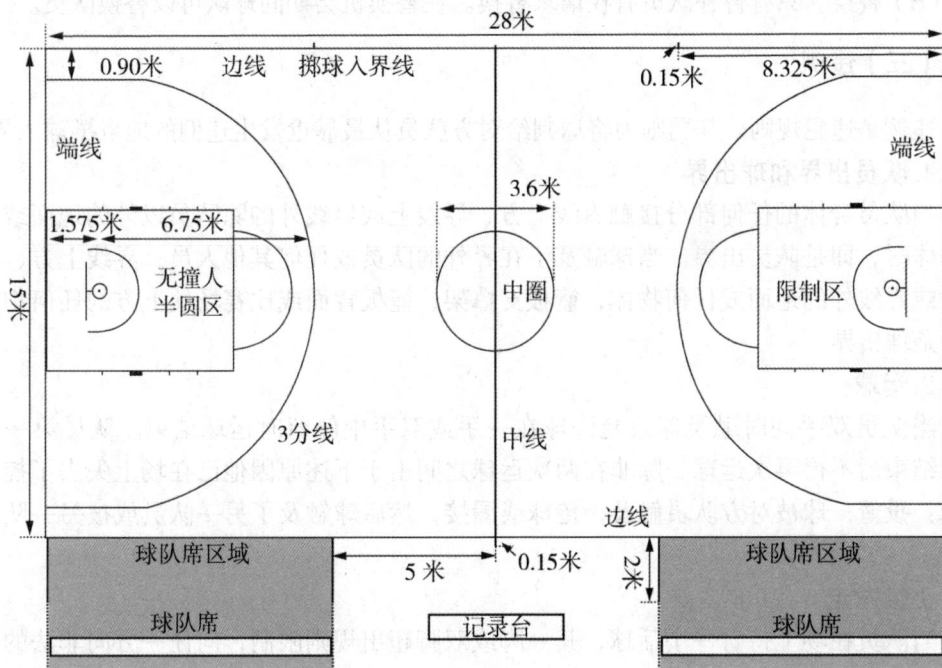

图 12-2-31

（二）比赛通则

（1）比赛应由 4 节组成，每节 10 分钟。在预定的比赛开始时间之前，应有 20 分钟的比赛休息期间。在第 1 节和第 2 节（上半时）之间，第 3 节和第 4 节（下半时）之间，以及每一决胜期之前，应有 2 分钟的比赛休息期间。两个半时之间的比赛休息期间应是 15 分钟。

（2）如果在第 4 节比赛结束时比分相等，比赛有必要再继续若干个 5 分钟的决胜期来打破平局。对于主客场总得分制的系列比赛，如果在第 2 场比赛的第 4 节比赛结束时，两队两场比赛得分的总和相等，比赛有必要再继续若干个 5 分钟的决胜期来打破平局。

（3）如果一起犯规发生在比赛休息期间，在下一节或决胜期比赛开始之前应执行最后的罚球。

（4）当活球从上方进入球篮并保持在球篮中或完全地穿过球篮是球中篮。当有极少部分的球体在球篮中并在篮圈水平面以下时，就认为球在球篮中。球已进入对方的球篮，对投篮的队按如下计得分：一次罚球投中篮计 1 分；从 2 分投篮区域投中篮计 2 分；从 3 分投篮区域投中篮计 3 分；在最后一次罚球中，球触及篮圈后，在球进入球篮之前被任一队员合法触及，中篮计 2 分。

（5）只有主教练或第一助理教练有权请求暂停。每次暂停应持续 1 分钟。在暂停机会期间可以准予暂停。每队可准予：上半时 2 次暂停；下半时 3 次暂停，第 4 节当比赛计时钟显示 2：00 分钟或更少时最多 2 次暂停；每一个决胜期 1 次暂停。

未用过的暂停不得遗留给下半时或决胜期。

（6）替换。只有替补队员有权请求替换。在替换机会期间球队可以替换队员。

（三）违例

违例是违犯规则，其罚则为将球判给对方队员从最靠近发生违例的地点掷球入界。

1.队员出界和球出界

当队员身体的任何部分接触界线上方、界线上或界线外的除队员以外的地面或任何物体时，即是队员出界。当球触及了在界外的队员或任何其他人员，界线上方、界线上或界线外的地面或任何物体，篮板支撑架、篮板背面或比赛场地上方的任何物体时，是球出界。

2.运球

当队员双手同时触及球或允许球在一手或双手中停留时运球结束。队员第一次运球结束后不得再次运球，除非在两次运球之间由于下述原因他已在场上失去了控制活球：投篮；球被对方队员触及；传球或漏接，然后球触及了另一队员或被另一队员触及。

3.带球走

当队员在场上持着一个活球，其一脚或双脚超出规则限制，向任一方向非法的运动是带球走。

4.球回后场

在前场控制活球的球队不得使球非法地回到他的后场。

5.3 秒钟

某队在前场控制活球并且比赛计时钟正在运行时，该队的队员不得在对方队的限制区内停留超过持续的 3 秒。

6.被严密防守的队员

一名队员在场上正持着一个活球，一名对方队员在距离他不超过 1 米处，并采取积极的、合法防守的动作时，该持球队员是被严密防守的队员。一名被严密防守的队员必须在 5 秒内传球、投球或运球。

7.8 秒钟

每当一名在后场的队员获得控制活球时，或在掷球入界中，球触及后场的任何队员或者被后场的任何队员合法触及，掷球入界队员所在队仍拥有在后场的球权，该队必须在 8 秒内使球进入该队的前场。

8.24 秒钟

每当一名队员在场上获得控制活球时，或者在掷球入界中，球接触场上的任何队员或被场上的任何队员合法触及，并且掷球入界队员的球队仍然控制球时，该队必须在 24 秒内尝试投篮。

（四）犯规

犯规是对规则的违犯，含有与对方队员的非法身体接触和/或违反体育运动精神的举止。可宣判一个队任何数量的犯规，不管罚则是什么，都要登记犯规者的每一次犯规，记入记录表并且根据这些规则进行处罚。

1.身体接触的一般原则

（1）掩护。掩护是试图延误或阻止一名不持球的对方队员到达他希望到达的场上位置。当正在掩护对手的队员发生接触时是静止的（在他的圆柱体内），发生接触时双脚着地，是合法的掩护。

（2）撞人。撞人是持球或不持球队员推开或顶动对方队员，在对方队员的躯干处发生的非法身体接触。

（3）阻挡。阻挡是阻碍持球或不持球对方队员行进的非法身体接触。队员在场上占据位置时，把手臂或肘伸在其圆柱体之外是合法的，但当对方队员试图通过时，手臂或肘必须被移到其圆柱体之内。如果手臂或肘是在他的圆柱体之外并发生接触，这是阻挡或拉人。

（4）拉人。拉人是干扰对方队员移动自由的非法身体接触。这种接触（拉人）可能发生在身体的任何部位。

（5）推人。推人是队员用身体的任何部位强行移动或试图移动控制或未控制球的对方队员时发生的非法身体接触。

2.侵人犯规

侵人犯规是无论在活球或死球的情况下，攻守双方队员发生的非法身体接触的犯规。队员不应通过伸展手、臂、肘、肩、髋、腿、膝、脚或将身体弯曲成"不正常的姿势"（超出他的圆柱体）去拉、阻挡、推、撞、绊对方队员，或阻止对方队员行进；也不得放纵任何粗野或猛烈的动作去这样做。

罚则：应登记犯规队员1次侵人犯规。如果对没有做投篮动作的队员发生犯规，由非犯规的队在最靠近违犯的地点掷球入界重新开始比赛。如果犯规的队处于全队犯规处罚状态，则应判给未做投篮动作的队员2次罚球，代替掷球入界。如果对正在做投篮动作的队员发生犯规，应按下列所述判给投篮队员若干罚球：如果出手投篮成功，应计得分并判给投篮队员追加1次罚球；如果从2分投篮区域的出手投篮不成功，应判给投篮队员2次罚球；如果从3分投篮区域的出手投篮不成功，应判给投篮队员3次罚球。

3.技术犯规

技术犯规是没有身体接触的犯规，行为种类包括但不限于：

（1）无视裁判员的警告。

（2）与裁判员、技术代表、记录台人员、对方队或允许坐在球队席的人员讨论和/或交流中没有礼貌。

（3）使用很可能冒犯或煽动观众的粗话或手势。

（4）戏弄或嘲讽对方队员。

（5）在对方队员眼睛附近挥手或手保持不动妨碍其视觉。

（6）过分挥肘。

（7）在球穿过球篮之后故意地触及球，阻碍迅速地掷球入界或罚球以延误比赛。

（8）伪造被犯规。

（9）悬吊在篮圈上，致使队员的重量由篮圈支撑，除非扣篮后，队员瞬间抓住篮圈，或者根据裁判员的判断，他正试图防止自己受伤或另一名队员受伤。

（10）在最后一次的罚球中防守队员干涉得分，应判给进攻队得1分，随后执行登记在该防守队员名下的技术犯规罚则。

球队席人员的技术犯规是与裁判员、技术代表、记录台人员或对方队员交流中没有礼貌或无礼地触碰他们的犯规；或是一次程序上的或管理性质的违犯。

对技术犯规的罚则是判给对方队员1次罚球。

4.违反体育运动精神的犯规

违反体育运动精神的犯规是一起队员身体接触的犯规，并且根据裁判员判定，包含：

（1）与对方发生身体接触并且不在本规则的精神和意图的范畴内努力比赛。

（2）在尽力抢球或在与对方队员尽力争抢中，造成与对方队员过分的严重身体接触。

（3）一起攻防转换中，防守队员为了中断进攻队的进攻，与进攻队造成不必要的身体接触。该原则在进攻队员开始他的投篮动作之前均适用。

（4）一起对方队员从正朝着对方球篮行进的队员身后或侧面与其造成的非法接触，并且在该行进队员、球和对方球篮之间没有其他队员。该原则在进攻队员开始他的投篮动作之前均适用。

（5）在第4节和每一决胜期比赛计时钟显示2:00分钟或更少，当掷球入界的球在界外并且仍在裁判员手中，或掷球入界队员可处理时，防守队员在比赛场内对进攻队员造成身体接触。

应给犯规队员登记 1 次违反体育运动精神的犯规。应判给被犯规的队员执行罚球，以及随后在该队前场的掷球入界线处掷球入界，或者在中圈跳球开始第 1 节。

应按下述原则判给若干罚球。如果对没有做投篮动作的队员发生犯规：2 次罚球。如果对正在做投篮动作的队员发生犯规，如果中篮应计得分并追加 1 次罚球。如果对正在做投篮动作的队员发生犯规，并且球未中篮：2 次或 3 次罚球。

当登记了一名队员 2 次违反体育运动精神的犯规或 2 次技术犯规，或者 1 次技术犯规和 1 次违反体育运动精神的犯规时，应该取消他本场剩余比赛的资格。

第三节　排球运动

一、排球运动概述

排球运动始于 1895 年，由美国马萨诸塞州的一位名叫威廉·摩根的体育工作者发明。排球最初作为一种消遣游戏，被称为"空中飞球"，后来由美国的驻外军官及士兵带到了世界各地。1905 年，排球运动传入中国，并先后采用了十六人制、十二人制和九人制的竞赛方法。中华人民共和国成立后，为了适应国际交往的需要，排球运动竞赛方法改为六人制，一直沿用至今。1964 年，第 18 届奥运会把排球列为正式比赛项目。

排球运动世界大赛主要有世界排球锦标赛、世界杯排球赛、奥运会排球赛、世界沙滩排球锦标赛等。中国女排在 20 世纪 80 年代夺得五连冠，这极大地振奋了全国人民的民族精神，也极大地激发了全民学排球的热情，在全国形成了轰轰烈烈的排球热潮。进入 21 世纪，中国女排夺得了 2003 年和 2015 年世界杯排球赛的冠军，并夺得了 2004 年雅典奥运会和 2016 年里约热内卢奥运会排球比赛的冠军，重新激发了人们对排球的热情。

排球运动发展至今，各国的技术和战术水平不断提高，一支队伍独霸排坛的历史已经不存在了。中国排球队只有不断创新技战术，才能有更大的进步。

二、排球基本技术

排球技术是指在比赛规则允许的条件下，所采取的各种合理击球动作和配合动作的总称。它是各种战术的基础，任何战术的组成和运用都必须有相应的技术做前提。

排球技术可分为无球技术（配合动作）和有球技术（击球动作）。无球技术包括准备姿势和移动，有球技术包括发球、垫球、传球、扣球、拦网等技术。

准备姿势

（一）准备姿势和移动

1. 准备姿势

准备姿势是指在进行移动和各种击球动作前所做的合理的准备动作，是完成各种技术和组成战术的基础。它根据身体重心的高低可分为稍蹲准备姿势、半蹲准备姿势和低蹲准备姿势。（图 12-3-1）

稍蹲　　　　　　半蹲　　　　　　　　　　低蹲

图 12-3-1

2. 移动

移动是队员从起动到制动之间的人体位移。它可以使队员及时地接近球，保持好人与球的位置，以便合理地完成击球动作，是完成技术的关键。移动包括并步与滑步、交叉步、跨步与跨跳步。

（1）并步与滑步：当来球距离身体一步左右时，可采用并步移动（图 12-3-2）；当来球与身体的距离较远时，可采用连续滑步移动。

图 12-3-2

（2）交叉步：当来球在体侧 3 米左右时，可采用交叉步移动。（图 12-3-3）

（3）跨步与跨跳步：当来球较低、距离身体 2 米左右时，可采用跨步或跨跳步。（图 12-3-4）

图 12-3-3

图 12-3-4

（二）发球

发球既是比赛的开始，又是一项有效的进攻技术。发球是后排右边队员在发球区由自己抛球，并用一只手将球击入对方场区的一种击球方法。下面以右手发球为例加以介绍。

1. 正面上手发球

面对球网，两脚前后开立（左脚在前），左手或两手托球于身前。抛球的同时，右臂随球上抬，屈肘后引，上体稍右转。击球时，利用蹬地动作，上体左转、收胸、收腹带动手臂挥动，在右肩上方伸直手臂，用全掌击球的后中部，整个挥臂动作如鞭打动作。击球后，迅速进场比赛。（图 12-3-5）

正面上手发球

图 12-3-5

2. 正面下手发球

面对球网，两脚前后开立（左脚在前），两膝腿屈，身体重心落在右腿上。发球时，左手或两手持球于腹前，然后将球抛在体前右侧，离手高度为 20～30 厘米。抛球的同时，右臂伸直以肩为轴向后摆动。击球时，右脚蹬地，身体重心随右臂向前摆动而移至前脚，右手在腹前以全掌击球的后下方。触球时，手指、手腕紧张。击球后，迅速进场比赛。（图 12-3-6）

正面下手发球

图 12-3-6

3. 侧面下手发球

左肩对网，两脚左右开立，约与肩同宽，两腿微屈，上体稍前倾，身体重心落在两脚之间。左手抛球于胸前一臂之远，离手高度约为 30 厘米。抛球的同时，右臂引向侧后方，接着利用右脚蹬地和转体的力量带动手臂向前上方摆动，身体重心随之移向左脚，右手在腹前用全掌击球的右下方。击球后，迅速进场比赛。（图 12-3-7）

图 12-3-7

（三）垫球

垫球是指用单手、双手（手的坚硬部位），由球的下方向上击球的技术动作。它是排球的基本技术之一，是防守的基础，在排球比赛中占有重要的地位。常用的垫球方法有正面双手垫球、体侧垫球、背垫。

1. 正面双手垫球

（1）准备姿势：采用稍蹲或半蹲准备姿势，两肘弯曲，自然下垂，两臂置于腰、腹前。

（2）击球手型：主要有抱拳式、叠掌式和互靠式三种手型。

抱拳式：两手抱拳互握，两手拇指平行向前。[图 12-3-8(a)]

叠掌式：两手掌根靠紧，手指重叠互握，两手拇指平行朝前。[图 12-3-8(b)]

互靠式：两手自然放松，腕部靠紧。[图 12-3-8(c)]

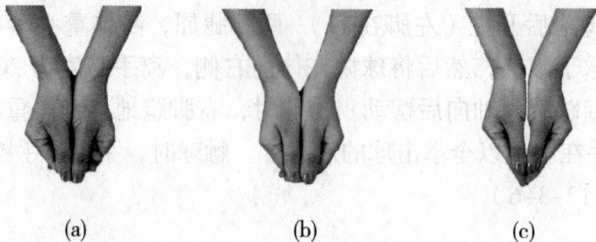

(a)   (b)   (c)

图 12-3-8

（3）击球部位：应以两臂腕关节以上 10 厘米左右、桡骨内侧合成的平面击球。

（4）击球：当球飞到腹前一臂距离时，两臂夹紧前伸、插入球下，两脚蹬地，两臂上抬，身体重心随之向前移动。击球点保持在腹前一臂距离，将球准确地垫在击球部位上，然后做好下一个击球准备动作。（图 12-3-9）

图 12-3-9

2.体侧垫球

在接发球或防守时，若身体来不及移动以正对来球，则击球点在体侧。这种垫球可扩大击球的控制面，但不易控制击球的方向。当球向左侧飞来时，右脚前脚掌蹬地，左脚向左跨出一步，左腿膝关节弯曲，身体重心移至左脚，两臂夹紧向左伸出，右肩微向下倾斜，用向左转体收腹的动作配合两臂在身体左侧截住来球，用两臂前臂击球的后下部。如果球从右侧飞来，则动作相反。（图12-3-10）

图12-3-10

3.背垫

由体前向背后垫球的方法称为背垫。当球飞过身体上方、离身体较远时，应迅速转体移动到球的落点。垫球时，应背对出球的方向，两臂夹紧伸直、插入球下，抬头挺胸，展腹后仰，直臂向后上方摆动，击球的前下部。在垫低球时，也可运用屈肘、翘腕动作向后上方垫出。

（四）传球

传球是用双手（或单手）在额前上方，利用蹬腿、伸臂协调一致的动作及手指、手腕的弹力完成的击球技术动作，是排球最基本、最重要的技术。它主要用于将接起、防起的球传给进攻队员进攻，分为正传、背传和侧传。

传球

1.正传

（1）准备姿势：采用稍蹲准备姿势，上体适当挺起，眼睛注视来球，两手自然抬起，置于面前。

（2）迎击球：当判断来球下降至额前上方一球的距离时，蹬地伸膝、伸臂，两手向前上方迎击球。

（3）手型：当两手触球时，两臂弯曲，两肘适当分开，两手自然张开，成半球状，使手指与球吻合，手腕稍后伸，以拇指、食指和中指托住球的后下部；用拇指内侧、食指全部、中指的第二指节和第三指节触球，无名指和小指触球部分较少。两手拇指相对，接近成一字形。两手间距以不漏球为宜。（图12-3-11）

图12-3-11

（4）用力：传球用力从脚蹬地开始，然后伸膝、伸腰、伸臂，手腕、手指向前上

推，利用来球的反弹力将球传出。（图 12-3-12）

图 12-3-12

2. 背传

背传是指向背后方向传球的方法。采用稍蹲准备姿势，上体比正传稍后仰，身体重心在两腿之间，两手自然抬起，置于面前，背对传球出手方向。击球手法与正传相同，击球点在额上方。手触球时，手腕适当后伸，掌心向上，击球的上部，手型与正传相同，拇指托住球的底部。传球时，利用蹬地、展腹、抬臂及手腕、手指的力量将球向后上方传出。

3. 侧传

身体不转动，主要靠两臂向侧方传球的动作称为侧传。采用稍蹲准备姿势，背对球网，传球手型同正传，击球点保持在面前或稍偏向传出方向一侧。传球时，蹬地，两臂向传出方向一侧伸展，异侧臂的动作幅度应大些；同时，伴随上体向传球方向侧屈的动作，使球向侧方飞行。

（五）扣球

扣球是球员在本方场区跳起将球从过网区击入对方场区的一种击球动作，是攻击性最强的基本技术，也是完成战术配合的最后一个环节。扣球技术的好坏是决定胜负的关键，因此扣球在比赛中占有重要的地位。下面以正面扣球为例加以介绍。（图 12-3-13）

图 12-3-13

1. 准备姿势

助跑前采用稍蹲准备姿势站在进攻线附近，注意观察一传落点及二传来球方向，做好向各个方向助跑的准备。

2. 助跑

助跑的步数有一步、两步或三步，运动员通常采用两步助跑或三步助跑。助跑时，左脚先向前迈出一步，接着右脚迅速跨出一大步；同时，两臂经体侧向后引，左脚及时跟上，踏在右脚之前，两脚脚尖稍向内转，两脚距离与肩同宽，身体重心随之下降。

3. 起跳

助跑最后一步，即在左脚并上即将踏地时，两臂从后方迅速向前挥动，随之两脚蹬地向上跳起，两臂也要向上用力摆动配合起跳。

4. 空中击球

起跳后，挺胸展腹，上体稍右转，右臂向后上方抬起，肘高于肩，身体成背弓。挥臂时，以迅速转体、收腹动作发力，依次带动肩、肘、腕等关节成鞭打动作，手臂向前上方挥动的轨迹成弧形。击球时，五指微张并保持紧张，以全掌包球，击球的后中部，同时主动屈腕、屈指向前推压球，使扣出的球加速上旋。应在起跳最高点击球，击球点在击球手臂伸直最高点的前上方，且应略靠前。

5. 落地

完成空中击球动作后，身体自然下落。为缓冲身体与地面的撞击力，落地时，力争两脚同时着地，以前脚掌先着地再过渡到全脚掌着地，同时顺势屈体，并立即准备做下一个动作。

（六）拦网

拦网（图 12-3-14）是队员在网前以身体任何部位（主要是手臂、手掌）在球网上沿阻挡对方击球过网的技术动作。拦网是防御的前沿，是后防布置的依据，起着阻挡对方攻击、为本方反击创造条件的特殊作用。拦网可以直接拦死或拦回对方的扣球，能削弱对方的锐气，动摇扣球队员的信心，给扣球队员造成心理压力，因此拦网带有强烈的攻击性，是得分、得球权的重要手段。

拦网

图 12-3-14

1. 准备姿势

面对球网，两脚平行开立，间距与肩同宽，距中线 30～40 厘米，两腿稍屈，两臂弯曲置于胸前，密切注视对方扣球队员的动向，随时准备起跳。

2.起跳

起跳时，降低身体重心，两腿弯曲，用力蹬地使身体垂直跳起；同时，两臂从体前贴近球网上举。起跳后，稍收腹，控制身体平衡，延长滞空时间。

3.空中拦击球

在起跳的同时，两手从额前贴近并平行于球网向球网上沿的前上方伸出，两臂伸直，两肩尽量上提，两臂靠近球网并与球网保持平行。拦网时，两手自然展开，屈指、屈腕，成勺形。击球瞬间，两手突然紧张，手腕用力下压，捂盖球的前上方。

4.落地

若将球拦回，则面对球网，屈膝缓冲落地。若未拦到球，则在身体下落时，要随球转头，以与转头方向相反的脚先落地，另一只脚随即向后防方向转并随之着地，准备接应来球或做下一个动作。

三、排球基本战术

排球战术是指在比赛中为了战胜对手，根据排球运动规律，运用排球规则并根据双方的具体情况与临场变化所采取的有意识、有目的、有组织的集体配合和个人行动。排球基本战术包括进攻战术和防守战术。

（一）进攻战术

1."中一二"进攻战术

由前排中间的 3 号位队员担任二传，其他 5 名队员将来球垫传给二传队员，再由二传队员将球传给 4 号位或 2 号位队员扣球的进攻形式，称为"中一二"进攻战术。（图 12-3-15）

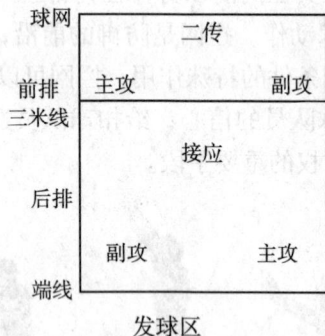

图 12-3-15

这种战术是排球进攻最基本、最简单的战术。其优点是一传的目标明确，二传队员易于接应，加之战术配合简单，便于组织进攻；缺点是战术配合方法较少，进攻点不多，突然性不大，战术意图易被对方识破。这种战术适合技术水平较低的队采用，但有时技术水平较高的队在来不及组织复杂战术进攻的情况下，也采用这种战术。

2."边一二"进攻战术

由前排右边的 2 号位队员担任二传，将球传给 3 号位或 4 号位队员扣球的进攻形

式，称为"边一二"进攻战术。（图 12-3-16）

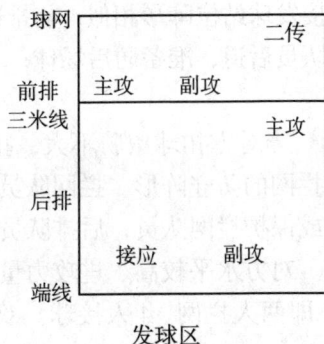

图 12-3-16

这种战术对一传、二传的要求都较高，组织"边一二"进攻战术要比组织"中一二"进攻战术的难度大，因此其战术配合也较为复杂。采用"边一二"进攻战术时，两名进攻队员的位置相邻，便于进行互相掩护的进攻配合，可以组织较多的快变战术，因此，其突然性和攻击性要比"中一二"进攻战术大。

（二）防守战术

排球的防守战术是组织进攻或反攻战术的基础，如果没有严密的防守，进攻就无从组织。一切防守战术都应从积极为进攻和反攻创造条件的角度进行设计。

1. 接发球的防守战术

当对方发球时，本方处于防守地位，即可组织第一次进攻。事先站好位置，摆好阵形，是接好发球的基础。站位的阵形既要有利于接球，也要有利于本方所采用的进攻战术；同时，还要根据对方发球的特点，采取不同的阵形。接发球的防守通常采用5 人接发球站位阵形和 4 人接发球站位阵形。

（1）5 人接发球站位阵形，即除了 1 名二传队员站在网前或从后排插上准备二传、不接发球外，其余 5 名队员都担负一传任务。其优点：队员均衡分布，每人接发球的范围相对较小；接发球时，采用此站位阵形，组织进攻比较方便，适合接发球水平不太高的球队。其缺点：一传队员从 5 号位插上时距离较长，难度大；3 号位队员接球时，不便组成快攻战术；不利于队员之间的及时换位；队员之间的配合不默契时，容易互相干扰。

（2）4 人接发球站位阵形，即插上二传队员与同列的前排队员均站在网前不接发球，其他 4 人站成弧形接发球。其优点是便于后排插上和不接发球的前排队员及时换位。其缺点是要求接发球的 4 人有较强的判断能力、移动能力，以及掌握较好的接发球技术。

2. 接扣球的防守战术

接扣球的防守与组织反攻是密不可分的，只有防守成功才能取得卓有成效的反攻。接扣球的防守战术是前排拦网与后排防守的整体配合，根据对方进攻情况、本队队员特长、防守后的反攻打法，一般可分为不拦网的防守阵形、单人拦网的防守阵形、双人拦网的防守阵形和三人拦网的防守阵形。

（1）不拦网的防守阵形。在对方进攻较弱、没有必要进行拦网时，可以采用不拦网的防守阵形。这种阵形与5人接发球站位阵形相似，前排进攻队员要撤到进攻线后，准备防守和防守后的反攻；后排队员后退，准备防后场球；二传队员留在网前，准备接吊到网前的球并组织进攻。

（2）单人拦网的防守阵形。当对方扣球威胁不大，扣球路线变化不多，轻打、吊球较多时，可以主动采用单人拦网的防守阵形。拦网队员拦扣球队员的主要进攻路线，不拦网队员及时后撤防守前区或保护拦网队员，后排队员后撤以加强后场防守。

（3）双人拦网的防守阵形。对方水平较高、进攻力量较强、进攻路线变化较多时，多采用双人拦网的防守阵形，即两人拦网、4人接球。双人拦网的防守阵形通常分为"边跟进"和"心跟进"两种。

"边跟进"多在对方进攻较强、吊球较少时采用。当对方4号位队员进攻时，己方2号位、3号位队员拦网，其他4名队员组成半圆弧形防守。若遇对方吊前区，则由边上1号位队员跟进防守。其优点是加强了拦网，缺点是边上的队员既要防直线又要跟进防前区，防守比较困难。

"心跟进"在己方拦网能力强、对方采取打吊结合时采用。当对方4号位队员进攻时，己方2号位、3号位队员拦网，后排中间的6号位队员在己方拦网时跟在拦网队员之后进行保护，其余3名队员组成后排弧形防守。其优点是加强了前区的防守能力，缺点是后排防守队员之间的空当较大。

（4）三人拦网的防守阵形。若对方主要扣球手进攻实力很强，则在己方不擅吊球的情况下，可采用三人拦网、三人后排接球的防守阵形。这种阵形加强了网上力量，但后防的空隙也相对增大。三人拦网时，后排防守的6号位队员可以跟进到进攻线附近保护，也可以退至端线附近防守。

四、排球比赛规则简介

（一）比赛场地

比赛场地为对称的长方形，包括比赛场区和无障碍区。比赛场区为18米×9米的长方形（图12-3-17）。其四周至少有3米宽的无障碍区。比赛场区上空的无障碍空间从地面量起至少高7米，其间不得有任何障碍物。国际排联、世界和正式比赛，比赛场区边线外的无障碍区宽应5米，端线外的无障碍区宽应6.5米。比赛场地上空的无障碍空间至少高12.5米。

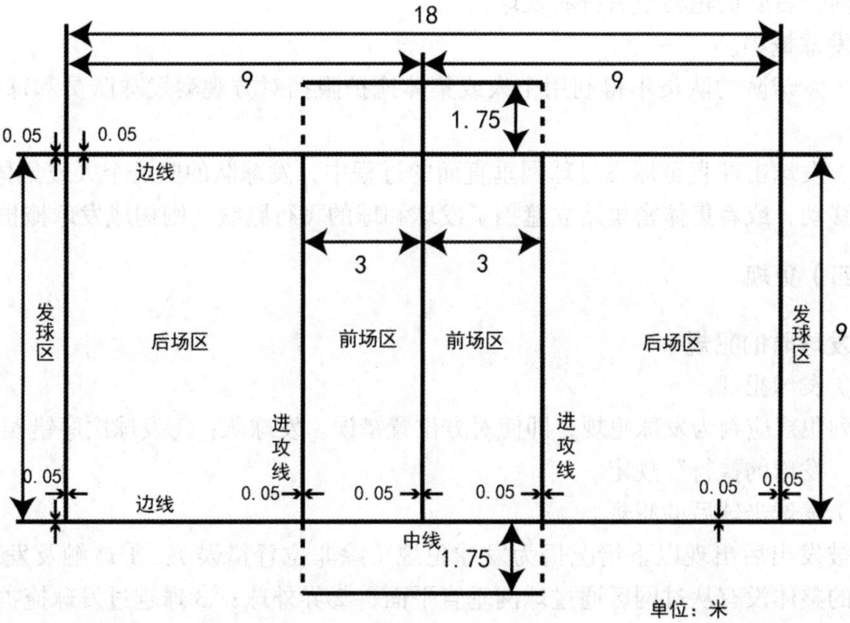

图 12-3-17

（二）比赛方法

1.得1分

以下情况，某队得1分。

（1）球成功落在对方场区。

（2）对方犯规。

（3）对方受到判罚。

2.胜1局

每局（决胜的第5局除外）先得到25分同时超过对方2分的队伍胜1局。当比分达到24：24时，比赛继续进行至某队领先2分（26：24、27：25……）为止。

3.胜1场

胜3局的队伍胜1场。如果出现2：2平局，决胜的第5局打至15分并领先对方2分的队获胜。

（三）发球

后排右边的队员在发球区内将球击出而进入比赛的行动是发球。

1.首先发球

第1局和第5局由抽签选定发球权的队首先发球。其他各局由前一局未首先发球的队首先发球。

2.发球次序

（1）队员发球的次序按位置表上的顺序进行。

（2）一局的首先发球之后，队员按下列规定进行发球：①当发球队胜1球时，原发球队员（或其替补队员）继续发球；②当接发球队胜1球时，获得发球权并轮转，由前排右队员轮转至后排右发球。

3.发球掩护

（1）发球队的队员不得利用个人或集体掩护阻挡对方观察发球队员和球的飞行路线。

（2）发球击球直至球飞过球网垂直面的过程中，发球队的队员个人或集体挥臂、跳跃或移动，或者集体密集站立遮挡了发球和球的飞行路线，则构成发球掩护。

（四）犯规

1.发球时的犯规

（1）发球犯规。

下列犯规应判为发球犯规，即使对方位置错误。发球队：①发球次序错误；②没有遵循"发球的执行"规定。

（2）发球击球后的犯规。

球被发出后出现以下情况仍为发球犯规（除非位置错误）：①球触及发球队队员或球的整体没有从过网区通过球网垂直平面；②界外球；③球越过发球掩护。

2.击球时的犯规

（1）4次击球：一个队伍连续击球4次。

（2）借助击球：队员在比赛场地内借助于同伴或任何物体的支持进行击球。

（3）持球：球被接住和/或抛出，而不是被弹击出。

（4）连击：一名队员连续击球2次，或者球连续触及身体的不同部位。

3.队员在球网附近的犯规

（1）对方进攻性击球前或击球时，在对方空间触及球或对方队员。

（2）比赛进行中，队员的双脚（单脚）全部越过中线进入对方场区。

（3）从网下穿越进入对方空间并干扰对方比赛。

（4）比赛进行中，击球行为触及标志杆以内球网任何部分。

4.进攻性击球的犯规

（1）在对方空间击球。

（2）击球出界。

（3）后排队员在前场区完成进攻性击球，并且击球时球的整体高于球网上沿。

（4）在前场区内对高于球网上沿的对方发球完成进攻性击球。

（5）自由防守队员对高于球网上沿的球完成进攻性击球。

（6）队员在高于球网处，对同队自由防守队员在前场区用上手传出的球完成进攻性击球。

5.拦网犯规

（1）在对方进攻性击球前或击球的同时，在对方空间完成拦网。

（2）后排队员或自由防守队员完成拦网或参加了完成拦网的集体。

（3）拦对方的发球。

（4）拦网出界。

（5）从标志杆以外伸入对方空间拦网。

（6）自由防守队员试图进行个人或参加集体拦网。

第四节　乒乓球运动

一、乒乓球运动概述

乒乓球运动起源于英国，由网球运动派生而来。19 世纪后期，英国一些大学生在室内以桌为台，书为网，酒瓶软木塞为球，将球在桌上推来挡去，形成"桌上网球"游戏。1890 年左右，英格兰著名越野跑运动员吉布从美国带回空心塑料球，代替软木塞。因塑料球击在木板拍上发出乒乓声响，故称乒乓球。1891 年，英国的巴克斯特申请乒乓球商业专利。1904 年，上海一家文具店的老板从日本买回 10 套乒乓球器材，将乒乓球引入了中国。

目前，世界乒乓球重大赛事有世界乒乓球锦标赛、乒乓球世界杯赛、奥运会乒乓球赛。除此之外，乒乓球赛事在亚洲范围内还有亚洲运动会乒乓球赛、亚洲乒乓球锦标赛。国内赛事主要有全国运动会乒乓球赛，它代表了我国乒乓球的最高水平。

中华人民共和国成立后，乒乓球运动得到了快速普及和发展，中国乒乓球队的竞技水平位居世界前列。自容国团 1959 年赢得第一个世界冠军至今，中国乒乓球队为祖国夺取了多个世界冠军，涌现出邓亚萍、刘国梁、马琳、王楠、张怡宁、马龙、丁宁等世界著名乒乓球运动员。现今的中国乒乓球拥有完备的人才培养体系，拥有世界最强大的人才储备，还拥有强大的教练队伍。

二、乒乓球基本技术

（一）握拍方法

1. 直拍握法
拍前，以食指第二指节和拇指第一指节扣拍；拍后，中指、无名指、小指弯曲贴于拍的 1/3 上端。（图 12-4-1）

2. 横拍握法
虎口贴拍，握住拍柄，食指在后，自然伸直，拇指在拍前。（图 12-4-2）

图 12-4-1　　　　　　　　　　图 12-4-2

（二）准备姿势与站位

站位距球台 20～40 厘米，中线偏左，两脚平行站立，屈膝内扣，前脚掌着地；上

直握拍法

体前倾，两眼注视来球；持拍手臂自然弯曲，手腕放松，置拍于腹前，不持拍手臂屈肘抬起，高于台面。（图12-4-3）

直拍准备姿势与站位　　　　　横拍准备姿势与站位

图12-4-3

（三）基本步法

1. 单步移动

以一只脚为轴，向某一方向移动，身体重心随之落在移动脚（A）上。（图12-4-4）

左脚向前上步　　右脚向后退步　　左脚向左上步　　右脚向右上步

图12-4-4

2. 跨步移动

一只脚向某一方向跨出一大步，身体重心随之移动到跨出的脚（A）上，另一只脚迅速向相同方向滑动半步，身体重心随之移动。（图12-4-5）

左脚向左跨一大步　　右脚随势跟上半步　　右脚向右跨一大步　　左脚随势跟上半步

图12-4-5

3. 并步移动

与来球方向相反的脚（A）向另一只脚（B）并一步，支撑脚（B）向来球方向再迈一步。（图12-4-6）

4. 跳步移动

以远离球的脚用力蹬地为主，两脚同时离地，向来球方向跳动。（图12-4-7）

单步移动

并步移动

跳步移动

图 12-4-6

图 12-4-7

5. 交叉步移动

远离球的脚（A）迅速向来球方向跨出一大步，接着支撑脚（B）向同方向再迈出一步，击球后迅速还原。（图 12-4-8）

图 12-4-8

交叉步移动

（四）发球技术

1. 正手平击发球

近台站位，含胸收腹，屈膝，左手抛球，右臂内旋，拍面稍前倾，向身体右后方引拍。左手抛球的同时，右臂以上臂带动前臂，从右后方向前方挥动并发力，撞击球的中上部。击球后，手臂继续向前随势挥动，并迅速还原。（图 12-4-9）

正手平击发球

直拍正手平击发球

横拍正手平击发球

图 12-4-9

2.反手平击发球

站立于球台中线偏左处，身体略向左转，左手抛球时，右臂外旋，拍面稍前倾，向身体左后方引拍。击球时，右臂从身体左后方向右前方挥动，击球的中上部，向前方发力。击球后，手臂和手腕继续向右前方随势挥动，并迅速还原。（图 12-4-10）

直拍反手平击发球

横拍反手平击发球

图 12-4-10

3.正手发下旋球、侧下旋球、侧上旋球

左脚稍前，身体右转，左手抛球，右臂屈肘引拍，与肩同高，拍面后仰，拍头斜向上方，手腕略外伸。

下旋球：右臂以前臂为主、手腕为辅，由上向前下方挥拍，以拍的下缘触球，摩擦球的底部。

侧下旋球：右臂从右后上方向左前下方挥拍，球拍从球的右中下部向左下部摩擦，前臂带动手腕快速发力。

侧上旋球：球拍从球的中下部向左侧中上部摩擦，前臂带动手腕快速发力。

4.反手发下旋球、侧下旋球、侧上旋球

右脚在前，身体左转，向身体左后上方引拍，拍面稍后仰。球下降时，用转腰带动肩臂，并以前臂发力为主，迅速挥拍。

下旋球：由上向前下方挥拍，用拍的下缘触球，摩擦球的底部。

侧下旋球：球拍从球的中下部向右侧下部摩擦，产生侧下旋球。

侧上旋球：球拍从球的中部向右侧或右侧偏上部位摩擦，产生侧上旋球。

（五）直拍反手推挡

身体离球台约 40 厘米，左脚在前，屈膝。引拍于腹前，拍的长轴与台面平行，拍面与台面垂直。击球时，拍面稍前倾，前臂向前推出，在来球上升期击球的中上部。击球后，手臂顺势前送，肘关节接近伸直时立即还原，准备连续击球。（图 12-4-11）

反手平击发球

正手发左侧
下旋球

正手发左侧
上旋球

反手发右侧
下旋球

反手发右侧
上旋球

图 12-4-11

（六）正手攻球

站立于球台中线偏左处，左脚稍前，两腿微屈，上体前倾，身体重心在两脚之间。右臂先向右后下方引拍，上臂放松，上臂与前臂的夹角为 90°～130°，拍面稍前倾。击球时，借助腰和上臂的力量，以前臂发力为主，向左前方挥拍，在球的上升后期或高点期，击球的中上部。击球时，以撞击为主，略带摩擦，前臂快速收至额前，身体重心移至左脚。（图 12-4-12）

图 12-4-12

（七）正手搓球

站立于球台中线偏左处，左脚在前，两腿微屈。身体稍向右转，右臂向右上方引拍，拍头略上翘，拍面后仰。击球时，前臂和手腕向左前下方用力。慢搓是在球的下降期击球的中下部，球与拍接触时间稍长，加大摩擦；快搓是在球的上升期击球的中下部，触球瞬间，手腕向前下方用力。（图 12-4-13）

正手快搓

图 12-4-13

（八）反手搓球

站立于球台中线偏左处，身体稍向左转，右臂向左上方引拍，拍面后仰。击球时，前臂和手腕向前下方用力切球，在球的下降期触球的中下部。击球后，前臂随势前送。横拍搓球时，拍形略竖。击球后，前臂向右下方挥摆。（图 12-4-14）

图 12-4-14

三、乒乓球基本战术

（一）快攻型打法的基本战术

1. 发球抢攻

（1）反手发右侧上（下）旋球，发至对方中路靠右近网处，伺机攻对方左方。

（2）发追身急球（球速越快越好），使对方不能发挥其正（反）手攻球的威力，然后侧身进攻对方中路或两角。这种战术对付擅长两面攻的选手比较有效。

（3）发急下旋长球至对方左角，配合近网短球，然后侧身抢攻，主要是针对对方弱点进行攻击。这种战术对付擅长弧圈球和快攻的选手较为有效。

（4）正手中高抛球发左（右）侧上（下）旋球至对方左角（角度越大越好），配合发右方急球进行抢攻。这种战术对付擅长采用搓球接发球的选手最为有效。

2. 推挡侧身抢攻

（1）在对推中，以力量、速度、落点控制对方，伺机侧身抢攻。

（2）在对推中，用反手攻球配合寻找机会，伺机侧身抢攻。

（3）在对推中，突然加力推或推下旋球，迫使对方回球较高，然后立即侧身抢攻。

（4）若推挡技术强于对方，则可推压对方反手，伺机侧身抢攻。

3. 左推右攻

（1）当推挡略占上风时，或在侧身抢攻获得成功后，对方往往会主动变线到正手，此时可采用有力的正手攻球回击对方。

（2）主动推变直线，引诱对手回斜线，用正手攻击直线，反袭对方空当。

（3）有时可佯做侧身，诱使对方变线，给自己创造正手回击的机会。

（二）弧圈球型打法的基本战术

1. 发球抢位

（1）正手（或侧身）发强烈下旋球至对方左侧近网处，迫使对方以搓球回击，然后拉加转弧圈球至对方反手或中路。

（2）反手发右侧上（下）旋球至对方中路或偏右或偏左的地方，然后拉前冲弧圈球至对方两大角。

（3）反手发急下旋球至对方中路偏右或左方大角，当对方以搓球回击时，拉前冲弧圈球至对方正手。

（4）对付削球手一般用速度快、落点长的球，使对方退守，然后根据对方的站位及其适应弧圈球的能力，决定用哪种弧圈球攻击对方。

2. 接发球抢拉

对方发侧上旋球和不太旋转的球时，用前冲弧圈球回击；对方发侧下旋或强烈下旋球时，用加转弧圈球回击。

3. 搓中拉弧圈球

（1）在对搓中看准时机，主动抢拉弧圈球。

（2）在对搓短球时，突然加力搓左角长球，然后侧身主动抢拉加转弧圈球。

（3）多搓对方正手，使其不能逼迫本方左大角，伺机抢拉弧圈球至对方反手或中路，再冲两角。

4. 弧圈球结合扣杀

（1）拉加转弧圈球结合扣杀。

（2）拉前冲弧圈球迫使对方远台回击，然后放短球，再扣杀。

（3）拉加转弧圈球与拉不转弧圈球相结合，伺机扣杀。

四、乒乓球比赛规则简介

（一）发球与还击

1. 发球

（1）发球开始时，球自然地置于不持拍手的手掌上，手掌张开，保持静止。

（2）随后发球员须将球几乎垂直地向上抛起，不得使球旋转，并使球在离开不持拍手的手掌之后上升不少于16厘米，球下降到被击出前不能碰到任何物体。

（3）当球从抛起的最高点下降时，发球员方可击球，使球首先触及本方台区，然后直接触及接发球员台区。在双打中，球应先后触及发球员和接发球员的右半区。

（4）从发球开始，到球被击出，球要始终在比赛台面的水平面以上和发球员的端线以外；而且从接发球方看，球不能被发球员或其双打同伴的身体或他（她）们所穿戴（带）的任何物品挡住。

（5）运动员发球时，有责任让裁判员或副裁判员确信他（她）的发球符合规则的要求，且裁判员或副裁判员均可判定发球不合法。

（6）运动员因身体伤病而不能严格遵守合法发球的某些规定时，可由裁判员做出决定免于执行。

2. 还击

对方发球或还击后，本方运动员必须击球，使球直接触及对方台区，或触及球网装置后，再触及对方台区。

（二）胜负判定

1. 得1分

除被判重发球的回合，下列情况该运动员得1分。

（1）对方运动员未能正确发球。

（2）对方运动员未能正确还击。

（3）运动员在发球或还击后，对方运动员在击球前，球触及了除球网装置以外的任何东西。

（4）对方击球后，球没有触及本方台区而越过本方台区或端线。

（5）对方阻挡。

（6）对方故意连续两次击球。

（7）对方用不符合规定的拍面击球。

（8）对方运动员或其穿或戴（带）的任何东西使比赛台面移动。

（9）对方运动员或其穿或戴（带）的任何东西触及球网装置。

（10）对方运动员不持拍手触及比赛台面。

（11）双打时，对方运动员击球次序错误。

（12）执行轮换发球法时，如果接发球方进行了13次合法还击，则判接发球方得1分。

2.一局比赛

在一局比赛中，先得11分的一方为胜方。10平后，先多得2分的一方为胜方。

3.一场比赛

一场比赛由奇数局组成。

（三）比赛中的击球次序

在单打中，首先由发球员发球，再由接发球员还击，然后发球员和接发球员交替还击。在双打中，首先由发球员发球，再由接发球员还击，然后由发球员的同伴还击，再由接发球员的同伴还击，此后，运动员按此次序轮流还击。

（四）发球、接发球和方位的次序

在获得每2分之后，接发球方即成为发球方，依此类推，直至该局比赛结束，或者直至双方比分都达到10分或实行轮换发球法，这时，发球和接发球次序仍然不变，但每人只轮发1分球。

在双打中，每次换发球时，前面的接发球员应成为发球员，前面的发球员的同伴应成为接发球员。

一局中首先发球的一方，在该场下一局应首先接发球。在双打决胜局中，当一方先得5分时，接发球方应交换接发球次序。

一局中，在某一方位比赛的一方，在该场下一局应换到另一方位。在决胜局中，一方先得5分时，双方应交换方位。

（五）重发球

回合出现下列情况应判重发球：①如果发球员发出的球触及球网装置后成为合法发球或被接发球员或其同伴阻挡；②如果接发球员或接发球方未准备好时，球已发出，而且接发球员或接发球方没有企图击球；③发生了运动员无法控制的干扰，而使运动员未能成功发球、还击或遵守规则；④裁判员或副裁判员暂停比赛。

裁判员或副裁判员可以在下列情况下暂停比赛：①由于要纠正发球、接发球次序或方位错误；②由于要实行轮换发球法；③由于警告、处罚运动员或指导者；④由于比赛环境受到干扰，以致该回合结果有可能受到影响。

第五节　羽毛球运动

一、羽毛球运动概述

现代羽毛球运动起源于印度，形成于英国。19 世纪 60 年代，一批英国军官把印度的"普那"——一种近似于现代羽毛球运动的游戏带回英国，并加以改进，从而逐渐形成现代的羽毛球运动。1870 年，英国出现了用羽毛、软木做成的球和穿弦的球拍。1873 年，英国人鲍弗特在格拉斯哥郡的伯明顿庄园里进行了一次羽毛球比赛，这是世界上第一次羽毛球比赛，伯明顿的英文名称 Badminton 也因此成为羽毛球运动的英文名称。1934 年，加拿大、丹麦、英国、法国、爱尔兰、荷兰等国家发起成立了国际羽毛球联合会（简称"国际羽联"）。国际羽联在 1948—1949 年举办的第 1 届世界男子团体羽毛球锦标赛的奖杯，即由汤姆斯所赠。1978 年，由亚非国家组成的世界羽毛球联合会（简称"世界羽联"）于中国香港成立，同年举办了第 1 届世界羽毛球锦标赛。国际羽联和世界羽联于 1981 年宣布合并，统称为国际羽联，其管辖的比赛有汤姆斯杯赛、尤伯杯赛、世界羽毛球锦标赛、全英羽毛球锦标赛和世界杯羽毛球赛系列大奖赛。2006 年，国际羽联更名为羽毛球世界联合会。

羽毛球运动于 20 世纪初传入我国，中华人民共和国成立后得到迅速发展。羽毛球运动在 1992 年巴塞罗那奥运会上被列为正式比赛项目，设男、女单打和男、女双打四项比赛。在我国羽毛球运动的发展过程中，涌现出了杨阳、赵剑华、熊国宝、李永波、陈金、林瑛、吴迪西、李玲蔚、谢杏芳、张宁、王琳、王仪涵、李雪芮、龚智超、吉新鹏、鲍春来、谌龙、陈雨菲等一批世界羽坛顶尖高手，从而进一步奠定了我国羽毛球技术水平处于世界羽坛领先地位的基础。在一系列世界大赛中他们为祖国夺得了许多金牌，创造了中国羽毛球历史上的辉煌。

二、羽毛球基本技术

（一）握拍方法

1. 正手握拍法

正手握拍法（图 12-5-1）是羽毛球运动基本握拍方法之一。通常在还击握拍手同侧来球时，采用此握拍法。

正手握拍法

223

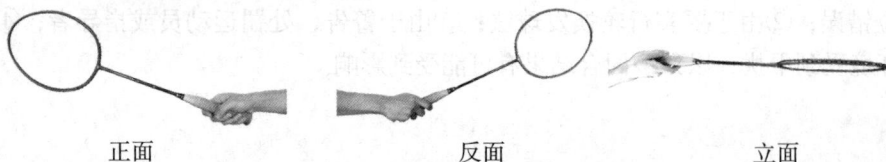

正面　　　　　　　　　反面　　　　　　　　　立面

图 12-5-1

2. 反手握拍法

反手握拍法（图 12-5-2）是羽毛球运动基本握拍方法之一。通常在还击握拍手异侧来球时，采用此握拍法。

反手握拍法

正面　　　　　　　　　反面　　　　　　　　　立面

图 12-5-2

（二）基本步法

羽毛球的基本步法包括并步、交叉步、两步退后场、三步退后场、垫步、蹬跨步。

（1）并步：以右脚为例，右脚向前移动一步，左脚即刻向右脚并一步，紧接着右脚再向前移动一步。

并步

（2）交叉步：左、右脚交替向前、向后或向侧移动。一只脚经另一只脚前面并超越，称前交叉步；一只脚经另一只脚后面并超越，称后交叉步。

（3）两步退后场：当来球在后场距身体较近时，右脚向来球方向后退一大步，左脚紧接着蹬地，然后向右脚并上一小步，身体重心在右脚上。

交叉步

（4）三步退后场：当来球在后场距身体较远时，右脚先向来球方向后退一小步，左脚紧跟着经右脚向后交叉退一步，右脚再经左脚向后交叉退一步，身体重心放在右脚上。

垫步

（5）垫步：以右脚为例，右脚向前迈出一步后，左脚向右脚并一步跟进，紧接着左脚再向前迈一小步。

（6）蹬跨步：左脚用力向后蹬地的同时，右脚向来球的方向跨出一大步。

蹬跨步

（三）发球技术

发球可分为正手发球和反手发球。发网前球、平快球、平高球均可以用正手发球或反手发球的技术来完成，而发高远球须采用正手发球。下面以右手发球为例，介绍发球技术。

1. 正手发球

单打发球站位在中线附近，站在距前发球线约 1 米处。双打发球站位可靠近前发球线。

身体左肩对网，左脚在前，右脚在后，身体重心在右脚上。右手持拍向右后侧举，肘部放松微屈，左手拇指、食指和中指夹住球，举在胸腹之间。发球时，身体重心由右脚移至左脚。

用正手发球，不论是发何种弧线的球，其发球前的姿势都应一致，这样会给对方的接发球造成判断上的困难。下面分别介绍用正手发球动作发出四种不同弧线球的技术动作。

（1）正手发高远球。发球时，左手把球举在身体的右前方并松开，使球自然下落，同时右手持拍由右臂上臂带动前臂，从右后方沿着身体向前并向左上方挥动。当球落到右臂向前下方伸直能触到球的一刹那，握紧球拍，并利用手腕的力量向前上方发力击球。击球之后，球拍顺势向左上方挥动缓冲。（图12-5-3）

图 12-5-3

（2）正手发后场平高球。准备姿势、引拍动作、挥拍击球动作与正手发高远球的相似，只是在击球的一刹那，右臂前臂加速带动手腕向前上方挥动，拍面要向前上方倾斜，以向前用力为主。（图12-5-4）

图 12-5-4

（3）正手发后场平快球。准备姿势亦同正手发高远球。站位比发平高球稍靠后些（以防对方很快将球击回到本方后场），充分利用右臂前臂带动手腕，以爆发力向前方用力挥动，使球直接从对方的肩部上方越过，直攻对方后场。发平快球的关键是出手的动作幅度要小，动作速度要快，但前期动作应与正手发高远球一致。正手发平快球时还应注意不要犯规。（图12-5-5）

图 12-5-5

正手发后场平高球

正手发后场平快球

225

（4）正手发网前小球。准备姿势同正手发高远球。击球时，握拍要放松，右臂上臂动作幅度要小，主要靠前臂带动手腕向前送，用力要轻。球拍触球时，拍面从右向左斜切击球，尽量控制球的弧线，使球贴网而过，落在前发球线附近。（图 12-5-6）

图 12-5-6

2. 反手发球

图 12-5-7

站位靠近前发球线，两脚前后站立，左脚或右脚在前均可，身体重心放在前脚上，上体前倾，后脚脚跟提起。右手反握拍柄的稍前部位，肘关节提起，手腕稍前屈，拍头低于腰部，斜放在下腹前方。左手持球在拍面前方。发球时，球拍由后向前推送击球，使球运行的弧线最高点略高于球网。球拍触球时，拍面成切削式击球，使球落到对方场区的前发球线附近。（图 12-5-7）

反手发球的特点是动作幅度小、出球速度快、对方不易判断。在双打比赛中，多采用这种发球技术。

（四）击球技术

下面以右手击球为例，介绍击球技术。

1. 正手击高远球

正手击高远球（图 12-5-8）技术的具体动作如下。

【准备姿势】右脚后撤成支撑步，右脚脚尖外转，身体重心落在右脚上。右臂抬高，在肘关节处弯曲成 90°，上臂构成了肩轴的延长部分，拍头位于头部的前上方。

【引拍动作】球拍上提并后引，躯干微成反弓形；身体同时右转或面向球网，左肘上提，拍框向身后下摆，达到引拍最大距离。

【击球动作】右臂伸展，前臂内旋，在挥拍到击球点之前的一刹那腕关节发力。击球点位于头上方。在击球过程中，通过右脚蹬地将身体重心转移到左脚上。左臂在身体旁边向后下方运动。

【收拍动作】右臂前臂内旋，右脚向前迈出停止身体的向前运动。击球动作到左腿大腿的方向结束。

准备姿势　　　引拍动作　　　击球动作　　　收拍动作

图 12-5-8

2. 反手击高远球

反手击高远球（图 12-5-9）技术的具体动作如下。

【准备姿势】以基本姿势站立，用右脚的第一步移动使身体向左转，背对网，身体重心在右脚上。

【引拍动作】在右脚落地之前，右脚在身体前面，右臂屈肘引至体前，腕关节和拍头也随着引至体前。

【击球动作】以右臂上臂带动前臂，产生初速度，在肘部抬至与肩同高时，转为前臂带动腕部。通过手腕的闪动，自下而上地甩臂，同时两腿蹬地、转体将球击出。

准备姿势　　　引拍动作　　　击球动作

图 12-5-9

3. 正手平抽球

正手平抽球（图 12-5-10）技术的具体动作如下。

【准备姿势】两脚平行站立，略宽于肩，右脚稍向右侧迈出一小步，上体向右侧稍倾，右臂向右侧摆，球拍上举，肘关节保持一定角度。

【引拍动作】当来球过网时，肘关节外摆，右臂前臂稍向后带外旋，手腕稍外展至后伸，引拍至体后。

【击球动作】击球时，右臂前臂内旋，手腕伸直闪动，球拍由右后向右前方快速平扫来球。

正手平抽球

准备姿势　　　　引拍动作　　　　　　击球动作

图 12-5-10

4. 正手杀球

正手杀球（图 12-5-11）技术的具体动作如下。

【准备姿势】左手自然上举，抬头注视来球，右手持拍于体侧，微屈膝，身体重心下降，准备起跳。起跳时，右肩后引，上体舒展。

【引拍动作】两脚掌蹬地起跳，空中收腹，向左转体，右臂上臂向上摆起，前臂外展，屈肘，手腕充分后伸，拍头向下，以加长挥拍距离。

【击动作球】击球时，用力收腹，腰腹带动右臂上臂，上臂带动前臂，前臂带动手腕，用力挥拍击球。

【收拍动作】杀球后，右臂前臂顺惯性前收。

准备姿势　　　　引拍动作　　　　击球动作　　　　收拍动作

图 12-5-11

5. 正手搓球

正手搓球（图 12-5-12）技术的具体动作如下。

【准备姿势】右手正手握拍，球拍随着右臂前臂伸向右前上方斜举。拍头稍向球网倾斜。

【引拍动作】右脚向前跨一步，右臂前臂外旋，手腕稍后伸，将拍引向右前上方。

【击球动作】当球拍举至最高点时，右臂前臂向外旋转，手腕由后伸至前稍内收并闪动，搓击来球的右下底部，使球旋转翻滚过网。击球点低于球网上缘。

准备动作   引拍动作   击球动作

图 12-5-12

6. 正手扑球

正手扑球（图 12-5-13）技术的具体动作如下。

【准备姿势】准备姿势同正手搓球。

【引拍动作】左脚脚跟先蹬离地面，身体腾空，右臂前臂向前上方举起，球拍正对来球方向。

【击球动作】击球时，右臂由屈至伸，手腕由后伸向前闪动，配合手指的顶压，将球扑下。

【收拍动作】扑球后，球拍随右臂往右侧前下回收，同时屈膝缓冲，控制身体重心。

准备动作   引拍动作   击球动作   收拍动作

图 12-5-13

（五）接发球

1. 单打接发球的站位

单打接发球的站位在离发球线 1.5 米处。右区站位在靠中线的位置，左区站位在中间的位置。左脚在前，身体重心在左脚上，两膝微屈，身体侧对球网，球拍置于身前，两眼注视对方。（图 12-5-14）

2. 双打接发球的站位

在右场区接发球时，站位靠近前发球线的位置；左场区接发球的站位亦然。准备姿势与单打基本相同，但是双打速度快，因此，接发球时，可以将球拍适当抬高一点，举到头前上方的位置，以便于迅速抢网。（图 12-5-15）

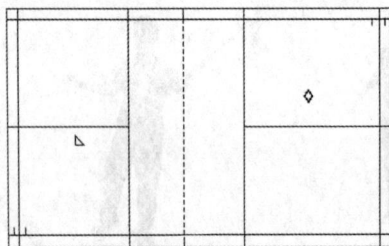

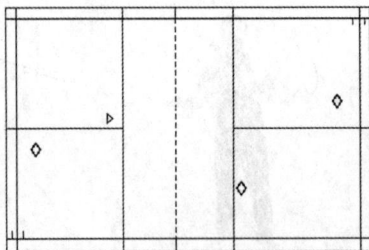

图 12-5-14 图 12-5-15

三、羽毛球基本战术

（一）发球

1. 根据对方接发球站位确定发球路线

对方接发球站位偏后，接发球注意力在后场，网前出现空当，此时己方应发网前球；对方站位靠前，接发球注意力在前场，后场出现空当，此时己方可以发后场球；对方站位靠边线时，己方可以采用突然性很强的平射球袭击对方的底线两角的位置，使对方措手不及，回球失误。不可一味地运用一种发球战术，要与其他种类的发球战术一起使用，才能加强发球变化。

2. 根据对手的技术特长和接发球规律发球

对方后场进攻能力很强，球路刁钻，但接网前球能力相对较弱，此时己方就应以发网前球为主，有意识地限制对手发挥其后场进攻技术的优势；对方网前技术动作一致性强，对己方威胁大，此时己方发球就要避开对方这一优势，以发后场球为主。

3. 根据各发球区域的战术特点发球

通常将发球区域分为1号、2号、3号、4号位置。发3号位球，便于与对方拉开距离，下一拍可将对方调动至对角网前；发4号位球，可以避免对方快速的直线平高球攻击己方的后场边线角；发2号位球，对方出球角度小，便于判断对方的出球；发1号位球，特别是左场区1号位，有利于下一拍攻击对方左后场反手球，必须注意防范对手以直线球攻击己方左后场反手区。发1号、2号位置之间中路的网前球或追身球，效果较好。（图12-5-16）

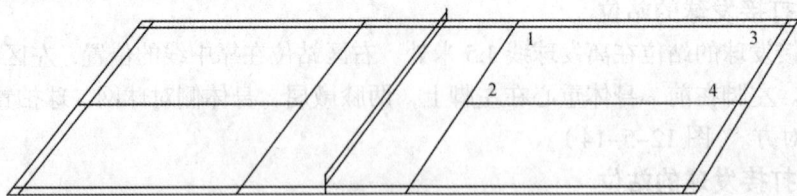

图 12-5-16

（二）接发球

1. 单打接发球

一般情况下，接发后场高远球或平高球时，可用高球、吊球或杀球进行还击；接平射球时，可用快速抽杀球或吊拦网前小球来还击；接发网前球可采用放网前球、勾对角球、推后场球进行还击。

2. 双打接发球

接发后场球，多数情况采用大力杀球进攻，以快制快，可用吊球调动对方，也可采用攻人的方法进攻；接发前场小球的方法是快速抢网前的制高点，可利用推球、扑球或搓球、拨半场球等方法进行还击。

（三）后场击球

利用熟练的高球、吊球、杀球、劈球等技术，通过准确地将球击到对方场区的底线两角等来调动对方，使对方前、后、左、右来回奔跑移动，寻找机会大力发起进攻。

（四）前场击球

可用前场细致快速的搓球、勾对角球、推后场球、挑后场球、扑球等击球技术来调动对方，打对方空位和失重的空缺，使对方措手不及。

（五）中场击球

中场击球，要求判断、反应、起动和出手都要快，引拍预摆动作幅度相应小一些。由于接杀球可借助对方来球力量击球，因此，击球力量不宜太大。重要的是借助巧力，突出手指、手腕的爆发力。

四、羽毛球比赛规则简介

（一）比赛场地

场地应是一个长方形，用宽 40 毫米的线画出（图 12-5-17）。球网上下宽 760 毫米，全长至少 6.1 米。球网的上沿应用宽 75 毫米的白布带对折成夹层，且用绳索或钢丝从中穿过。夹层的上沿，必须紧贴绳索或钢丝。从场地地面起，场地中心点处网高 1.524 米，双打边线中心点处网高 1.55 米。球网应由深色优质的细绳编织成。网孔为均匀分布的方形，边长 15 ~ 20 毫米。

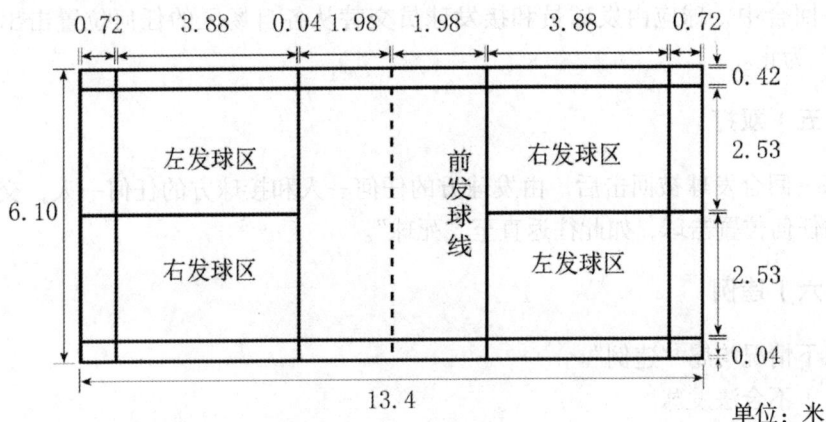

图 12-5-17

（二）计分方法

（1）除非另有规定，一场比赛应以三局两胜定胜负。

（2）除另有规定的情况外，先得21分的一方胜一局。

（3）一方"违例"或球触及该方场区的地面成"死球"，则另一方胜这一回合并得1分。

（4）20平后，领先2分的一方胜该局。

（5）29平后，先得30分的一方胜该局。

（6）一局的胜方在下一局首先发球。

（三）发球

（1）合法发球：①一旦发球员和接发球员做好准备，任何一方不得延误开始发球；②发球员球拍头的向后摆动一旦停止，任何对发球开始的延迟都是延误；③发球员和接发球员应站在斜对角的发球区界线以内，脚不得触及发球区和接发球区的界线；④从发球开始至发球结束，发球员和接发球员的两脚都必须有一部分与场地的地面接触，不得移动；⑤发球员的球拍应首先击中球托；⑥发球员的球拍击中球的瞬间，整个球应低于距场地地面高度1.15米；⑦自发球开始，发球员挥拍必须连贯向前，直至将球发出；⑧发出的球应向上飞行过网，如果未被拦截，球应落在规定的接发球区内；⑨发球员发球时，应击中球。

（2）一旦运动员站好位置准备发球，发球员的球拍头开始向前挥动，即为发球开始。

（3）一旦发球开始，发球员的球拍击中或未能击中球，均为发球结束。

（4）发球员应在接发球员准备好后才能发球，如果接发球员已试图接发球，即视为已做好准备。

（5）双打比赛发球时，发球员和接发球员的同伴应在各自的场区内。其站位不限，但不得阻挡对方发球员或接发球员的视线。

（四）单打

一回合中，球应由发球员和接发球员交替从各自场区的任何位置击出，直至成"死球"为止。

（五）双打

每一回合发球被回击后，由发球方的任何一人和接球方的任何一人，交替在各自场区的任何位置击球，如此往返直至"死球"。

（六）违例

以下情况均属"违例"。

（1）不合法发球。

（2）球发出后：停在网顶；过网后挂在网上；被接发球员的同伴击中。

（3）比赛进行中，球：落在场地界线外（即未落在界线上或界线内）；未从网上越过；触及天花板或四周墙壁；触及运动员的身体或衣服；触及场地外其他物体或人；被击时停滞在球拍上，紧接着被拖带抛出；被同一运动员两次挥拍连续两次击中，但一次击球动作中球被拍框和拍弦面击中不属"违例"；被同方两名运动员连续击中；触及运动员球拍，而未飞向对方场区。

（4）比赛进行中，运动员：球拍、身体或衣服触及球网或球网的支撑物；球拍或身体从网上侵入对方场区（击球时，球拍与球的接触点在击球者网这一方，而后球拍随球过网的情况除外）；球拍或身体从网下侵入对方场区，导致妨碍对方或分散对方的注意力；妨碍对方，即阻挡对方随球过网的合法击球；故意分散对方注意力的任何举动，如喊叫、做手势等。

体育思政课堂

高校球类运动课程蕴含着深刻的育人要素和思政元素：我国球类运动的发展成就可以激发大学生的爱国主义情怀，球类运动技术中丰富的引申含义与社会主义核心价值观相匹配；球类运动技术背后的运动生物力学原理可以培养大学生的科学探索精神，促进大学生体育学科核心素养的发展。球类运动课程体现出爱国主义精神、集体主义精神、科学探索精神、开拓创新精神等育人要素和思政元素对大学生有着深刻的教育意义。

思考题

1. 简述足球的踢球动作要领。
2. 简述足球局部进攻战术。
3. 篮球的传接球要领是什么？
4. 排球的准备姿势有几种？动作要领分别是什么？
5. 简述羽毛球、乒乓球的握拍方法。
6. 简述羽毛球发高远球的动作要领。

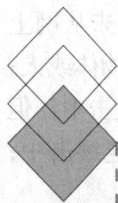

第十三章

形体健身运动

第一节　形体训练

一、形体训练概述

形体训练是针对女性的身心特点和需要而开设的体育课程。形体训练教学是在音乐的伴奏下，借助基本形态控制练习、波浪练习、舞姿练习、舞步练习等身体练习手段，匀称和谐地发展、塑造良好的体形，培养正确优美的姿态和动作的教学。它不像健美那样强调发展肌肉的形态，而是在先天体形的基础上，通过形体基本素质训练来纠正不良的形体姿态，从而使练习者形成良好的站姿、坐姿和走姿，进而使其仪表、仪态更加端庄健美。

二、形体训练的基础练习

（一）基本脚位

形体训练的脚位动作要点如下。

（1）一位：两脚脚跟并拢，两脚外展成一条直线。[图 13-1-1(a)]

（2）二位：两脚脚尖外展，两脚在一条直线上，相隔一脚的距离。[图 13-1-1(b)]

（3）三位：两脚脚尖外展，一脚的脚跟紧贴另一脚的脚弓侧面。[图 13-1-1(c)]

（4）四位：两脚脚尖外展，一脚平行放在另一脚前面，两脚前后相隔约一脚的距离。[图 13-1-1(d)]

（5）五位：两脚外展，前后紧贴，脚尖与脚跟对齐。[图 13-1-1(e)]

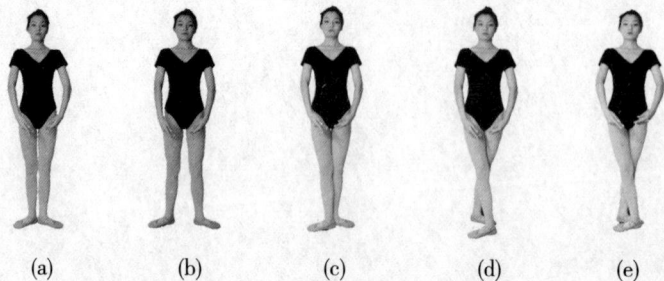

(a)　　　　　(b)　　　　　(c)　　　　　(d)　　　　　(e)

图 13-1-1

（二）基本姿态

（1）坐姿：骶骨垂直坐位，收腹立腰，挺胸沉肩，微收下颌，两腿伸直并拢，两脚并拢。

（2）站姿：两脚脚跟并拢，脚尖外展，身体重心落在两脚之间，两腿并拢，腿部和臀部肌肉收紧，收腹立腰，挺胸沉肩，微收下颌。（图 13-1-2）

图 13-1-2

基本姿态

（三）手型与手位

1.手型

形体练习时多采用芭蕾手型，手指自然伸展，拇指和中指稍向内合。（图 13-1-3）

图 13-1-3

2.手位

形体训练基本手位动作要点如下。

（1）一位：两臂体前稍弯曲，下垂成椭圆形，手心向上。[图 13-1-4(a)]

（2）二位：两臂抬至腹前，手心向后。[图 13-1-4(b)]

（3）三位：两臂上举，手心向下。[图 13-1-4(c)]

（4）四位：一臂上举，手心向下；另一臂前举，手心向后。[图 13-1-4(d)]

（5）五位：一臂上举，手心向下；另一臂侧举，手心向前。[图 13-1-4(e)]

（6）六位：一臂前举，手心向后；另一臂侧举，手心向前。[图 13-1-4(f)]

（7）七位：两臂侧举，手心向前。[图 13-1-4(g)]

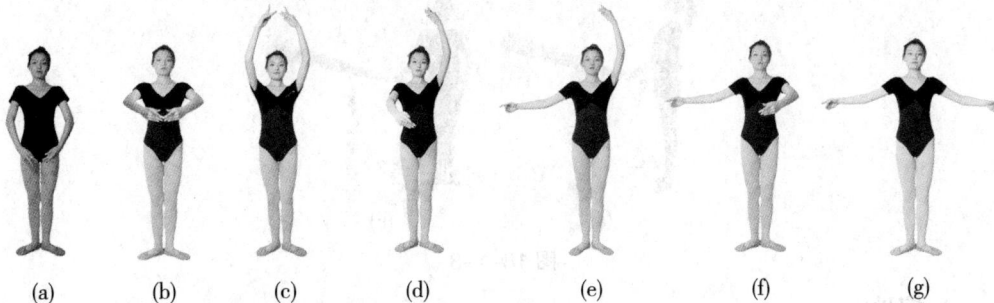

(a)　　　　(b)　　　　(c)　　　　(d)　　　　(e)　　　　(f)　　　　(g)

图 13-1-4

（四）地面练习

地面练习内容极其丰富，能训练学生的肌肉收缩和放松的协调能力，提高关节的灵活性和柔韧性。此处挑选 5 个基础的练习，在此基础上可变换身体的不同部位进行练习。

（1）坐位勾绷脚：上体保持基本坐姿，两臂置于体侧，两手指尖点地，两腿伸直并拢，绷脚背。两脚依次进行勾脚尖、绷脚背练习。

（2）坐位体前屈：上体保持基本坐姿，两腿伸直并拢，绷脚背。上体前屈至最低点，略停，两手同步划向脚尖，然后返回至基本坐姿。

（3）仰卧举腿：背部贴地仰卧，两腿伸直并拢，绷脚背。两腿（或单腿）直腿绷脚背举至与地面成 90°，再还原。（图 13-1-5）

（4）侧卧举腿：身体侧卧，一臂屈肘，向前扶地。开位直膝绷脚单举腿，再还原。（图 13-1-6）

（5）俯卧展体：俯卧，两腿伸直并拢，绷脚背，两臂支撑起上体。上体尽量抬起，稍停后还原。（图 13-1-7）

图 13-1-5　　　　　　　　　图 13-1-6　　　　　　　图 13-1-7

（五）把杆练习

把杆练习是形体训练的重要手段。把杆练习有助于学生建立准确的肌肉感。

扶把杆的方法有双手扶把和单手扶把。双手扶把是指面向把杆，两手相距 30 厘米左右，或与肩同宽搭在杆上[图 13-1-8(a)]；单手扶把是指身体侧对把杆，靠近把杆的手搭在杆上，另一手放在身体的稍前方[图 13-1-8(b)]。无论哪种扶把杆的方法都要求手臂松弛、肩部放松。

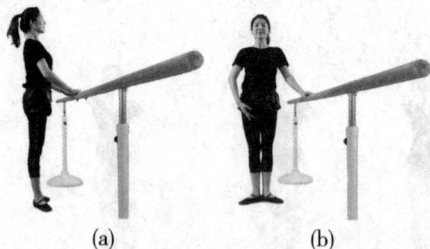

(a)　　　　　　(b)

图 13-1-8

1. 擦地

擦地是训练腿部形态的基础动作，可分别向前、向侧、向后做擦地动作。

（1）向前擦地：动力腿向前擦出至最远处。擦地时，脚跟用力前顶，脚跟、脚心、脚掌逐渐离地，脚背充分绷直外展，脚尖点地，然后脚尖引领沿原线擦回。[图 13-1-9(a)]

（2）向侧擦地：动力腿向侧擦出至最远处。擦地时，全脚边擦边绷脚，至脚尖点地，然后沿原线擦回，腿部保持外展。[图13-1-9(b)]

（3）向后擦地：动力腿向后擦出至最远处。擦地时，脚尖引领向正后方擦出，脚跟、脚心、脚掌逐渐离地，脚背充分绷直外展，脚尖点地，然后脚跟引领沿原线擦回，腿部保持外展。[图13-1-9(c)]

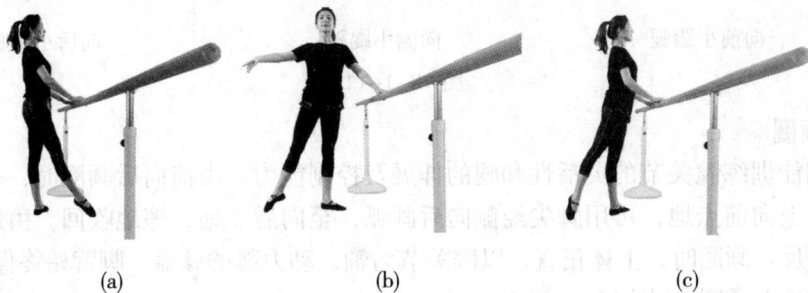

(a)　　　　　　　　　　(b)　　　　　　　　　　(c)

图13-1-9

2. 蹲

蹲能发展腿部肌肉力量，加强踝关节和膝关节的力量和柔韧性。蹲分为全蹲和半蹲。

（1）半蹲：一位脚基本站姿，屈膝匀速下蹲到全脚掌着地的最低限度，踝关节与脚背有挤压感，待跟腱有较强的牵拉感时再匀速起立。[图13-1-10(a)]

（2）全蹲：在半蹲的基础上，继续下蹲，脚跟随之抬起，蹲到最低位时，脚跟下压落实，慢慢还原成直立。[图13-1-10(b)]

(a)　　　　　　　　　(b)

图13-1-10

3. 小踢腿

腿部经擦地的快速踢起和有力地停顿，能有效地训练腿部的爆发力和肌肉力量。动力腿经擦地干净利落地踢起至与地面成25°停住，再经脚尖点地快速擦地收回。可分别向前、向侧、向后做小踢腿动作（图13-1-11）。

向前小踢腿   向侧小踢腿   向后小踢腿

图 13-1-11

4. 画圈

画圈能训练髋关节的灵活性和腿的伸展及控制能力。由前向后画圈时，动力腿向前擦出，至向前点地，再用脚尖经侧向后画弧，至向后点地，擦地收回。由后向前画圈时则相反。画圈时，上体正直，以髋关节为轴，动力腿的膝盖、脚背始终保持向外，用脚尖在地上画圈。（图 13-1-12）

由前向后画

由后向前画

图 13-1-12

5. 屈伸

通过腿的屈伸练习能提高腿部肌肉的力量和两腿协调配合的能力。主力腿缓慢下蹲的同时，悬空的动力腿同步屈膝收回，脚尖可贴在主力腿小腿的前侧或后侧。两腿再匀速缓慢伸直，动力腿可分别向前、向侧、向后屈伸。（图 13-1-13）

向前屈伸   向侧屈伸

向后屈伸

图 13-1-13

6. 小弹腿

通过腿的向前、向侧、向后的快速屈伸，训练小腿和脚部的动作速度及控制能力。练习时，主力腿支撑，动力腿屈膝抬起，大腿不动，以脚背带动小腿迅速弹出，伸直并停在与地面成 25° 位置。收回屈膝时，动力腿的脚必须贴在主力腿的踝部，或脚踝贴在主力腿的小腿肚以下。（图 13-1-14）

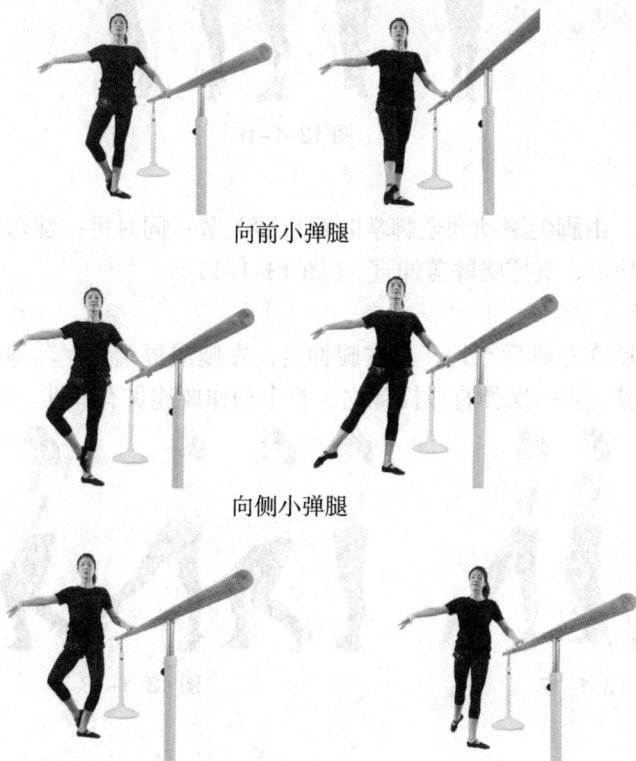

向前小弹腿

向侧小弹腿

向后小弹腿

图 13-1-14

（六）基本步法

基本步法主要用来培养学生动作的协调性、韵律感和富有朝气的形体表现力。

1. 柔软步

走步时，脚向前伸出，绷脚背，再经脚尖过渡到全脚掌着地，脚尖朝外，身体重心移至前脚；上体正直平稳，两眼平视。（图13-1-15）

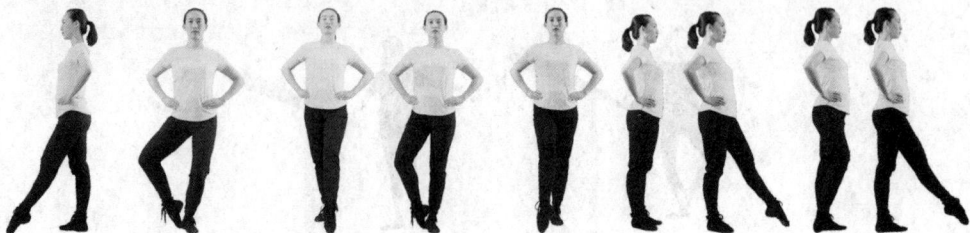

图 13-1-15

2. 足尖步

走步时，脚向前伸出，绷脚背，再经脚尖过渡到前脚掌着地，脚踝尽量抬高，脚尖朝外，身体重心移至前脚；上体正直平稳，两眼平视。（图13-1-16）

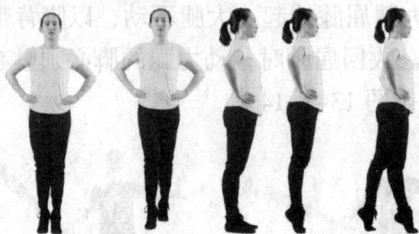

图 13-1-16

3. 滚动步

脚尖点地，由脚尖滚动到全脚掌时蹬直膝关节；同时另一腿弯曲，脚尖点地，交换时保持上体稳定、支撑腿膝盖伸直。（图13-1-17）

4. 弹簧步

右腿经屈膝在左脚后点地，提右腿伸直，左腿成提踵立，落地时从脚尖过渡到全脚掌；接着屈膝，再一次伸直成提踵立，整个动作要连贯有弹性。（图13-1-18）

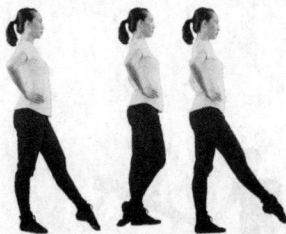

图 13-1-17　　　　　　图 13-1-18

第二节　健美操

一、健美操概述

健美操于 20 世纪 70 年代末 80 年代初传入中国。中国把武术、民间舞蹈与健美操融为一体，并创造了具有中国特色的徒手健美操和持轻器械健美操。1992 年，中国健美操协会成立。健美操是以有氧运动为基础，以健、力、美为特征，融体操、舞蹈、音乐于一体，通过徒手或结合器械的操作练习，以达到健身、健美和健心的目的，并具有竞技性、娱乐性和观赏性的大众健身方式和竞技运动项目。

健美操内容丰富、形式多样、种类繁多，按照不同的目的和任务可将健美操分为健身性健美操、竞技性健美操和表演性健美操。

二、健美操技术要点

（一）健美操的基本站位

健美操的基本站位包括立、弓步、跪立三种。

（1）立：直立、开立、点地立、提踵立。

（2）弓步：前弓步、侧弓步、后弓步。

（3）跪立：双腿跪立、单腿跪立。

（二）健美操的基本手型

健美操的基本手型包括并掌、分掌、花掌、拳四种。（图 13-2-1）

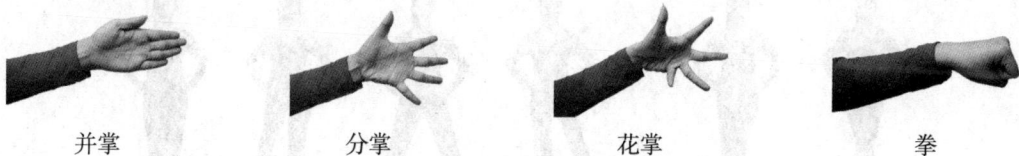

并掌　　　　　分掌　　　　　花掌　　　　　拳

图 13-2-1

（三）健美操的基本步法

1. 无冲击步法

无冲击步法包括弹动、半蹲、弓步、提踵等步法。（图 13-2-2）

弹动　　　　　　　　半蹲　　　　　　　　弓步　　　　　　　　提踵

图 13-2-2

2. 低冲击步法

（1）踏步类。踏步类低冲击步法包括踏步、一字步、走步、V字步、漫步、A字步等步法。（图 13-2-3）

踏步　　　　　　　　　　　　　　一字步

走步　　　　　　　　　　　　　　V 字步

漫步　　　　　　　　　　　　　　A 字步

图 13-2-3

（2）点地类。点地类低冲击步法包括脚尖前点地、脚跟前点地、脚尖侧点地、脚尖后点地等步法。（图 13-2-4）

242

脚尖前点地　　　脚跟前点地　　　　脚尖侧点地　　　　脚尖后点地

图 13-2-4

（3）迈步类。迈步类低冲击步法包括迈步点地、迈步后点地、迈步屈腿、迈步吸腿、侧交叉步等步法。（图 13-2-5）

迈步点地　　　　迈步后点地　　　　　迈步屈腿

迈步吸腿　　　　　　　侧交叉步

图 13-2-5

（4）单脚抬起类。单脚抬起类低冲击步法包括吸腿、踢腿、弹踢腿、后屈腿等步法。（图 13-2-6）

吸腿　　　　　　踢腿　　　　　　弹踢腿　　　　　后屈腿

图 13-2-6

3. 高冲击步法

（1）迈步跳起类。迈步跳起类高冲击步法包括并步跳、迈步吸腿跳、迈步后屈腿跳等步法。（图 13-2-7）

并步跳　　　　　迈步吸腿跳　　　　　迈步后屈腿跳

图 13-2-7

（2）双脚起跳类。双脚起跳类高冲击步法包括并腿纵跳、分腿半蹲跳、开合跳、弓步跳等步法。（图 13-2-8）

并腿纵跳　　　　　分腿半蹲跳　　　　　开合跳

弓步跳

图 13-2-8

（3）单脚起跳类。单脚起跳类高冲击步法包括吸腿跳、后屈腿跳、弹踢腿跳、侧摆腿跳等步法。（图 13-2-9）

吸腿跳　　　后屈腿跳　　　弹踢腿跳　　　　侧摆腿跳

图 13-2-9

三、大众健美操基础套路

（一）第三套《全国健美操大众锻炼标准》（一级）套路

第三套《全国健美操大众锻炼标准》（一级）套路图解和说明如下。

组合一

节拍		下肢步法	上肢动作
预备姿势		站立	
一	1～4	由右脚开始，向前、向左做一字步	1～2拍两臂胸前屈，3～4拍两臂后摆
	5～8	5～8拍动作同1～4拍	5拍两臂胸前屈，6拍两臂上举，7拍两臂胸前屈，8拍两臂放于体侧

节拍		下肢步法	上肢动作
二	1～4	由右脚开始，向前走3步吸腿	1～3拍两臂经前举后摆至肩侧屈，4拍击掌
	5～8	由左脚开始，向后退3步吸腿	5～8拍动作同1～4拍

节拍		下肢步法	上肢动作
三	1～4	由右脚开始，侧并步2次	1拍右臂肩侧屈肘，2拍还原，3拍左臂肩侧屈肘，4拍还原
	5～8	右脚向侧连续并步2次	5拍两臂胸前平屈，6拍还原，7～8拍动作同5～6拍

节拍		下肢步法	上肢动作
四	1～4	左脚十字步	两臂随下肢动作自然摆动
	5～8	由左脚开始，踏步4次	5拍两手胸前击掌，6拍还原，7～8拍动作同5～6拍

第五至第八个8拍，动作相同，只是方向相反

组合二

| 动作 | | 1 | 2 | 3 | 4 |
| 5 | 6 | 7 | 8 |

节拍		下肢步法	上肢动作
一	1～4	由右脚开始，前点地2次	1拍两臂屈肘右摆，2拍还原，3拍两臂屈肘左摆，4拍还原
	5～8	5～8拍动作同1～4拍	5拍右臂摆至侧上举、左臂胸前平屈，6拍还原，7～8拍动作同5～6拍，只是方向相反

| 动作 | | 1 | 2 | 3 | 4 |
| 5 | 6 | 7 | 8 |

节拍		下肢步法	上肢动作
二	1～4	由右脚开始，向右弧形走270°	两臂随下肢动作自然摆动
	5～8	并腿半蹲2次	5拍两臂前平举，6拍右臂胸前平屈（上体右转），7拍两臂前平举，8拍两臂放于体侧

动作	
	1 2 3 4
	5 6 7 8

节拍		下肢步法	上肢动作
三	1～8	1～4拍左脚上步吸腿右转转体90°，5～8拍右脚上步吸腿	1拍两臂前平举，2拍屈臂后拉，3拍两臂前平举，4拍还原，5～8拍同1～4拍动作

动作	
	1 2 3 4
	5 6 7 8

节拍		下肢步法	上肢动作
四	1～8	左脚开始向侧迈步后屈腿4次	屈肘前后摆动

第五至第八个8拍，动作相同，只是方向相反

组合三

节拍		下肢步法	上肢动作
一	1～4	右脚向右交叉步	1～3 拍两臂经侧至上举，4 拍两臂胸前平屈
	5～8	左脚向侧迈步成分腿半蹲	5～6 拍两臂前平举，7～8 拍两臂放于体侧

节拍		下肢步法	上肢动作
二	1～4	由右脚开始，侧点地 2 次	1 拍右臂左前举、左臂屈肘于腰间，2 拍两臂屈肘于腰间，3～4 拍动作同 1～2 拍，只是方向相反
	5～8	右脚连续 2 次侧点地	5～8 拍动作同 1～4 拍

动作				
	1	2	3	4
	5	6	7	8

节拍		下肢步法	上肢动作
三	1～8	由左腿开始，向前走3步接吸腿3次	1拍两臂肩侧屈外展，2拍两臂胸前交叉，3拍同1拍动作，4拍两手胸前击掌，5拍两臂肩侧屈外展，6拍两手腿下击掌，7～8拍动作同3～4拍
四	1～8	由右腿开始，向后走3步接吸腿3次	第四个8拍动作同第三个8拍
第五至第八个8拍，动作相同，只是方向相反			

组合四

动作				
	1	2	3	4
	5	6	7	8

节拍		下肢步法	上肢动作
一	1～4	由右腿开始，V字步	1拍右臂侧上举，2拍两臂侧上举，3～4拍两手胸前击掌2次
	5～8	A字步	5拍右臂侧下举，6拍两臂侧下举，7～8拍两手胸前击掌2次
动作			

节拍		下肢步法	上肢动作
二	1～4	由右脚开始，弹踢腿跳2次	1拍两臂前平举，2拍两臂下摆至体侧，3～4拍动作同1～2拍
	5～8	右脚连续弹踢2次	5拍两臂前平举，6拍两臂胸前平屈，7拍动作同5拍，8拍还原
动作			

节拍		下肢步法	上肢动作
三	1～8	左腿漫步2次	两臂随下肢动作自然摆动

动作			

节拍		下肢步法	上肢动作
四	1～4	由左脚开始，迈步后点地2次	1～2拍右臂经肩侧屈至左下举，3～4拍同1～2拍动作，只是方向相反
	5～8	5～8拍动作同1～4拍	5～6拍右臂经侧上举至左下举，7～8拍动作同5～6拍，只是方向相反

第五至第八个8拍，动作相同，只是方向相反

（二）第三套《全国健美操大众锻炼标准》（二级）套路

第三套《全国健美操大众锻炼标准》（二级）套路图解和说明如下。

组合一

动作			

节拍		下肢步法	上肢动作
一	1～4	由右脚开始，十字步	1拍右臂侧平举，2拍左臂侧平举，3拍两臂上举，4拍两臂侧下举
	5～8	由右脚开始，向后走4步	5～6拍屈肘自然摆动，7～8拍动作同5～6拍
二	1～8	第二个8拍动作同第一个8拍，但向前走4步	

动作					
	1～2	3	4～5	6	7～8

节拍		下肢步法	上肢动作
三	1～6	由右脚开始，漫步	1～2拍右臂前平举；3拍两手叉腰；4～5拍左臂前平举，6拍两臂胸前交叉
	7～8	右脚向后 1/2 后漫步	两臂侧后下举

动作								
	1	～	2	3	～	4	5～6	7～8

节拍		下肢步法	上肢动作
四	1～2	右脚向右并步跳	左臂屈肘，两臂自然摆动
	3～8	左脚向右前方做向前、向侧、向后漫步	3～4拍两臂前平举弹动2次，5～6拍两臂侧平举，7～8拍两臂侧后下举

第五至第八个 8 拍，动作相同，只是方向相反

组合二

动作					
	1～2	3～4	5	6	7	8

节拍		下肢步法	上肢动作
一	1～4	1～2拍右脚向右侧滑步，3～4拍由左脚开始，做 1/2 后漫步	1～2拍右臂侧上举、左臂侧平举，3～4拍两臂屈肘后摆
	5～8	由左脚开始，向左前方做侧并步2次	5～6拍击掌3次，7～8拍两手叉腰

动作		
	1　　2　　3　　4　　5～6　　7～8	

节拍		下肢步法	上肢动作
二	1～4	1～2拍由左脚开始，向左前方做侧并步，3～4拍右脚向右前方做侧并步	1～2拍击掌3次，3～4拍两手叉腰
	5～8	5～6拍左脚向左侧滑步，7～8拍右脚向后方做1/2后漫步	5～6拍左臂侧上举、右臂侧平举，7～8拍两臂屈肘后摆

动作		
	1　2　3　4　5　6　7　8	

节拍		下肢步法	上肢动作
三	1～4	右转90°，右腿上步，左腿吸腿2次	两臂向前冲拳，向后下冲拳各2次
	5～8	V字步左转90°	两臂由右向左水平摆动

动作		
	1　2　3　4　5　6　7　8	

节拍		下肢步法	上肢动作
四	1～4	左腿吸腿2次，侧点地1次	1拍两臂胸前平屈，2拍左臂上举，3拍动作同1拍，4拍还原
	5～8	5～8拍动作同1～4拍，只是方向相反	5～8拍动作同1～4拍，只是方向相反

第五至第八个8拍，动作相同，只是方向相反

组合三

动作	

节拍		下肢步法	上肢动作
一	1～4	1～3拍右脚侧并步跳，4拍时右转90°	2拍两臂上举，3～4拍两臂下拉
	5～8	左脚侧交叉步	5～7拍两臂屈肘自然摆动，8拍两臂侧下举，上体向左扭转90°

动作	

节拍		下肢步法	上肢动作
二	1～4	1～3拍向右侧并步跳，4拍时左转90°	1拍两臂屈肘置于体侧，2拍两臂上举、3～4拍两臂屈肘下拉
	5～8	由左脚开始，侧并步2次	5拍右臂左下举，6拍两臂屈肘置于体后，7拍左臂右下举，8拍两臂垂于体侧

动作	

节拍		下肢步法	上肢动作
三	1～4	左脚向前一字步	1拍两臂肩侧屈肘，2两臂下举，3～4拍两臂胸前屈肘
	5～8	依次分并腿	5～6拍两臂上举，7～8拍两手放膝上

动作	

节拍		下肢步法	上肢动作
四	1～4	左脚向后一字步	1～2拍两臂侧下举，3～4拍两臂胸前交叉
	5～8	依次分并腿2次	两臂经胸前交叉1次侧上举，1次侧下举

第至第八个8拍，动作相同，只是方向相反

组合四

动作	

节拍		下肢步法	上肢动作
一	1～8	由左脚开始，小马跳4次，向侧向前成梯形	1～2拍右臂体侧向内绕环，3～4拍左臂体侧向内绕环，5～8拍动作同1～4拍

动作	

节拍		下肢步法	上肢动作
二	1～4	向右后弧形跑4步，右转270°	两臂屈肘自然摆动
	5～8	开合跳1次	5～6拍两手放大腿上，7拍击掌，8拍两臂放于体侧
动作		1　　2　　3　　4　　5　　6　　7　　8	
节拍		下肢步法	上肢动作
三	1～4	右脚向左前上步，左腿后屈腿	1拍两臂胸前交叉，2拍右臂侧平举、左臂上举，3拍动作同1拍，4拍两手叉腰
	5～8	右转90°，左脚向前上步，右腿后屈腿	5～8拍动作同1～4拍，只是方向相反
动作		1　　2　　3　　4　　5　　6　　7　　8	
节拍		下肢步法	上肢动作
四	1～4	右、左侧点地各1次	1拍右臂左前下举，2拍两手叉腰，3～4拍动作同1～2拍，只是方向相反
	5～8	5拍右脚上步，6～7拍转髋，8拍还原	5拍两臂胸前平屈，6拍两臂前推，7拍动作同5拍，8拍两臂放于体侧
第至第八个8拍，动作相同，只是方向相反			

（三）第三套《全国健美操大众锻炼标准》（三级）套路

第三套《全国健美操大众锻炼标准》（三级）套路图解和说明如下。

组合一

动作		

节拍	下肢步法	上肢动作
预备姿势	站立	
一 1～4	由右脚开始，向一侧迈步后屈腿2次，2拍时右转90°	1拍左臂摆至侧上举，右臂摆至胸前平屈；2拍右臂摆至侧平举，左臂摆至胸前平屈；3拍两臂经体前向下摆动；4拍同2拍，只是方向相反
5～8	向右迈步后屈腿2次，6拍时右转180°	两手叉腰
动作		

节拍		下肢步法	上肢动作
二	1～2	1/2 V字步	1拍右臂侧上举，2拍两臂侧上举
	3～8	3～7拍由右脚开始，漫步2次，8拍时右转90°并步	3～7拍两臂随下肢动作自然前后摆动，8拍两臂垂于体侧
动作			

节拍		下肢步法	上肢动作
三	1～8	由右脚开始，交叉步2次，4拍时右转90°，路线成L形	1拍两臂前举，2拍两臂胸前平屈，3拍同1拍，4拍两手胸前击掌；5～8拍动作同1～4拍
动作			

节拍		下肢步法	上肢动作
四	1～4	1～2拍由左脚开始，侧并步跳，3～4拍做1/2后漫步	1～2拍两臂侧上举；3～4拍左臂摆至体前，右臂摆至体后
	5～8	左转90°，由左脚开始，小马跳2次	5～6拍右臂上举，7～8拍左臂上举
第五至第八个8拍，动作相同，只是方向相反			

组合二

节拍		下肢步法	上肢动作
一	1～4	由右脚开始，向右前方上步，左腿吸腿2次	两臂随下肢动作自然摆动
	5～6	左脚向后做交换步	两臂随下肢动作自然摆动
一	7～8	右脚向右前方上步，左腿吸腿	两臂随下肢动作自然摆动

节拍		下肢步法	上肢动作
二	1～4	由左脚开始，向两侧做交叉步	两臂随下肢动作向反方向屈伸
	5～8	右转45°，左脚做漫步	5～6拍两臂于肩侧屈肘外展，7～8拍两臂经体前交叉摆至侧下举

动作	

节拍		下肢步法	上肢动作
三	1～4	由左脚开始，做V字步，3拍时左转90°	两臂随下肢动作自然摆动
	5～8	由左脚开始，向一侧并步跳2次	两臂随下肢动作自然摆动

动作	

节拍		下肢步法	上肢动作
四	1～8	左脚一字步2次，4拍时右转90°	两臂随下肢动作自然摆动

第五至第八个8拍，动作相同，只是方向相反

组合三

动作

~　1　2　3

4　5　6　7　8

节拍		下肢步法	上肢动作
一	1～6	由右脚开始，脚尖侧点地3次	1拍右臂向左下屈伸，2～3拍左臂向右下屈伸，4～5拍右臂向左下屈伸，6拍两臂自然垂于体侧
	7～8	由左脚开始，向前走2步	两手胸前击掌2次

动作

1　2　3　4

5　6　7　8

节拍		下肢步法	上肢动作
二	1～4	由左脚开始，吸腿跳2次	1拍两臂侧上举，2拍两臂胸前平屈，3拍同1拍，4拍两手叉腰
	5～8	右腿吸腿跳，向后落地，向左转体180°，左腿吸腿跳	两手叉腰
动作			

节拍		下肢步法	上肢动作
三	1～4	由左脚开始，向前走3步后，右腿吸腿跳，同时向左转体180°	1～3拍两手叉腰，4拍两手胸前击掌
	5～8	由右脚开始，向前走3步后，左腿吸腿	5拍两臂前平举，6拍两臂同时经体前摆至侧下举，7拍两臂于肩侧屈肘外展，8拍两手胸前击掌
动作			

节拍		下肢步法	上肢动作
四	1~8	由左脚开始，侧点步4次，2拍时向左转体90°，6拍时向右转体90°，路线成L形	两臂屈臂提拉4次
第五至第八个8拍，动作相同，只是方向相反			

组合四

1　　2　　3　　4

5　　6　　7　　8

节拍		下肢步法	上肢动作
一	1~4	右脚上步，左腿吸腿	两臂做向前冲拳、后拉2次
	5~8	由左脚开始，向前走3步后，右腿吸腿	5拍两臂前平举，6拍两臂同时经体前摆至侧下举，7拍两臂于肩侧屈肘外展，8拍两手胸前击掌

1　　2~3　　4　　5~6　　7~8

节拍		下肢步法	上肢动作
二	1~4	1拍右脚向一侧迈步，2~3拍左脚向右前方1/2漫步，4拍左脚向一侧迈步	1拍两臂侧上举，2~3拍右臂摆至体后、左臂摆至体前，4拍动作同1拍
	5~8	由右脚开始，向左前方做漫步	两臂随下肢动作自然摆动

264

节拍		下肢步法	上肢动作
三	1～6	由右脚开始，上步吸腿3次	1拍两臂于肩侧屈肘外展，2拍两手胸前击掌，3～4拍、5～6拍动作同1～2拍
	7～8	左脚向前1/2漫步	两臂随下肢动作自然摆动

节拍		下肢步法	上肢动作
四	1～8	1拍左转90°，2～3拍向左做侧交叉步，4拍转体180°，5～7拍向右做侧交叉步，8拍左转90°，两腿并拢	1～4拍两臂依次做外展、内收、外展、击掌动作，5～8拍动作同1～4拍

第五至第八个8拍，动作相同，只是方向相反

四、健美操比赛规则简介

（一）健身健美操比赛

健身健美操分规定动作比赛与自选动作比赛。规定动作比赛主要强调动作的准确性、熟练性、整齐一致性及团队精神。自选动作比赛在完成方面与规定动作比赛的要求相仿，不同之处在于前者更强调编排和创意。成套编排突出艺术性与安全性。其中，艺术性包括主题健康，充满活力，富有激情；编排新颖，有创意；动作类型丰富，动作的转换自然流畅；充分利用场地和空间。安全性主要指成套动作中没有对身体造成伤害的因素（不安全的动作）。不鼓励在成套动作中出现竞技健美操的难度动作，如果出现将不予加分，并对出现的错误进行扣分。由此可见，健身健美操比赛强调的是健身性。

（二）竞技健美操比赛

1. 弃权

运动员在开赛叫到后 20 秒不出场，将由裁判长扣除 0.5 分。

运动员在开赛叫到后 60 秒不出场，将被视为弃权。宣布弃权后，运动员将失去本项比赛的资格。

2. 竞赛地板和竞赛区

竞赛地板是 12 米 × 12 米的正方形，并清楚地标出 10 米 × 10 米的成年组各项目竞赛区（在某些低年龄组比赛中，竞赛区为 7 米 × 7 米）。

3. 参赛人数

各项目运动员人数和组成见表 13-2-1。

表 13-2-1　各项目运动员人数和组成

项目	人数和组成
女子单人	1 名女运动员
男子单人	1 名男运动员
混合双人	1 名男运动员和 1 名女运动员
三人	3 名运动员（男子 / 女子 / 混合）
集体五人	5 名运动员（男子 / 女子 / 混合）
有氧舞蹈	8 名运动员（男子 / 女子 / 混合）
有氧踏板	8 名运动员（男子 / 女子 / 混合）

4. 成套内容

所有成套动作的完成时间都为 1 分 20 秒，有加减 5 秒的宽容度（不包括提示音）。

音乐伴奏下的成套健美操动作包括操化动作、难度动作、过渡与连接动作、托举动作（混合双人/三人/集体五人）、动力性配合/团队协作（混合双人/三人/集体五人）。

成套动作中各要素的使用必须要均衡。所有动作必须要清晰地展示出准确的身体形态。

5. 十分钟法则

为了保障运动员的健康和安全，国际体操联合会规定运动员参加多个项目决赛时，两项比赛间需有十分钟的恢复时间。

抽签的出场顺序将会依据十分钟法则调整。若某参赛运动员或参赛队在前一轮比赛中第七个出场，且在下一轮比赛抽签中抽到前三名，那么新的出场顺序将调整为第四名；若在前一轮比赛是最后一位出场，且在下一轮比赛中抽到前四名，那么出场顺序将调整为第五名。

若需调整出场顺序，将由高级裁判组主席执行，一旦符合条件的运动员调整了出场顺序，将由赛场评分系统生成新的出场名单。十分钟法则适用于所有的预赛与决赛以及其他世界赛事（资格赛）。

第三节　瑜　伽

一、瑜伽概述

瑜伽起源于古印度，距今已有5000多年的历史。古印度人通过观察动物的姿势，模仿并亲自体验，创立出一种有益身心的锻炼体系——瑜伽。瑜伽在20世纪80年代末90年代初传入我国。目前，在我国流行的瑜伽不仅吸收了古老瑜伽的精髓，还融入了我国传统医学与养生的内容，同时加入了一些时尚健康的内涵，这是对瑜伽做出的新诠释。

二、瑜伽技术要点

（一）基本姿势

1. 基本站姿

【动作方法】基本站姿（山式站立）是所有瑜伽站姿的起始动作。两脚并拢，拇趾与小趾压地，其余脚趾自然伸展，大腿肌肉收紧内旋，膝关节上提，腹肌收紧，两肩下沉，胸腔打开，上体挺直，下颌平行于地面，目视前方。感受头顶天、脚踩地的感觉。

2. 瑜伽常用坐姿

（1）简易坐。

【动作方法】两腿伸直并拢坐于垫上，屈左腿，左脚脚心向上，脚背着地，放于右腿大腿内侧；屈右腿，右脚脚心向上，脚背着地，放于左腿小腿外侧。上体挺直向上，肩部、手臂放松，下颌微收，两手搭放于膝盖上。

（2）半莲花坐。

【动作方法】在简易坐的基础上，将右脚放在左腿大腿根部上方，脚心向上。这时，头、颈、躯干保持在一条直线上。保持这个坐姿感到极不舒服时，可以交换两腿

简易坐

半莲花坐

的位置继续练习。

（3）莲花坐。

【动作方法】以半莲花坐为起始动作，挺直腰背。把左脚绕过右腿小腿外侧，搭放在右腿大腿根部上方，脚心向上。两手放在两膝上，两膝向两侧地面靠近。

（4）至善坐。

【动作方法】两臂伸直并拢坐于垫上，屈右腿，右脚脚跟抵住会阴，脚心向上，脚背着地；屈左腿，左脚脚跟置于左脚脚跟前，脚心向上，脚背着地。两脚脚跟前后在一条直线上，小腿外侧贴在地面上。上体挺直，肩部放松，两手放在两膝上。

（5）金刚坐。

【动作方法】两膝跪地靠拢，两腿小腿胫骨和两脚脚背平放于地面，两脚拇趾相互交叉，脚跟向外侧展开。上体挺直，臀部坐在分开的两脚之间。

（二）瑜伽手印

瑜伽手印是练习瑜伽时手的姿势。常用的瑜伽手印有以下四种。不同的瑜伽手印对身心的影响不同，但都有助于使人心情平静。

1. 智慧手印

【动作方法】手掌向上，拇指与食指捏在一起，其他三指自然伸展。

2. 能量手印

【动作方法】无名指、中指和拇指自然捏在一起，其他两指自然伸展。

3. 生命手印

【动作方法】拇指、小指、无名指捏在一起，其他两指自然伸展。

4. 合十手印

【动作方法】两手合十，指尖向上，放在胸前，手掌之间要留下一些空间。

（三）瑜伽呼吸

瑜伽呼吸是指有意识地延长吸气、屏气、呼气的时间，包括腹式呼吸、胸式呼吸和完全呼吸。

1. 腹式呼吸

吸气，把空气直接吸入腹部，小腹隆起，吸气越深，腹部升起越高。随着腹部的扩张，横膈膜会逐渐下降。呼气，腹部向内、向脊柱方向收回，借助收缩腹部的动作把所有空气呼出，横膈膜自然升起。

2. 胸式呼吸

深深吸气，收缩腹部，在保证腹腔腔壁内收的前提下，感觉胸廓下部升高并向两侧推出。吸气越深，腹部越朝脊柱方向内收程度越大。呼气时，肋骨向下内收。

3. 完全呼吸

深深吸气，将气吸进腹部区域，小腹隆起，继续吸气至肋骨扩张，胸部吸满空气而扩张到最大程度，两肩稍微升起。呼气，肩放平，放松胸部，然后放松腹部，小腹内收上提，用收缩腹部肌肉的方法结束呼气。

莲花坐

（四）瑜伽体位法

瑜伽体位法指在舒适的动作上维持一段时间，在缓慢的动作中，身体保持放松并做深沉的呼吸，使血液能够携带大量氧气并被人体吸收利用。

1. 下犬式

【动作方法】身体成倒V形，两臂前伸，两眼向腿部延伸方向看，能看到两腿中间的上空，脚跟紧挨地面不要抬起。（图13-3-1）

【作用】消除疲劳，恢复精力，缓解脚跟的僵硬和疼痛，帮助软化脚跟的骨刺；增强脚踝力量，使腿部线条更匀称；有助于缓解肩胛区域的僵硬，缓解肩周炎，增强腹部肌肉力量。

2. 上犬式

【动作方法】俯卧，两脚打开，与肩同宽，两手放在胸部两侧。抬头挺胸，两手推地，上体向前、向上延展。臀部与肩、腰形成舒缓的S形，头颈向前伸，肩部向前用力。在练习上犬式与下犬式时，练习者往往会因为力度不够而使动作做不到位。练习时，练习者应该把筋骨舒展到最大限度。（图13-3-2）

【作用】使脊柱恢复活力，增强脊柱弹性，缓解背部疼痛，对于腰部疼痛、坐骨神经痛及椎间盘突出的人群有很好的效果；增加肺部弹性，促进骨盆区域的血液循环。

3. 骆驼式

【动作方法】身体应成O形，头部后仰到最大限度，两肩胛向后伸展，两手扶住同侧脚脚跟，大腿垂直于地面，臀部绷紧。（图13-3-3）

【作用】伸展和强壮脊柱，促进血液循环，对于矫正驼背、两肩下垂等不良体态有较好的效果。

4. 战士第二式

【动作方法】战士第二式讲究平衡感。上体挺直，右腿成弓步，左腿向后伸直，左脚回勾，弓步不能太低，臀部要绷紧，两臂伸平，头颈摆正。（图13-3-4）

【作用】使腿部肌肉更为匀称、强健，同时也能缓解腿部肌肉痉挛，增强腿部和背部肌肉的弹性，强化腹部器官的功能。

战士第二式

图13-3-1　　　　　　图13-3-2　　　　　　图13-3-3　　　　　　图13-3-4

5. 树式

【动作方法】树式讲究的是无限延伸的感觉。山式站立，两脚并拢。左腿抬起，左手握着左脚脚踝，将其向上扳起至左脚脚掌贴紧右腿大腿内侧，左脚脚掌在舒适的范围内靠近右腿腹股沟，左脚脚趾向下。头颈挺直，两掌胸前合十，慢慢向上推举，想象身体将要冲上云霄，同时肘部向上提。（图13-3-5）

树式

【作用】增强腿部、背部和胸部的肌肉力量；改善人体体态，提高注意力；放松髋部，且对胸腔区域有益。

6. 三角式

【动作方法】两腿分开，两倍以上肩宽站立。左脚脚尖向左转90°，两臂侧平举，左手顺着左腿向下滑动直至左脚后的地面，右手指尖指向天空，两臂伸展成一字形，眼睛看向右手的延长线，两腿绷直。（图13-3-6）

【作用】增强腿部肌肉力量，消除腿部和臀部肌肉的僵硬，矫正腿部畸形；缓解背部疼痛及颈部扭伤，强健脚踝；消除腰部多余的脂肪。

7. 后仰式

【动作方法】后仰时，臀部、髋部、腰部向前挺，可以用手臂支撑出力，使臀部、胯部、腰部向前。注意逐步做后仰练习，切忌用力过度而使身体过度后仰。（图13-3-7）

【作用】有助于消除疲劳，可伸展胸部、两腿、腹部和颈部等部位的肌肉，强健两腕、两踝和骨盆等部位的肌肉，增强肩关节的灵活性，使神经系统功能得到增强，促进血液循环。

8. 蝴蝶式

【动作方法】两脚脚心相对，脚跟尽可能地往会阴部收。两膝要向两边伸展到最大，挺胸抬头。（图13-3-8）

【作用】对骨盆区域有益，使骨盆、腹部和背部得到足够的血液供应，有助于缓解坐骨神经痛，调节泌尿系统功能，预防疝气，调理月经失调。

9. 犁式

【动作方法】仰卧，两臂置于身体的两侧。吸气，两腿上举，越过身体，呼气，两腿向后放在头的上方。脚趾尽量触地。（图13-3-9）

【作用】对整个脊柱神经极为有益；充分伸展背部肌肉，减轻背痛、腰部风湿痛；消除肩部和肘部肌肉的僵硬；增强腘绳肌的力量；有助于消除腰部、髋部、腿部脂肪，缓解手部痉挛；促进血液循环，使血液流入头部，滋养面部和头皮；调节甲状腺功能，促进身体新陈代谢；收缩腹部器官，促进消化，消除便秘和胃胀气；改善月经失调等症状；预防头痛、痔疮等疾病。

图13-3-5 　　图13-3-6 　　　图13-3-7 　　　图13-3-8 　　　　图13-3-9

10. 轮式

【动作方法】仰卧，两手放在身体两侧。屈腿，两手移到头的两侧，掌心贴地。吸气，背部拱起，髋部与腹部向上升起。（图13-3-10）

【作用】可增强背部肌群的力量，放松肩关节和颈部肌肉，使脊柱得到完全的伸展，使身体更加柔软；可使头部供血充足，有效释放压力。

11. 脊柱伸展式

【动作方法】两手分别抓住同侧脚脚踝，上体尽量接近腿，最终两手手掌平放在脚边的地面上。（图 13-3-11）

【作用】增强人体的柔韧性，伸展脊柱，使脊柱神经功能得到加强；有助于强壮肾脏、肝脏和脾脏；有助于减少月经期间下腹与骨盆部位的疼痛；使头部逐渐适应增加的血流；可以帮助练习者克服精神和情绪的巨大波动，情绪化严重的人可以练习脊柱伸展式，使神经系统得到滋养，心率平缓。

12. 脊柱扭转式

【动作方法】坐姿，上体正直，两腿前伸，屈左腿，两手抓住左脚脚踝，将左脚移过右膝，将右臂穿到左腿下方，两手在背后相握。（图 13-3-12）

【作用】按摩脊柱周围的肌肉，刺激脊柱神经；使背部肌肉更富有弹性，预防背痛和腰部风湿痛的发生；强壮肝脏、脾脏，对肾部起到按摩作用；促进肠胃蠕动，有助于增强消化和排泄功能；促进肾上腺激素的分泌，增强胰脏活动，对治疗糖尿病和轻微脊椎错位有辅助作用。

图 13-3-10　　　　　图 13-3-11　　　　　图 13-3-12

体育思政课堂

参与系统的形体训练，可以塑造良好的形体，使练习者的举止得体，坐、立、行落落大方，展现蓬勃向上的青春活力和积极向上的人生态度。

健美操有助于锻炼个人顽强的意志，培养个人的气质，提高个人的修养。特别是对于学生来说，经常跳健美操有利于提升形象、陶冶情操、美化心灵，从而提高个人的艺术修养和思想品德。

瑜伽不仅可以使练习者的内心更加平静，还可以使练习者获得心理上的满足感，产生积极的成就感，增强自信，摆脱消极情绪，以更好的身心状态面对生活。

思考题

1. 形体训练中站的姿势有几种？分别是什么？
2. 健美操的分类有哪些？
3. 瑜伽的基本姿势有哪些？

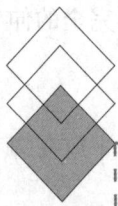

第十四章

冰雪运动

第一节 滑冰运动

一、速度滑冰

（一）速度滑冰概述

滑冰运动在世界上有着悠久的历史。古代生活在寒冷地带的人们，在冬季冰封的江河湖泊上以滑冰作为交通运输的手段。之后，随着社会的进步，滑冰从一种交通运输手段逐步发展为一种游戏，到现代发展为一项运动，如速度滑冰。10世纪，人们发明了骨制冰刀，用于滑冰。1250年左右，荷兰盛行钉在木板上的铁制冰刀。人们将这种冰刀绑在鞋上，在冰面上滑行。17世纪，有人对铁制冰刀进行了改进，发明了管式铁制冰刀，使速度滑冰有了新的发展。

国际性速度滑冰比赛始于19世纪末。1889年，第1届国际速度滑冰比赛在荷兰的阿姆斯特丹举行。中国滑冰协会于1956年加入国际滑冰联盟。罗致焕于1963年代表中国参加第57届世界速度滑冰锦标赛，夺得男子1500米比赛的冠军，并打破了男子全能项目的世界纪录，成为中国在世界速度滑冰比赛中第1位金牌获得者。1992年，叶乔波在第16届冬奥会上获得速度滑冰女子500米、1000米比赛的银牌，实现了我国冬季项目在奥运会上奖牌零的突破。2014年，张虹获得第22届冬奥会速度滑冰女子1000米比赛的金牌，这是中国冬奥会历史上的第一枚速度滑冰金牌。2022年，我国选手高亭宇获得第24届冬奥会速度滑冰男子500米比赛的金牌。

（二）速度滑冰装备和场地

滑冰时，手套、护腕、护肘、护膝是必备的安全护具。服装应具有弹性，以便于运动。

速度滑冰场是由两条直道连接两条半圆弯道组成的封闭式跑道。最大周长为400米，最小周长为333.33米。两条跑道的内弯道半径不能小于25米或大于26米。每条跑道宽4～5米，在一侧直道的末端设置终点，另一侧直道上设置换道区。

（三）速度滑冰基本技术

1. 直道滑跑技术

滑跑姿势：上体前倾，肩稍高于臀部，身体既不要前探，也不要后坐。

蹬冰动作：开始蹬冰、最大用力蹬冰、结束蹬冰。

收腿动作：将浮腿从蹬冰结束后的侧位拉到后位，到冰刀着冰时的前位动作。

下刀动作：从浮腿收回靠近支撑腿的内侧开始，全正刃支撑滑进结束。

惯性滑进动作：用单腿支撑身体，借助惯性向前滑进的动作。

全身配合动作：臀部、上体和两臂的合理、协调配合。

摆臂动作：在滑跑中，两臂的摆动是为了增加蹬冰的力量。

直道滑跑技术如图 14-1-1 所示。

直道滑跑基本姿势

蹬冰角变化示意图　　　　　　　　收腿动作

全身配合动作

摆臂动作

图 14-1-1

2. 弯道滑跑技术

滑跑姿势：掌握好身体倾斜度与弯道弧度的关系。

蹬冰动作：弯道蹬冰采用交叉步滑跑，右脚用内刃，左脚用外刃向右侧蹬冰。

收腿动作：右腿结束蹬冰以大腿带动小腿，向左腿靠近，继续向左侧移动着冰。

下刀动作：注意出刀角度和惯性滑进动作。

弯道滑跑技术如图 14-1-2 所示。

身体倾斜姿势

右腿蹬冰动作   左腿蹬冰动作

右腿收腿动作   左腿收腿动作

右腿着冰动作   左腿着冰动作

图 14-1-2

3. 起跑与终点冲刺技术

起跑技术：短时间内尽快发挥运动员的速度，迅速起动并向途中滑跑过渡。

终点冲刺技术：采用双摆臂以提高滑跑频率，收摆的浮腿向支撑腿靠近。

起跑与终点冲刺技术如图 14-1-3 所示。

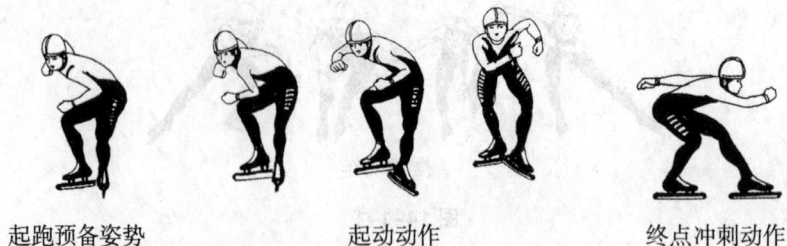

起跑预备姿势   起动动作   终点冲刺动作

图 14-1-3

二、短道速滑

（一）短道速滑概述

短道速滑是冬奥会项目之一，全称为短跑道速度滑冰，19 世纪 80 年代起源于加拿大。20 世纪初，这项比赛逐渐在欧洲和美洲国家广泛开展。1992 年，短道速滑被列为冬奥会比赛项目。中国于 1981 年引进短道速滑项目。1992 年，李琰在第 16 届冬奥会上获得短道速滑女子 500 米比赛的银牌。2002 年，在第 19 届冬奥会上，杨扬获得短道速滑女子 500 米、1000 米比赛的金牌，实现了中国冬季项目冬奥会金牌零的突破。2018 年，在第 23 届冬奥会上，武大靖获得短道速滑男子 500 米比赛的冠军，实现了中国男子冰上竞速项目在冬奥会金牌零的突破。2022 年，在第 24 届冬奥会上，中国短道速滑队获得短道速滑混合团队接力比赛的金牌；任子威、李子文分别获得短道速滑男子 1000 米比赛的金牌、银牌。

（二）短道速滑比赛

短道速滑比赛采用淘汰制，以预赛、次赛、半决赛、决赛的比赛方式进行。运动员在一条起跑线上同时起跑出发。预赛站位通过抽签决定，之后的比赛站位按照上一轮比赛的成绩确定，成绩好的运动员站于内道。比赛途中，在不违反比赛规则的前提下，运动员可以随时超越对手。

三、花样滑冰

（一）花样滑冰概述

花样滑冰起源于 18 世纪的英国，后在德国、美国、加拿大等欧美国家迅速开展。1863 年，被誉为"现代花滑之父"的美国人杰克逊·海因斯将滑冰运动与舞蹈艺术融为一体，在欧洲巡回表演，丰富了花样滑冰的内容和形式。

1868 年，美国的丹尼尔·梅伊和乔治·梅伊首次表演了双人花样滑冰。1872 年，奥地利首次举办了花样滑冰比赛。1896 年，首次世界男子单人花样滑冰锦标赛在俄国圣彼得堡举行。1906 年，首次世界女子单人花样滑冰锦标赛在瑞士达沃斯举行。1952 年，首次世界冰上舞蹈锦标赛在法国巴黎举行。花样滑冰于 1924 年被列为第 1 届冬奥会的比赛项目。1980 年，中国首次派队参加了第 13 届冬奥会和世界花样滑冰锦标赛。进入 21 世纪，中国在双人滑项目上异军突起。申雪和赵宏博蝉联 2002 年、2003 年世界花样滑冰锦标赛双人滑冠军，并在 2010 年第 21 届冬奥会上实现了中国花样滑冰冬奥会金牌零的突破。

（二）花样滑冰比赛

花样滑冰国际比赛由国际滑冰联盟负责组织管理。在花样滑冰的单人滑与双人滑比赛中，选手必须完成两套节目。在短节目中，选手必须完成一系列必选动作，包括跳跃、旋转和步法；在自由滑（长节目）比赛中，选手选择动作时有更大的自由度。

（三）冰上舞蹈

冰上舞蹈始于 20 世纪 30 年代的英国。它偏重舞步，强调用动作表达音乐。1937年，英国举办了第 1 届冰上舞蹈锦标赛。从 1949 年起，冰上舞蹈被列为单独比赛项目，由一男一女配对参赛。冰上舞蹈的比赛通常包括三个阶段：至少一套规定舞、一套每年指定采用一种国际标准舞节奏（如华尔兹、狐步舞和探戈等）的创编舞和一套选手自己选择的自由舞。2010 年 6 月，国际滑冰联盟通过决议，在今后的冰上舞蹈比赛中取消规定舞，只保留创编舞和自由舞。

四、滑冰健身注意事项

（1）滑冰之前，先检查场地，看其是否平滑，避开那些凹凸不平处。检查冰刀与鞋连接得是否牢固，鞋带是否结实，冰刀的内刃和外刃是否锋利。

（2）服装应保暖、轻便，以免影响运动的灵活性。

（3）初学者要注意休息，可以每隔 15 ～ 30 分钟休息一次。

（4）摔倒时，切忌挣扎，应顺其自然，尽可能使一侧臀部先着地。

（5）身上不要带硬物，如钥匙、手机等，以免摔倒时硌伤自己。

（6）站立时，两脚分开约与肩同宽，两脚脚尖稍向外转成小八字，两腿稍弯曲，上体稍前倾，目视前方。

（7）滑行时，要俯身、屈腿，身体重心向前。

（8）当冲撞难以避免的时候，不要通过摔倒来减速和躲避，而应将身体重心侧向倾斜，保护好头部和胸部，可以伸手缓冲撞击。

第二节　滑雪运动

一、滑雪运动概述

人类的雪上活动已有几千年的历史。国际滑雪联合会成立于 1924 年。北欧滑雪项目于 1924 年被列入第 1 届冬奥会。滑雪运动（特别是现代竞技滑雪）发展至今，项目在不断增多，领域在不断扩展。

滑雪运动项目有多种，本节介绍的是滑雪运动中的竞技滑雪项目。这些项目均为当今冬奥会的比赛项目，如自由式滑雪、高山滑雪、越野滑雪、跳台滑雪、北欧两项、单板滑雪等。

二、滑雪运动的装备

（一）滑雪服

滑雪服一般分为竞技滑雪服和旅游滑雪服。竞技滑雪服是根据比赛项目的特点而设计的，注重于运动成绩的提高。旅游滑雪服的主要特点是保暖、美观、舒适、实用。

（二）滑雪板

滑雪板一般分为高山滑雪板、跳台滑雪板、自由式滑雪板、单板滑雪板等。在选择滑雪板的长度时，最长不应超过滑雪者手臂上举时腕部的高度，最短不应短于胯部的高度。

（三）护目镜

护目镜一般分为高山滑雪护目镜、跳台滑雪护目镜、越野滑雪护目镜、自由式滑雪护目镜等。由于雪地上阳光反射得很强烈，加上滑行中冷风对眼睛的刺激很大，滑雪者需要护目镜来保护眼睛。

（四）滑雪杖

滑雪杖是滑雪时用来支撑前进、控制平衡、引导变向和支撑身体的。

（五）滑雪靴

滑雪靴一般分为高山滑雪靴、越野滑雪靴、跳台滑雪靴、单板滑雪靴等。

（六）固定器

固定器也叫上脱离器，是连接滑雪板和滑雪靴的一个重要部件。它对滑雪者的人身安全起着重要的保护作用。

（七）滑雪帽

滑雪帽应以保护耳部、轻便、不影响视野为宜，一般由弹性较好的细绒线织成。

（八）滑雪手套

滑雪手套一般用天然皮革和合成材料制成，外层面料一定要防水。高山滑雪和越野滑雪运动员都需要手撑雪杖进行滑行，这就要求滑雪手套不仅要保暖、防寒，还要柔软、耐磨、防割伤。

三、滑雪运动的项目

（一）自由式滑雪

1. 自由式滑雪概述

自由式滑雪起源于20世纪60年代的美国，其第一次正式比赛于1966年在新罕布什尔州举行。国际滑雪联合会于1979年正式承认自由式滑雪项目，并且在运动员及其跳跃技巧方面制定了规则，以减小此项运动的危险性。自由式滑雪于1992年被列为冬奥会比赛项目。自由式滑雪早期只包括空中技巧、雪上技巧和特技滑雪三个分项。之后形成了男子和女子雪上技巧、空中技巧、U型场地技巧、坡面障碍技巧和障碍追逐等多个项目。下面主要介绍空中技巧、雪上技巧。

2. 自由式滑雪分项

（1）空中技巧：场地由助滑坡、过渡区一、跳台、过渡区二、着陆坡和停止区组成。运动员根据自己要完成的动作，从一定的高度下滑加速后，从高 2～4 米的跳台起跳，在空中完成一系列翻滚和旋转的动作。根据起跳（20%）、空中动作（50%）和落地（30%）的表现，结合动作的难度系数得出运动员的成绩，决定名次。

（2）雪上技巧：雪上技巧运动员使用的滑雪板男子不短于 1.90 米，女子不短于 1.80 米，在 200～270 米长、平均坡度为 26° 的赛道上进行。赛道上布满平均间隔约 3.5 米的雪包，赛道中还包括 2 个高 50～60 厘米的跳台，以便运动员起跳完成空中动作。运动员开始比赛后要快速通过布满起伏雪包的赛道，在两个跳台完成两种不同的跳跃。比赛成绩由裁判给出的滑行技术分（60%）、空中动作分（20%）和计时成绩（20%）之和来决定。

（3）障碍追逐：集体出发进行比赛的项目。

（4）U 型场地技巧是一项从倾斜的半圆筒形斜坡往下滑，并展现跳跃、回转等空中技巧的项目。

（二）高山滑雪

高山滑雪起源于欧洲的阿尔卑斯山脉地区，故世界各国将起源于阿尔卑斯山脉地区的从山上向下滑行的滑雪运动称为阿尔卑斯滑雪。在我国，人们将阿尔卑斯滑雪统称为高山滑雪。

高山滑雪可分为实用滑雪、娱乐滑雪、竞技滑雪和探险滑雪四类。其中，娱乐滑雪与竞技滑雪的人数占高山滑雪总人数的绝大部分，而从人数、器材、场地及设施上看，娱乐滑雪是高山滑雪项目的主体。

冬奥会高山滑雪竞赛项目包括回转、大回转、滑降等。

1. 回转

回转是高山滑雪比赛项目之一，也称回转滑雪或回转障碍。高山滑雪回转在 1948 年第 5 届冬奥会上被列为比赛项目。比赛在覆雪的山坡上进行，线路上设置多种形式的旗门，组成障碍。运动员从山顶沿线路连续转弯穿越旗门障碍下滑。

2. 大回转

大回转是高山滑雪比赛项目之一。1952 年，大回转在第 6 届冬奥会上被列为比赛项目。比赛在坡度为 15°～32° 的覆雪山坡上进行。男子比赛线路长度为 1500～2000 米，女子比赛线路长度在 1000 米以上。起点、男子线路标高差 300～450 米，女子线路标高差在 300～400 米。线路上设置一系列旗门组成障碍，运动员从山顶沿线路通过旗门下滑。

3. 滑降

滑降要求运动员从山顶按规定线路穿过用旗插成的门形向下滑行，是竞速滑雪比赛项目。技术动作有直滑降、斜滑降、乙形滑降、起伏地滑降、犁式和半犁式滑降等。

（三）越野滑雪

1. 越野滑雪起源

越野滑雪起源于北欧，故又称北欧滑雪。据记载，1226年，在挪威内战期间，两名被称为"桦木腿"的侦察兵怀藏两岁的国王哈康四世，滑雪翻越高山，最终摆脱了敌人。现在挪威每年举行越野马拉松滑雪赛，距离约为56千米，与当年侦察兵所滑路程相同。

2. 越野滑雪在冬奥会的项目设置

1924年，越野滑雪被列为冬奥会比赛项目，现设12个小项，其中男子项目包括双追逐、个人短距离、15千米、4×10千米接力、团体短距离、50千米集体出发，女子项目包括双追逐、个人短距离、10千米、4×5千米接力、团体短距离、30千米集体出发。

（四）跳台滑雪

1. 跳台滑雪起源

跳台滑雪简称"跳雪"，起源于挪威。1860年，挪威德拉门地区的两位农民在奥斯陆举行的首届全国滑雪比赛上表演了跳台飞跃动作，后跳台滑雪逐渐成为一个独立的项目并广泛开展。1879年，首届跳台滑雪比赛在奥斯陆举行。1883年，跳台滑雪被列为霍尔门科伦滑雪大奖赛比赛项目。19世纪末，跳台滑雪先后传入瑞典、瑞士、美国、法国、意大利、波兰等国家。

2. 跳台滑雪奥运会比赛

1924年，在第1届冬奥会上，跳台滑雪就被列为比赛项目。在1964年以前的8届冬奥会中，由于跳台规格不一，只能以举办国的跳台为标准进行比赛。从1964年第9届冬奥会开始，国际滑雪联合会明确规定了跳台滑雪比赛的统一跳台级别，分为70米台、90米台两种。1976年，国际滑雪联合会将跳台级别改为90米台、120米台。冬奥会的跳台滑雪比赛现设3个男子项目（个人标准台、个人大跳台、团体比赛）、1个女子项目（个人标准台比赛）和1个混合项目（混合团体比赛）。

（五）北欧两项

北欧两项起源于北欧，由越野滑雪和跳台滑雪组成，在挪威、瑞典等地广泛开展，是北欧的传统项目，故又称北欧全能。

1883年，北欧两项被列为霍尔门科伦滑雪大奖赛比赛项目，20世纪初开始向世界推广，1924年被列为第1届冬奥会比赛项目，1984年以前只设个人赛，1988年起增设团体赛，仅有男子项目。比赛按跳台滑雪、越野滑雪的顺序进行。跳台滑雪初为70米级，1992年改为90米级；越野滑雪距离原为18千米，1956年起改为15千米。

北欧两项个人赛和团体赛的规则有很大不同。个人赛第一天进行跳台滑雪，每人跳两次，以姿势分和距离分计算总成绩。第二天进行越野滑雪，跳台滑雪成绩最好的运动员第一个出发，其他运动员根据跳台滑雪的得分与第一名运动员的得分差换算成时间差，依次间隔出发，最后以运动员到达终点的顺序排列名次。团体赛跳台滑雪各队4名运动员依次出发，得分方法同个人赛。越野滑雪时，跳台滑雪成绩最好的队首先出发，其他队要根据与跳台滑雪成绩最好的队的得分差换算成时间差，依次间隔出发，各队的第二名、第三名、第四名运动员在接力交换区出发，以第四名运动员到达终点的顺序排列名次。

（六）单板滑雪

单板滑雪将冲浪、滑板和滑雪的元素结合在一起，成为一项发展迅速的运动项目。第一次正式的单板滑雪比赛于1981年在美国科罗拉多举行。1998年，单板滑雪的U型场地技巧项目和个人大回转项目首次亮相冬奥会。2002年，在第19届冬奥会上，个人大回转项目被平行大回转取代。2006年，第20届冬奥会增设了单板滑雪障碍驱逐项目。2014年，第22届冬奥会又增设了坡面障碍技巧项目。

平行大回转的线路长度为400～700米，宽度不小于40米，平均坡度为16°±2°，高度差为120～200米。滑板必须坚硬、狭窄，以利于转向和高速滑行。平行大回转以滑行速度评定名次，主要技术动作有左右回转。在平行大回转项目中，两名选手在平行设置的两个旗门（蓝旗、红旗）赛道同时出发，向下滑降，先到达终点者晋级下一轮比赛。

四、滑雪基本技术

（一）平地滑雪技术

平地滑雪技术及其要领见表14-2-1。

表14-2-1　平地滑雪技术及其要领

平地滑雪技术	要领
基本站姿	放松站立，两脚平行，即双滑雪板平行，两腿微屈压靠滑雪靴，两手位于体侧，滑雪杖插入雪地，两眼平视前方
雪上行走	上体直立稍前倾，身体重心适当前移。滑雪板底不离开雪面，边支撑、边滑、边走。用滑雪杖支撑时，不是两个滑雪杖同时推进，而是像摆臂一样用滑雪杖支撑推动
推进滑行	两腿微屈，上体前倾，两个滑雪杖同时向前摆动，滑雪杖的杖尖在身体前方着雪。两腿加大弯曲幅度，上体加大前倾幅度，两臂用力向后用滑雪杖支撑。滑雪杖充分后撑，两臂伸直，身体重心下降，保持滑行姿势滑进。收滑雪杖时，身体重心提高，准备第二次撑杖
蹬冰式滑行	上体稍前倾，两腿微屈，两滑雪板平行与肩同宽，两臂自然弯曲，杖尖在身体侧后方。左侧板与前进方向成45°，左腿大腿用力向侧后方蹬出。左腿蹬伸结束后，滑雪板抬离雪面，身体重心落在右腿上，向前方滑行，同时左脚收回。右腿蹬伸时，动作与左腿相同

（二）登坡技术

登坡技术及其要领见表 14-2-2。

表 14-2-2 登坡技术及其要领

登坡技术	要领
双板平行登坡（阶梯式登坡）	向上迈出的步幅不要太大。迈动时，两滑雪板保持平行，身体重心随之向上移动，可用滑雪杖协助支撑。用山上侧板外刃刻住雪面后，身体重心全部移到山上侧腿上，接着山下侧腿向山上侧腿靠拢，并用内刃刻住雪面。山下侧板内刃刻住雪面后，再进行第二步的登行
八字形登坡	面对山坡，用两滑雪板内刃刻住雪面，身体前倾，向前上方依次迈出滑雪板。步幅不宜过大，防止板尾交叉。迈出侧的滑雪杖协助支撑，可用手握住滑雪杖握把的头。手、脚动作与身体重心移动的配合要协调。在向上登坡时，重要的是板内刃刻住雪面和身体重心的移动

（三）原地变向技术

原地变向技术及其要领见表 14-2-3。

表 14-2-3 原地变向技术及其要领

原地变向技术	要领
板尖、板尾展开变向	变向时，要注意滑雪杖的位置。板尖展开变向时，滑雪杖支撑位置应在体后；板尾展开变向时，滑雪杖支撑位置应在体前。滑雪板展开距离不宜过大
180° 变向	前转 180° 变向时，两脚平行（两个滑雪板平行）站立，两个滑雪杖在体前支撑。身体重心移至右腿，左板向前抬起直立，两个滑雪杖在体侧支撑。上体左转的同时，直立的左板以板尾为中心向左侧下方转并着地。在放左板的同时，左滑雪杖移至右板外侧支撑。身体重心移至左腿，右滑雪板和右滑雪杖抬起移向与左板平行的同一方向，随后两个滑雪杖在体前侧支撑。把前转 180° 变向动作由结束部分依次向开始部分相反进行，即后转 180° 变向

（四）停止滑行技术

停止滑行技术及其要领见表 14-2-4。

表 14-2-4 停止滑行技术及其要领

停止滑行技术	要领
犁式停止法	在滑降中使滑雪板成犁式状态，身体重心稍后移，形成稍后坐姿势的同时两滑雪板的板尾蹬开，加大立刃，逐渐加大两滑雪板内刃刮雪的力量；逐渐加大板尾向外侧的立刃和蹬出力量，直至停止

（五）安全摔倒技术

安全摔倒技术及其要领见表 14-2-5。

表 14-2-5　安全摔倒技术及其要领

安全摔倒技术	要领
安全摔倒技术	在身体重心不稳的情况下，尽量不要挣扎，两腿迅速屈膝降低身体重心，两臂自然伸展，臀部向上侧坐。两个滑雪板稍举起，防止发生滚动。在完全停止前，勿伸腿使滑雪板某一部分着雪，保持稍团身姿势

体育思政课堂

冰雪运动与其他运动项目相比，有着独特的内涵与精神。参与冰雪运动，可以使我们远离城市的喧嚣，在冰雪场中尽情回转、跳跃、飞翔，体验自然之美，开拓豁达之心。冰雪运动可以培养人们凌霜傲雪、坚韧不拔的意志品质。在成长的道路上，每个人都会面对许多挫折与困难。当面对挫折与困难时，我们需要更加坚强的意志和永不言败的决心，参与冰雪运动培养的意志品质可以鼓舞我们勇往直前。

🔊 思考题

1. 速度滑冰的基本技术有哪些？
2. 滑雪基本技术有哪些？

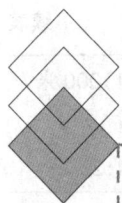

附　录

《国家学生体质健康标准（2014年修订）》测试评分表 *

《国家学生体质健康标准（2014年修订）》中大学阶段的评分表见附表1至附表7。

附表1　体重指数（BMI）单项评分表　　　　（单位：千克/米²）

等级	单项得分	大学男生	大学女生
正常	100	17.9～23.9	17.2～23.9
低体重	80	≤17.8	≤17.1
超重		24.0～27.9	24.0～27.9
肥胖	60	≥28.0	≥28.0

附表2　大学男生各测试项目评分表　　　　（大一、大二适用）

等级	单项得分	肺活量/毫升	50米跑/秒	坐位体前屈/厘米	立定跳远/厘米	引体向上/次	耐力跑1000米/（分:秒）
优秀	100	5040	6.7	24.9	273	19	3:17
	95	4920	6.8	23.1	268	18	3:22
	90	4800	6.9	21.3	263	17	3:27
良好	85	4550	7.0	19.5	256	16	3:34
	80	4300	7.1	17.7	248	15	3:42
及格	78	4180	7.3	16.3	244	—	3:47
	76	4060	7.5	14.9	240	14	3:52
	74	3940	7.7	13.5	236	—	3:57
	72	3820	7.9	12.1	232	13	4:02
	70	3700	8.1	10.7	228	—	4:07
	68	3580	8.3	9.3	224	12	4:12
	66	3460	8.5	7.9	220	—	4:17

* 节选自教育部印发的《国家学生体质健康标准（2014年修订）》。

等级	单项得分	肺活量 /毫升	50 米跑 /秒	坐位体前屈 /厘米	立定跳远 /厘米	引体向上 /次	耐力跑1000 米 /（分：秒）
	64	3340	8.7	6.5	216	11	4:22
及格	62	3220	8.9	5.1	212	—	4:27
	60	3100	9.1	3.7	208	10	4:32
	50	2940	9.3	2.7	203	9	4:52
	40	2780	9.5	1.7	198	8	5:12
不及格	30	2620	9.7	0.7	193	7	5:32
	20	2460	9.9	−0.3	188	6	5:52
	10	2300	10.1	−1.3	183	5	6:12

附表3 大学男生各测试项目评分表　　　　　　　　（大三、大四适用）

等级	单项得分	肺活量 /毫升	50 米跑 /秒	坐位体前屈 /厘米	立定跳远 /厘米	引体向上 /次	耐力跑1000 米 /（分：秒）
	100	5140	6.6	25.1	275	20	3:15
优秀	95	5020	6.7	23.3	270	19	3:20
	90	4900	6.8	21.5	265	18	3:25
良好	85	4650	6.9	19.9	258	17	3:32
	80	4400	7.0	18.2	250	16	3:40
	78	4280	7.2	16.8	246	—	3:45
	76	4160	7.4	15.4	242	15	3:50
	74	4040	7.6	14.0	238	—	3:55
	72	3920	7.8	12.6	234	14	4:00
及格	70	3800	8.0	11.2	230	—	4:05
	68	3680	8.2	9.8	226	13	4:10
	66	3560	8.4	8.4	222	—	4:15
	64	3440	8.6	7.0	218	12	4:20
	62	3320	8.8	5.6	214	—	4:25
	60	3200	9.0	4.2	210	11	4:30
	50	3030	9.2	3.2	205	10	4:50
	40	2860	9.4	2.2	200	9	5:10
不及格	30	2690	9.6	1.2	195	8	5:30
	20	2520	9.8	0.2	190	7	5:50
	10	2350	10.0	−0.8	185	6	6:10

附表 4　大学女生各测试项目评分表　　　（大一、大二适用）

等级	单项得分	肺活量 / 毫升	50 米跑 / 秒	坐位体前屈 / 厘米	立定跳远 / 厘米	1 分钟仰卧起坐 / 次	耐力跑 800 米 / （分 : 秒）
优秀	100	3400	7.5	25.8	207	56	3:18
	95	3350	7.6	24.0	201	54	3:24
	90	3300	7.7	22.2	195	52	3:30
良好	85	3150	8.0	20.6	188	49	3:37
	80	3000	8.3	19.0	181	46	3:44
及格	78	2900	8.5	17.7	178	44	3:49
	76	2800	8.7	16.4	175	42	3:54
	74	2700	8.9	15.1	172	40	3:59
	72	2600	9.1	13.8	169	38	4:04
	70	2500	9.3	12.5	166	36	4:09
	68	2400	9.5	11.2	163	34	4:14
	66	2300	9.7	9.9	160	32	4:19
	64	2200	9.9	8.6	157	30	4:24
	62	2100	10.1	7.3	154	28	4:29
	60	2000	10.3	6.0	151	26	4:34
不及格	50	1960	10.5	5.2	146	24	4:44
	40	1920	10.7	4.4	141	22	4:54
	30	1880	10.9	3.6	136	20	5:04
	20	1840	11.1	2.8	131	18	5:14
	10	1800	11.3	2.0	126	16	5:24

附表 5　大学女生各测试项目评分表　　　（大三、大四适用）

等级	单项得分	肺活量 / 毫升	50 米跑 / 秒	坐位体前屈 / 厘米	立定跳远 / 厘米	1 分钟仰卧起坐 / 次	耐力跑 800 米 / （分 : 秒）
优秀	100	3450	7.4	26.3	208	57	3:16
	95	3400	7.5	24.4	202	55	3:22
	90	3350	7.6	22.4	196	53	3:28
良好	85	3200	7.9	21.0	189	50	3:35
	80	3050	8.2	19.5	182	47	3:42

等级	单项得分	肺活量 /毫升	50 米跑 /秒	坐位体前屈 /厘米	立定跳远 /厘米	1 分钟仰卧起坐 / 次	耐力跑800 米 /（分∶秒）
及格	78	2950	8.4	18.2	179	45	3∶47
	76	2850	8.6	16.9	176	43	3∶52
	74	2750	8.8	15.6	173	41	3∶57
	72	2650	9.0	14.3	170	39	4∶02
	70	2550	9.2	13.0	167	37	4∶07
	68	2450	9.4	11.7	164	35	4∶12
	66	2350	9.6	10.4	161	33	4∶17
	64	2250	9.8	9.1	158	31	4∶22
	62	2150	10.0	7.8	155	29	4∶27
	60	2050	10.2	6.5	152	27	4∶32
不及格	50	2010	10.4	5.7	147	25	4∶42
	40	1970	10.6	4.9	142	23	4∶52
	30	1930	10.8	4.1	137	21	5∶02
	20	1890	11.0	3.3	132	19	5∶12
	10	1850	11.2	2.5	127	17	5∶22

附表 6　大学生加分指标测试项目评分表一　　　　　　　　　（单位：次）

加分	引体向上（男）		1 分钟仰卧起坐（女）	
	大一、大二	大三、大四	大一、大二	大三、大四
10	10	10	13	13
9	9	9	12	12
8	8	8	11	11
7	7	7	10	10
6	6	6	9	9
5	5	5	8	8
4	4	4	7	7
3	3	3	6	6
2	2	2	4	4
1	1	1	2	2

注：引体向上（男）、1 分钟仰卧起坐（女）均为高优指标，学生成绩超过单项评分 100 分后，以超过的次数所对应的分数进行加分。

附表7　大学生加分指标测试项目评分表二　　　　　（单位：秒）

加分	1000 米跑（男）		800 米跑（女）	
	大一、大二	大三、大四	大一、大二	大三、大四
10	−35	−35	−50	−50
9	−32	−32	−45	−45
8	−29	−29	−40	−40
7	−26	−26	−35	−35
6	−23	−23	−30	−30
5	−20	−20	−25	−25
4	−16	−16	−20	−20
3	−12	−12	−15	−15
2	−8	−8	−10	−10
1	−4	−4	−5	−5

注：1000 米跑（男）、800 米跑（女）均为低优指标，学生成绩低于单项评分 100 分后，以减少的秒数所对应的分数进行加分。

参考文献

[1] 邹师. 体育理论教程[M]. 北京：现代出版社，2001.

[2] 迟永柏，迟蕾. 中医学传统保健体育运动养生[M]. 北京：中医古籍出版社，2017.

[3] 孙民治. 球类运动：篮球[M]. 3版. 北京：高等教育出版社，2001.

[4] 萨克. 运动健康完全手册[M]. 刘忻，李伟，杨存真，等译. 长沙：湖南文艺出版社，2002.

[5] 刘建和. 乒乓球教学与训练[M]. 北京：人民体育出版社，2004.

[6] 左从现，张兆才，易勤. 高校体育教程[M]. 武汉：武汉大学出版社，2006.

[7] 王晓莉，罗永清. 体育与健康[M]. 重庆：重庆大学出版社，2006.

[8] 赵德龙，李福祥. 大学体育实践教程[M]. 哈尔滨：哈尔滨工业大学出版社，2007.

[9] 郑旭旭. 中国武术导论[M]. 北京：高等教育出版社，2010.

[10] 虞重干. 排球运动教程[M]. 北京：人民体育出版社，2009.

[11] 张岚，田颖华. 健身健美操教程[M]. 武汉：华中科技大学出版社，2009.

[12] 中国田径协会. 田径竞赛规则 2018—2019 [M]. 北京：人民体育出版社，2018.

[13] 中国足球协会. 足球竞赛规则 2020/2021[M]. 北京：人民体育出版社，2020.

[14] 中国篮球协会. 篮球规则 2020[M]. 北京：北京体育大学出版社，2020.

[15] 中国排球协会. 排球竞赛规则 2017—2020[M]. 北京：人民体育出版社，2017.

[16] 中国乒乓球协会. 乒乓球竞赛规则（2016）[M]. 北京：人民体育出版社，2017.

[17] 中国羽毛球协会. 羽毛球竞赛规则（2021）[M]. 北京：人民体育出版社，2021.